JN418780

노동자계급과 문화실천

노동자계급과 문화실천

이성철 지음

인간사랑

서문

자본주의의 발전과정은 자본의 노동에 대한 지배구조의 총체화 과정으로 파악될 수 있다. 자본은 생산영역에서 뿐만 아니라 생활영역 내에서조차 지배의 메커니즘을 구축해 오고 있다. 이전에는 자본의 직접적 지배구조 내에 절대적인 비중으로 포섭되어 있지 않았던 문화영역이 빠른 속도로 지배구조 내로 포섭되어 가는 것이 그 대표적이라고 할 수 있을 것이다. 이러한 변화에 대한 노동운동의 대응은 당연히 노동자들의 생활세계에 대한 총체적 접근이어야 할 것이다. 노동자계급 문화에 대한 이해의 필요성은 바로 이 지점에서 찾아볼 수 있다. 노동자계급에 대한 자본의 지배력은 정치경제적 수준에서 뿐만 아니라 사회문화적 수준에서, 동시에 생산(일터)의 영역뿐만 아니라 소비(삶터)의 영역에서도 구조화되고 있다. 따라서 노동자계급에 대한 이해는 이들의 삶의 양식(=문화)에 대한 이해를 포괄하는 총체적 접근을 통해서만 획득될 수 있을 것이다.

1987년의 노동자 대투쟁기를 거쳐오면서 노동운동의 조직적 발전과 더불어 운동과 조직발전에 잠재적 기능을 수행하던 노동문화의 내용도 이에 걸맞게 고양되어 왔다. 그러나 이러한 노동문화의 발전은 1987년부터 현재까지의 짧은 기간에 급격한 변화의 모습을 보여주고 있다. 이러한 변화는 노동운동의 국면적 퇴조와 맞물려 그 변화내용을 비교적 명확하게 보여주고 있다. 특히 이러한 변화는 국가부문의 문화정책의 중요성에 대한 재인식, 그리고 소비 및 여가 등의 생활세계에 대한 자본의 보다 세련된 상품논리의 침투 등과 접목되면서 더욱 확산되고 있다.

노동과 노동자의 생활세계를 둘러싸고 있는 최근의 이러한 내·외적 조건들은 기존의 노동문화에 크나큰 충격을 던져주면서 노동문화의 내용들을 급속히 변모시키려 하는 '문화접촉'(acculturation) 또는 '문화변용'(transculturation)의 양상마저 노정시키고 있다. 그러나 이러한 현상들은 고정된 실체로 드러나는 것은 아니다. 노동자 문화의 현실은 계급관계의 현실을 반영하는 것으로 노동자 문화가 건강성을 회복할 수 있는 가능성은 열려 있다.

그러한 가능성은 무엇보다도 자신의 문화를 갖고자 하는 실천적 노력에 따라 현실화된다. 자본의 문화적 지배 논리와 그 허구성에 대한 간파와 그에 기초한 진정한 노동자 문화 형성의 노력이 요청되는 것이다. 이는 문화운동이 노동운동의 한 과제로서 인식되어야 함을 의미한다. 이러한 과제들은 노동자 문화운동의 영역 확장으로 풀어야 할 것이다. 노동조합 활동이나 생산현장뿐만 아니라 가족과 지역사회 내에서의 생활현장에서 포괄되는 노동자 문화까지 문화운동의 영역으로 포괄되어야 한다. 이미 자본의 문화적 지배는 사적인 생활영역으로까지 침투하고 있는 것이 현실이기 때문이다. 다른 한편으로는 내용상의 변화가 요청된다.

문화에 대한 정의는 문화를 말하는 사람의 숫자만큼이나 다양하고 복잡하다. 그러므로 문화 개념은 '정치적'인 것이 될 수밖에 없다. 즉 문화에 대한 정의는 개인 또는 집단(계급)의 정체성이 투영된 것이어야 한다. 그러나 이러한 성격을 지녀야 할 노동자 문화의 현재 상태는 어떠한가? 1970년대 이후 탈춤 등을 비롯한 민중문화운동을 시작으로 1980년대의 마당굿, 마당극, 노가바(노래가사 바꿔 부르기), 그리고 노동문학, 노동극 등 다양한 노동자 문화운동들이 폭발적으로 고양되었던 때가 있었다. 그러나 정작 많은 이들이 문화의 시대라고 일컫는 1990년대 이후 현재까지 오히려 노동진영의 문화적 실천은 그 양적 비중과 질적 내용에 있어 침체를 벗어나지 못하고 있다.

이는 문화운동이 노동운동의 성장과 밀접한 연관을 갖고 있다는 것을 의미한다. 예컨대 우리 사회의 지배집단들은 자신들의 계급적 관점을 다음과 같은 방법으로 시종일관 철저히 관철시키고 있다. 첫째로 생산 내의 정치를 매우 효과적으로 생산의 정치로 확대·재생산한다. 둘째로 노동과 여가, 생산과 소비의 영역을 넘나들면서 현 국면의 이데올로기적 블록을 견고히 구축하고 있다. 그런데 이에 대한 노동진영의 대응은 어떠하였는가?

현 시기 우리나라 노동자 문화의 성격들에 대한 고민들은 바로 이 지점에 놓여 있다. 왜냐하면 1970년대와 1980년대의 민중문화 또는 노동자 문화의 내용을 과거 시제로만 회고할 것인지, 아니면 그 시절의 부활을 단순히 희망하고만 있을 것인지의 문제를 넘어서서 신자유주의적인 사회상황에서 노동자 문화의 실천적 전략들을 어떻게 제시해야 하는지가 시급한 과제이기 때문이다. 노동자계급의 문화적 실천은 경제적인 재화에 대한 단순한 소비만을 의미하는 것이 아니라, 국가의 문화정책 및 자본의 문화전략과 그 산물에 대한 노동자계급의 수용과 배척, 동의와 저항 등을 아우르는 관계적인 개념이다. 다시 말하자면 노동자계급적 관점이 문화실천의 영역에 어떻게 반영되어야 하는가의 문제라고 할 수 있을 것이다. 이것은 노동운동의 문화화나 문화적 노동운동을 의미하는 것이 아니다. 문화를 생활양식의 총체라고 단순하게 정의하더라도 노동운동을 통한 계급적 전망의 확대는 노동자 문화의 형식과 내용을 보다 풍부하게 할 수 있을 것이다.

노동자계급의 문화적 실천이 보다 근본적이면서도 그 사회적 영향력을 확대해 나가기 위해서는 무엇보다 지금까지의 기업별 노조주의 관행에서 벗어나야 한다. 여기서의 기업별 노조주의의 관행이란 단지 노동조합의 조직형태나 경제주의적 운동방식만을 일컫는 것이 아니다. 이는 그동안의 노동운동에 잠재해 있을 수 있는 단위기업이나 단위노조 중심의 운동관행이나 의식, 그리고 가치관 모두를 포함하는 것이다. 작업장 바깥의 지역문제에의 개입과 관심, 그리고 이의 문제를 해결하려는 노력 및 정치적 · 사회적 개혁 투쟁으로서의 운동의 외연과 내포의 확장은 계급적 문화실천의 내용을 희석시키거나 운동의 중심성을 훼손시키는 것이 아니라 노동운동의 계급적 헤게모니를 더욱 공고히 다지는 것이 된다.

끝으로 노동자계급의 문화적 실천전략을 고민함에 있어 노동자계급이 처한 현실의 상황으로부터 곧장 당위적인 대안들을 제시하는 것은 또 다른 문제점을 낳을 수도 있다. 왜냐하면 노동자 문화가 지녀야 할 건강성과 연대성, 그리고 실천성에 대한 일방적인 강조 못지않게 노동자들이 현실적으로 안고 있는 바람직하지 못한 문화적 내용들에 대한 비판과 이에 대한 교정의 노력들이 선행되어야 하기 때문이다.

이 책에 실린 여러 글들은 여러 학술지에 실렸던 글들을 다시 손질하고 다듬은 것이다. 1장부터 4장까지의 글들은 노동자계급의 입장에서 문화를 어떻게 인식할 것인가에 대한 이론적인 논의들이다. 그리고 5장부터 8장까지의 글들은 이러한 이론적 논의들을 현실의 구체적인 문제들에 적용해 본 글들이다. 그러나 글의 순서에 관계없이 읽는다 하더라도 별 상관은 없을 것이다. 필자의 탓으로 이 책이 나오기까지 많은 시간이 걸렸다. 묵묵히 출간을 도와주신 인간사랑의 여러 선생님들과 출판노동자 여러분께 진심으로 감사드린다.

2009년 10월

지은이

차례

1 노동자계급과 문화실천 : 이론적 서설

1. 들어가며 : 문제 제기 및 연구의 목적

우리나라의 경우 1990년대에 들어서면서 문화에 대한 관심이 폭증하고 있다. 여기에는 많은 사회배경적 이유들이 있겠으나 이론과 실천의 관점에서 잠깐 살펴보도록 한다. 잘 알려져 있다시피 1980년대까지 한국 사회의 성격을 규명하기 위한 비판적인 주조는 정치경제학적 패러다임에 있었다. 이 이론들의 주된 특징은 첫째 생산양식과 생산관계, 그리고 사회변혁 및 그 주체 등에 관한 거시적 분석에 논의가 집중되었으며, 둘째 긴박하게 대처해야 할 사회의 분배정의 문제, 그리고 이와 밀접히 연동된 노동과 생산의 문제 등이 주된 것들이었다. 이러한 문제점들에 대한 실천의 양상은 당연히 반독재 민주화 운동과 노동운동 등의 거시적이고 집합적인 성격을 띨 수밖에 없었다.

그런데 1990년대의 대내외적 현상의 변화(예컨대 대외적으로는 소련 및 동구권의 붕괴 및 대내적으로는 문민정부의 출범 등)들은 비판적 연구자 및 활동가들로 하여금 이전의 이론과 실천의 방식에 대한 맹성(?)을 촉구하기에 이르렀다. 이들이 깊은 반성을 해야 할 정도로 큰 잘못을 했는지에 대해서는 언급할 지면도 없지만, 이 시기를 기점으로 적극적으로 표현하면 이론 및 운동의 백가쟁명 시대가, 소극적으로 평가하면 생산과 노동에서 문화와 소비로의 대전환이 현상적으로 나타난 것만은 사실이다.[1]

이러한 이론과 실천의 변화양식은 우리에게만 독특한 것이 아니었다. 예컨대 영국의 경우 1970년대 이래 노동운동 진영이 겪은 좌절의 경험과 1983년과 1987년 총선에서의 노동당의 연이은 패배 등은 특히 좌파 이론가들로 하여금 노동자계급에게서 더 이상의 사회 · 정치적 전망을 기대할 수 없다는 판단을 내리게 하는 주요 근거로 작용하게 되었다(『마르크시즘 투데이』를 기반으로 한 소위 '안녕학파' [farewell to the working-class)의 등장].[2] 이들은 신자유주의적 대처리즘에 대항하는 방법으로 '범민주주의 동맹' 전략(신사회운동을 중심으로 한 정통적 사회운동의 절합[3])을 제시하게 되는데, 이는 결과적으로 계급정치학의 부정 및 자유주의적

---

1. 여기서의 대전환은 폴라니(Polanyi)적인 것이 아니라, 대내외적 변화들이 과연 기존의 사회문제를 방기 내지 왜소화시킬 정도의 것이었느냐에 대한 비유이다. 그런 의미에서 이러한 대전환은 문제의 본질과는 색다른 현상으로 '성큼 건너뛴 것' (Grand Canyon Jumping)이라고 생각한다.

2. 이들의 주요 논지에 대해서는 마틴 자크(Martin Jacques)가 엮은 『제3의 길은 없다』를 참고할 것.

3. 이때의 '절합'은 ① 각 운동영역들을 통일된 목표 하에 묶어내는 한편 각 영역의 상대적 자율성을 드러낼 수 있는 節合(articulation)의 개념이 아니라, ② 운동의 우선 순위에 따라 줄을 세우는 切合 개념이다.

다원주의라는 운동의 우익적 확장으로 귀결된다(Callinicos, 2001 : 서문 및 하윤금, 2003을 참고할 것).

시공간적인 차이는 있지만 한국과 영국 모두 공통적으로 이러한 배경들 하에서 문화연구들이 본격적으로 활성화하게 된다. 이들은 다양한 선행연구(마르크스주의 및 각종의 포스트 이론)들을 차용하면서 문화를 통한 사회변화와 새로운 대안의 모색을 꾀하게 된다(하윤금, 2003 : 269). 그런데 '문화를 통한 사회변화의 모색'이라는 주장에는 상이한 관점들이 담겨 있다. 이 관점은 크게 둘로 나누어 볼 수 있는데, 첫 번째는 사회의 정치·경제적 부문은 소홀히 하면서 상대적으로 자율적인 문화영역만을 통해 사회변화를 도모한다는 시각이며(일부 포스트 모더니즘론과 기호학 등), 두 번째는 생산과 분배영역 간의 긴장관계를 늦추지 않고 보다 급진화된 자본주의 구조 하에서 문화전략이 갖는 중요성에 천착하는 경우이다(프레드릭 제임슨, 과정으로서의 문화론, 네오-그람시주의 등).

그러나 이들 관점 모두 공통적으로 '문화실천'(cultural practice)을 강조하고 있는 셈인데, 전자는 문화적 민중주의 혹은 신수정주의적인 방법으로, 후자는 (노동)계급적 전망을 견지하는 형태를 띠고 그 실천적 전략들이 제시된다.[4] 구체적인 사례를 통해 노동진영의 문화실천 전략이 지녀야 할 의미들을 도출해 보도록 한다. 2003년 8월 11일 현대자동차 노동조합은 임·단협을 마무리하게 된다. 현대자동차 노동조합의 2003년도 핵심 요구안은 주 5일 근무제 쟁취, 비정규직 처우개선, 그리고 자

---

4. 본 연구에서는 이들 이론의 주요 주장들을 구체적으로 살펴보지 않는다. 이에 대해서는 이성철(2002 ; 2003)을 참고할 것.

본의 해외 이전에 대한 특별협약 등이었다. 협상결과에 대해 80.3%의 조합원들이 찬성을 하고 또한 노동조합은 향후 노동운동 전반에 유의미한 영향을 미칠 성과들을 만들어냈다.[5]

그런데 정작 새로운 문제들은 임·단협 타결 이후부터 발생했다. 국가는 “대기업 강성 노조 때문에 비정규직 노동자들의 상태가 더욱 나빠지고 있으므로 향후 노동시장을 더욱 유연화시켜야 한다”라는 논리적으로 앞뒤가 맞지 않는 공세를 펴는가 하면, 재벌언론과 언론재벌 및 대자본들은 “주 5일제 근무와 고임금은 결국 기업경쟁력을 약화시킬 것이므로 사업체를 중국 등으로 옮길 수밖에 없다”라는 이데올로기적 십자포화를 가하고 있다. 이러한 공세 중에서도 가장 백미인 것은 현대자동차 노동자들이 이번 교섭결과로 연봉 6,000만 원에 가까운 임금을 받는 노동귀족이 되었다는 것이다. 이러한 이데올로기 속에는 정규직과 비정규직 및 노-노 간의 갈등을 부추기는 내용, 경기침체에 따른 일반 국민들의 기득권층에 대한 불신을 노동진영으로 환치하는 것, 그리고 극심한 학력차별주의(노동자들은 돈을 많이 받으면 안 된다?) 등의 내용들이 복합적으로 내장되어 있다.

그러나 이들은 2002년 현재 14년 근속(39세) 조합원의 경우 기본급 평균이 115만 원이며, 통상임금(기본급+각종 수당)은 잔업이나 특근을 하지 않고 주간 8시간만 할 경우 월 평균 134만 3천 원, 여기에 상여금(700%)을 12개월로 나눈 금액을 합할 경우 월 222만 3천 원 정도인 점, 이

5. 현대자동차노동조합의 2003년 임·단투의 성과 및 과제에 대해서는 현자노조 박유기(2003) 사무국장의 글을 참고할 것.

결과 연봉이 2,670만 원 정도밖에 되지 않는다는 점, 실노동시간 평균 2,750시간, 1주 평균 52시간이라는 장시간 노동, 그리고 과중한 노동으로 인한 질환자 및 사망자의 발생 등이 본질적인 현실임을 적극적으로 외면하였다.[6] 이 외면의 결과는 실로 막대하다. 윌리엄스(Raymond Williams)는 어느 곳에선가 문화나 이데올로기는 '부드러운 테러'의 기능을 갖고 있다고 했는데, 이번의 경우는 노동의 입장에서 볼 때 이를 넘어선 가혹한 뭇매질이었다. 사정이 이러함에도 민주노총 등의 이에 대한 대응은 효과적이지 못했으며, 기성의 대중매체들은 그 역할과 임무를 철저히 방기했다.

이상과 같은 현대자동차 노동조합의 사례는 향후 노동자계급적 문화실천이 어떠해야 하느냐는 점을 극명하게 보여준다. 먼저 우리 사회의 파워 엘리트들은 자신들의 계급적 관점을 시종일관 철저히 관철시켰다는 점을 마땅히 인식해야 한다. 둘째, 이들은 생산 내의 정치를 매우 효과적으로 생산의 정치로 확대·재생산했다는 점이다. 즉 일터와 삶터의 관계를 자신들의 입장에서 매우 조리 있게(그러나 선정적으로) 펼쳤다는 점이다. 셋째, 노동과 여가, 생산과 소비의 영역을 넘나들면서 현 국면의 이데올로기적 블록을 견고히 구축했다는 점이다. 넷째, 생산영역의 이데올로기뿐만 아니라 사회적 영역(학력), 그리고 전근대적 가치관(신분)까지 효과적으로 동원했다는 점이다

이처럼 지배계급의 문화적 실천이 사회의 특정한 한 부문에 머물지 않고 이를 관계적으로 구사함으로써 효과적인 제압과 포섭, 그리고

---

6. 구체적인 자료들에 대해서는 이장규(2003)와 허민영(2003)을 참고할 것.

배제가 상당 정도 가능했다라는 점은 역설적으로 앞으로의 노동자계급의 문화실천 전략에 시사하는 바가 매우 크다고 할 수 있을 것이다. 앞에서 '문화를 통한 사회변화의 모색'에는 두 가지 관점이 있을 수 있다고 했는데 이제 어떠한 관점과 전략을 가져야 하는지는 자명해졌다.[7]

이상과 같은 문제 제기를 통해 이 글(이론적 서설)에서 살펴보려는 것은 다음과 같다. (1) 문화는 더 이상 하늘정원과 같은 상부구조에 떠있는 추상적인 것이 아니라, 구체적인 운동성과 물질성을 갖고 있는 실체이므로 문화 및 이와 관련된 주요 논의들에 대한 계급적 인식과 정리가 필요하다는 점과, (2) 문화 및 이데올로기, 그리고 헤게모니 등에 대한 기존의 자유주의적 해석이 갖는 문제점들에 대한 비판적 토론, 끝으로 (3) 그간의 노동자 문화가 지녀왔던 성과와 과제들에 대해 검토하게 될 것이다.

2. 문화와 노동자계급

수잔 무어(Suzanne Moore, 1999 : 99)는 문화 개념이 너무 소비에트(soviet)적인 것 같다고 얘기한다. 이 말은 문화의 개념 범위를 정하기가

---

7. 대중으로서의 노동자계급은 비록 지배적인 문화산물의 생산과정을 통제하기에는 일정한 한계가 있지만, 그것들을 자신의 이해관계와 규칙에 맞추어 창조적으로 사용하는 능동적인 문화실천을 할 수 있다(이찬훈, 2001 : 3 ; de Certeau, 1996).

그만큼 어렵다는 것을 뜻한다. 예컨대 과거의 소련연방이라는 말에서도 알 수 있듯이 소비에트 개념은 하나를 위한 전체 또는 전체를 위한 하나라는 등의 넓고 복합적인 느낌을 주는 듯하다. 이러한 이유들 때문에 일부 활동가들이나 연구자들의 경우 문화 개념의 애매성에 대해 문제점을 지적하고 나름의 정의를 제시한다. 예컨대 김성국(2003 : 39-40)은 일반적으로 사용되는 생활방식(양식)으로서의 문화 개념은 그 포괄적인 적용성에도 불구하고 지나치게 방만한 외연과 알맹이 없는 내포를 지닌 것 같다고 지적하면서, 그는 문화란 타영역과 중첩되면서도 독자적인 자율성을 갖고 있는 삶의 영역이기 때문에 '자율적 복합성' (autonomous complexity)이라는 한정된 의미에서 사용한다. 그리고 노동문예운동에 진력하고 있는 서영수(2001) 역시 이러한 지적에 공감하면서 생활문화적 접근방식이 '일상의 모든 것과 싸워라' 고 일반적으로 말함으로써 오히려 노동문화 진영의 효과적이고 올바른 실천을 어렵게 만들고 있다고 비판한다.

그런데 이러한 지적은 논평자들의 연구 및 활동주제를 전제로 한 것들[8]이기 때문에 문화 개념이 갖는 광의성에 대한 근본적인 비판이 되지 못한다. 이들이 지적한 것과 마찬가지로 문화에 대한 정의는 개인 또는 집단(계급)의 정체성이 투영된 것이어야 한다. 그러므로 문화 개념은 '정치적' 인 것이 될 수밖에 없다. 한편 문화 개념이 추상적이고 알맹이가 없이 보이는 데는 그간의 문화교육에서 제시한 설명방식들에서도

8. 즉 김성국(2003)은 아나키스트 문화정치, 그리고 서영수(2001)는 노동문예 운동을 위해 자신들의 분석 수준에 적절한 문화 개념을 제시하고 있다.

찾아볼 수 있다. 이것들은 표준 사회학 교과서의 내용을 살펴보면 알 수 있다. 예컨대 기든스(Giddens, 1994 : 55)는 '문화는 개념적으로 사회와 구분되지만 이들 개념 간에는 상당한 연관성이 있다. 문화는 **주어진** 사회성원들의 생활방식과 관련되며, 사회는 공통의 문화를 공유한 개인들 상호간을 **연계시키는** 상호관계의 **체계**' 라고 정의한다. 김경동(1979 : 188) 역시 문화와 사회 간의 관련성에 주목하면서 '문화는 사회의 성원들이 공존하고 **따르는** 생활양식' 이라고 정의한다(강조들은 필자). 교과서적 문화 개념이 이처럼 '방만한 외연과 실속 없는 내포' 를 가지게 된 데는 이유가 있다.

첫째, 위의 문장들에서 필자가 강조한 부분들에 유의하길 바란다. 문화에 관한 이러한 표현양식은 문화(또는 사회) 속에 갇혀 있는 행위자의 수동성만을 강조할 뿐이다. 또한 이러한 논의들은 대개 문화인류학적 현지조사를 통해 귀납된 문화의 특정 유형 및 성격을 강조하는 구조(기능)주의적 성향을 그 배경으로 하고 있다. 둘째, 이 같은 추상적인 정의 속에는 당연히 어떤 문화냐 또는 어느 집단의 생활방식이냐 등에 관한 언급이 없다. 그러므로 이런 방식의 문화 정의는 문화적 다원주의나 자유주의적 담론으로 흐를 수밖에 없다. 이러한 점들이 많은 사람들로 하여금 문화를 복잡하고 대단한 것인 양 수용하도록 만들었다. 한편, 문화에 관한 서구적 개념정의 속에 내포되어 있는 이와 같은 이미지는 동양의 전통적인 문화 개념 속에도 깃들어 있다.

이수웅(2001 : 13)에 따르면 우리가 일반적으로 사용하고 있는 문화라는 용어는 중국으로부터 유래했으며, 그 기본적인 의미는 다음과 같다. 즉 '문화' 의 '문' (文)의 의미는 인간사회의 가장 적합한 **규범**이며, 삶과 생활의 모범이다. '화' (化)란 '문' 을 모든 이들에게 **보급하고** 그것을 통하여 인간의 삶을 올바르게 변화시킴을 뜻한다. 이런 의미에서 문화는 '문치교화'(文治敎化)의 준말이며, 나아가 문치교화에 충실히 따르는 모범적 행위로서 예(禮)를 내세우고 있다. 그러므로 문은 예의 또 다른 이름임을 금방 알 수 있다. 그리고 사회의 각 부문은 이러한 예의 확립을 위해 변화와 실천을 이루어지지 않으면 안 되는데, 그 변화의 기본 방향이 곧 '인'(仁)이다. 여기서의 '인'은 사람에 내재하고 있는 정신적인 자각이라고 할 수 있으며, 항상 이 새로운 자각을 통하여 이상적인 인간형(군자)을 창조하고자 한다는 것이다(강조들은 필자). 이러한 문화 개념 속에도 상명하달과 일방적으로 문화를 보급하고 성원들을 변화시키려는 시선만이 중요하게 강조되고 있음을 쉽사리 짐작할 수 있다. 즉 사회의 기득권층이 제시하는 합리적인 행위(즉 禮)와 경로(즉 仁)를 따르는 것이야말로 가장 규범적인 것이며, 이를 통해 바람직한 문화상태(개인적으로는 군자)에 이를 수 있다는 것이다.

이상과 같은 서구와 동양의 문화 개념을 통해 알 수 있는 것은, '가장 추상적인 수준에서의 개념 정의는 모든 현상을 설명'해 주는 듯하지만 실제로는 '아무 것도 말하고 있지 않다'는 점이다. 다시 말하자면 여기에는 문화의 형성과정이나 행위주체, 그리고 생산된 문화산물을 둘러싼 경쟁과 갈등, 포섭과 배제 등의 '문화정치'가 실종되어 있는 셈이다. 그러나 여기서 새삼스럽게 강조해 둘 말이 있다. 즉 지금까지 살펴본 동서양의 문화 개념이 이러한 문제점들을 갖는다고 해서 이를 곧바로 폐기할 필요는 없다는 점이다. 오히려 이러한 점들을 반면교사로 삼아 적극적으로 수용할 필요가 있다. 왜냐하면 이를 통해 노동자계급 문화가 가져야 할 내용과 전망들을 비판적으로 생성할 수 있기 때문이다. 아래에서는 이 글에서 의미하는 문화에 대해 살펴보도록 한다.

마르크스는 자신의 저술들에서 산발적으로 문화 이론을 개진한 바 있으나 그것을 충분히 전개하지는 않았다. 그리고 마르크스주의자들 역시 문화를 부적절하게 사용하고 있는 듯한데, 즉 이들은 대개 문화를 한 사회의 지적 · 상상적 소산으로 한정하는데, 이것은 상부구조라는 말의 서투른 사용과 비슷하다(Williams, 1988 : 356, 377). 즉 문화를 구조적인 총체성의 관점으로 여기지 않는 것이다. 왜냐하면 문화는 노동을 통한 인간능력의 향상과 언어, 사유의 발전 등을 포괄하는 것이기 때문에 단순한 인간의 정신적 능력의 향상뿐만 아니라 인간의 의해 창조된 물질적 · 정신적 가치와 욕망의 총체이며, 이를 산출하려는 인간의 사회적 활동의 잠재성과 능력의 일체를 가리키는 것이기 때문이다(김세균, 2003). 그러므로 마르크스주의자들이 사회 구성요소들의 상호 관련성을 강조하고 나아가 동향과 변혁 등을 역설한다면 마땅히 문화 개념을 구조와 행위, 생산과 소비, 그리고 일터와 삶터 등을 관계적으로 살펴보아야 할 것이다. 이러한 점은 우선 톰슨(E. P. Thompson, 2000)의 저작들에서 찾아볼 수 있다.

톰슨(2000 : 6–14)은 그의 『영국 노동계급의 형성』 서문에서 계급이나 계급의식은 특정한 구조나 단순한 범주가 아니라 문화적 맥락에서 구체화되는 것이기 때문에 사회 · 문화적 구성체로서의 계급형성 과정을 살펴보는 것이 중요하다고 말한다. 이러한 톰슨의 노동사관은 아래로부터의 사관 또는 과정으로서의 역사관으로 평가되고, 영국 문화연구의 두 패러다임(구조주의와 문화주의) 중 문화주의에 배치되기도 한다.[9] 이

9. 영국 문화연구의 이러한 흐름에 대해서는 홀(Hall, 1998)과 로제크(Rojek, 2000 :

처럼 톰슨은 문화는 이러저러한 것이다라는 정태적인 개념 정의보다는 전통, 가치체계, 관념, 그리고 여러 제도적 형태 등으로 구성되는 동적인 문화적 맥락(cultural terms)을 강조한다.

이러한 맥락(즉 관계)을 통해 노동자계급은 공통된 경험을 갖게 되고, 그 결과 자기들과 이해관계가 다른 타인들과 대립되는 동일한 이해관계가 존재함을 느끼게 되고 또 그것을 분명히 깨닫게 될 때 노동자계급 문화가 생성하게 된다고 말한다. 이러한 톰슨의 문화 개념은 앞에서 살펴본 교과서적인(그러나 그 영향력은 막강한) 그것과는 분명한 차이가 있다. 그것은 첫째, 문화를 정태적인 구조로서만 보는 것이 아니라 그 속의 행위자들의 움직임에 무게중심을 두고 있으며, 둘째 지배적인 문화에 대항하는 성격으로서의 노동자계급 문화를 강조하고 있음을 볼 수 있다. 그러므로 그의 논의에는 사회적 실천과 계급적 쟁투로서의 문화가 내포되어 있는 셈이다.

문화에 관한 톰슨의 이러한 개념 정의와 주요 함의들은 윌리엄스(Williams, 1988)의 논의들에서도 볼 수 있다. 그는 문화 개념의 지식사회학적 등장에 주목한다. 그에 따르면 서구의 경우 현재 중요하게 사용하고 있는 낱말들(즉 key-words, 예컨대 산업, 민주주의, 계급, 예술, 그리고 문화 등)은 18세기 후기와 19세기 전반을 거치면서 보편화되었다. 주지하다시피 이 시기는 산업혁명과 정치적 민주주의가 급격하게 진전되던 역사적 격동기였으며, 이러한 사회적 배경 하에서 문화 개념이 구체화되기 시작했다는 것이다. 그의 이러한 표현은 자칫 기술결정론적 문화관으로

---

191)를 참고할 것.

오인될 수도 있겠으나 혁명과정은 생산력의 획기적인 발전과 생산관계의 근본적인 변환 모두를 아우르는 총체적 사회변동임을 인식한다면, 이러한 진단은 일면적인 것이다. 윌리엄스(1988 : 17) 자신도 문화는 새로운 생산방식, 새로운 산업에 의해서만 생긴 것이 아니라, 이것을 넘어 새로운 인간관계와 사회적 관계에 관심을 두었으며, 이 두 가지 관계의 실제적 분립을 인식하고 대안을 강조하는 데 초점을 두었다. 즉 문화 개념이 오직 산업주의(industrialism)에 대한 대응에만 그친 것이 아니라, 그것은 필연적으로 새로운 정치사회적 발전, 즉 민주주의에 대한 대응이었다는 것이다.

또한 그(1988 : 430)는 이러한 민주주의적 대응과 관련하여 노동자계급 문화가 지녀야 할 속성들을 다음과 같이 제시한다. (1) (역설적으로 말해필자 주) 노동자계급 문화는 프롤레타리아트 예술도, 의사당도, 특정한 언어용법도 아니다. (2) 그것은 오히려 집단적인 이념, 제도, 습관, 사고 습성 및 의도이다. (3) 이러한 것을 기반으로 산출한 문화는 일차적으로 개인적인 것이라기보다 사회적인 것이며, 그렇기 때문에 문화의 의미를 지적 · 상상적 작업으로만 좁게 해석하는 것은 한계가 있다. 이러한 노동자계급 문화의 특성들은 앞서 잠깐 살펴본 톰슨의 그것과 매우 밀접하게 맞닿아 있음을 알 수 있다.

위의 두 논의를 통해 이제 이 글에서 의미하는 노동자계급 문화의 개념을 제시해 보도록 한다. 노동자계급 문화는 문화에 관한 가장 보편적인 정의 속에 담긴 내용들과 형식적으로는 변별적인 것이 아니다. 그러나 앞서 살펴본 바와 같이 문화에 관한 일반적인 정의 속에는 누군가에 의해 이미 만들어진 '구조로서의 문화'(또는 사회적 실재로서의 문화)가, 노동자계급을 포함한 행위자들에게 일방적으로 영향을 미치는 측면만을 은연중에 강조하고 있음을 볼 수 있었다. 만일 문화가 이런 성격만을 지니고 있다 하더라도 먼저 전제되어야 할 것이 있다. 그것은 사회구성원들의 이러한 문화에 대한 동의(consent) 여부와 그 정도이다. 예컨대 지배계급이 생산한(또는 생산하고 있는) 문화가 정당성이 있다라고 인정한다는 것은 지배계급의 그것에 동의하는 것이며, 나아가 심지어 과잉 동조(즉 합의)에까지 이를 수 있다.[10] 그러나 이것만으로도 부족하다. 왜냐하면 노동자계급을 포함한 피지배층들이 지배문화에 왜 정당성을 부여하는지에 대한 논의가 뒤따라야 하기 때문이다. 즉 압박을 통한 강제적인 동의 창출인지, 다양한 개량화 정책을 통한 선무(宣撫)인지, 아니면 지배계급의 사관(士官)을 통해 이루어지는 특정 피지배계급 성원의 동원(mobilization)인지 등이 분별되어야 하기 때문이다(윌리엄스는 이상의 것들을 지배문화적 헤게모니에의 포섭이라고 말한다).

노동자계급의 일상적인 모습 속에는 위의 것들이 복합적으로 내장되어 있다. 그러나 물질적 지배력을 갖고 있는 지배계급이 문화적 영역마저 장악하려는 시도는 항상 성공한 것이 아니었다. 이러한 시도가 갖는 불확실성 때문에 문화적인 쟁투가 발생하게 되는 것이다(Storey, 2002 : 118). 달리 말하자면 노동자계급 문화에는 이러한 다양한 형태의 동의(또는 포섭)만이 존재하는 것이 아니라, 이를 넘어서려는 '과정으로서의 문화' 또는 '실천으로서의 문화'적 요소도 함께 들어 있다. 바로 이 부분이 적극적으로 발굴·확산되어야 할 내용이다(이에 대해서는 마지막 장에

---

10. 동의와 합의의 개념적 구분에 대해서는 투르비언(Therborn, 1994 : 146-147)을 참고할 것.

서 구체적으로 논의하도록 한다).

지금까지의 논의를 바탕으로 이 글에서 의미하는 노동자계급 문화의 주요 특징들을 다음과 같이 정리 · 제시할 수 있다. 첫째, 노동자계급 문화는 계급 개념이 지니고 있는 것과 마찬가지로 대항의 관계 속에서 구체적으로 생성되는 것이다. 그러므로 자본주의적 사회관계의 본질에 대한 대안적 이념을 갖출 수 있는 것이어야 한다. 둘째, 대안의 창출은 지배적인 사회구조에 대한 맞섬이기 때문에 노동자계급 문화는 당연히 정태적일 수가 없다. 여기서 노동자계급의 문화실천이 중요하게 부각된다.

3. 노동자계급과 문화실천

노동자계급의 문화적 실천 또는 문화정치가 기존의 노동운동과 구별되는 새삼스러운 것은 아니다. 이는 신경영전략의 핵심으로서 작동하는 자본의 기업문화 운동의 내용만 보더라도 쉽게 짐작할 수 있다. 왜냐하면 기업문화 운동은 궁극적으로 경영의 특정한 한 부분만을 개선하려는 것이 아니라 노동운동에 대한 대응, 노동과정의 변화, 그리고 이윤추구방식의 저강도 전략을 아우르는 총체적 노동통제 방식이기 때문이다(이성철, 1996). 예를 들어 H 중공업의 신경영전략에 대해 잠깐 살펴보도록 하자(노동조합 자료를 참고하였음). H 중공업은 1987년 이전부터 강압적인 병영적 노동통제를 노무관리의 주요 기제로 활용해 오다가 1991

년 이후 다양한 기업문화 전략(다물단 교육, 가족행사, 지역주민 문화교육 등)을 시도하면서 노동조합을 배제하는 신경영전략을 효과적으로 구사하고 있다. 물론 여기에는 기업문화 전략뿐만 아니라 생산의 합리화(다능공화, 직무 통폐합, 반생산회의 등)와 노무관리의 합리화(직무직능급 도입, 배치전환과 하청화 등)라는 기획들이 연동되어 있다. 10여 년이 지난 지금 이것의 효과는 일반 조합원에 대한 포섭과 노동조합의 배제,[11] 작업경쟁의 격화 및 노동강도의 강화와 하청 증대에 따른 고용불안 등으로 귀결되고 있다.

이에 대한 노동조합의 대응은 현장활동가와 현장조직의 재조직화, 임 · 직급 제도 개선투쟁, 그리고 단위 사업장 및 산업 전반의 경영현황 및 노동조합 조직 전반에 대한 실태 점검 등을 위해 대규모 조사사업을 진행한(하는) 것 등으로 집약된다. 노동조합이 이러한 대응을 집중적으로 하게된 배경에는 자본 측의 변화된 노무관리 전략을 철저히 파악하지 못했다는 점과, 이러한 제도변화와 생산현장의 변화에 대해 소극적으로 대응해 왔다는 점, 그리고 활동가들의 분산과 기존 투쟁 관행의 답습 등에 대한 적극적인 반성과 평가 때문이었다. H 중공업의 이러한 사례를 통해 알 수 있는 것은 노동자계급의 문화실천이 위에서 살펴본 노동조합의 대응전략과 분리되어 논의되어야 할 것이 아니라는 점이다.

그러나 일부 연구자들은 계급 모순이 문화실천 연구의 출발점이었다는 것을 전제하면서도 1990년 이후 '계급환원주의'나 '계급 본질주

11. 예컨대 1995년 이후의 무쟁의 지속, 직반장 등 현장감독자의 노조 탈퇴, 대의원 조직의 침체, 그리고 현장조직과 현장활동가의 약화 등이 두드러지고 있다.

의'가 해체되면서 이제 문화정치 또는 문화실천은 성과 지역, 민족, 그리고 정체성 등의 '새로운 정치'(새로운 사회운동?)와 차라리 가깝게 되어버렸다고 진단한다.[12] 아니면 "진보적 다툼은 더 이상 조직화된 변혁 국면을 꿈꾸면서 기다리거나 개인의 상상에만 맡겨질 것이 아닌 지금 당장 여기서 이루어져야 할 것으로 본다"(전규찬, 1998 : 158-159). 하지만 이러한 지적은 여러 가지 문제점이 있다.

먼저 계급횡단적이거나 비계급적인 사회문제들이 이전보다 더욱 중요한 쟁점으로 부각되고 있는 것이 사실이기는 하나, 이로부터 곧바로 계급적 문제의 약화 또는 해체를 논의할 정도로 노동자계급을 둘러싼 문제들이 해소 또는 완화되었느냐는 점이다. 앞서 사례로 든 현대자동차노동조합의 경우나 최근 가장 첨예한 사회문제로 부상한 비정규직 노동자들의 문제만을 놓고 보더라도 이러한 재단은 성급한 것이다. 오히려 그동안 노동자계급적 전망을 지닌 논의들이나 운동형태들이 가시적으로 드러나지 않게 된 사회구조적인 원인에 대한 분석이나, 이러한 현실을 초래한 노동진영 내부의 문제점들을 평가하고 대안을 제시하려

---

12. 노동중심적 모델이 쇠퇴했다고 주장하는 주요 근거는 다음과 같다. ① 일상생활과 생활세계에 대한 연구결과 노동영역이 사회적 의식과 행동을 결정하는 특권적인 것이 아님이 밝혀졌다. ② 일반적인 투표행위와 정치활동의 양상을 보면 생산중심적 패러다임의 한계가 나타난다(노동자계급은 왜 노동자 후보에게 투표하지 않는가?). ③ 민족적 · 국제적 이념과 투쟁은 '근대화 이론'의 범주에서 점차 벗어나고 있다. ④ 사회정책적 연구들 역시 노동보다 가족, 성 역할, 건강, 그리고 일탈행위 등의 영역에 집중되고 있다(Offe, 1992 : 226). 그러나 다음의 인용문을 살펴보자.
"문제가 되는 것은 정치적 해방이나 경제적 정의가 아니라 주관적인 개인의 행복과 훌륭한 삶이다 ···. (그러나) 이와 같은 (주장에) 다음과 같은 명백한 의문이 제기된다. 정치적 해방이나 경제적 정의 없이 '훌륭한 삶'이 어떻게 성취되는가?" (Scott, 1995 : 25).

는 시도들이 선행되어야 함을 강조했어야 한다. 둘째, 전통적인 노동운동이 사회적 차별에 저항하는 근본적인 성격을 지니고 있다면 새로운 사회운동들(여성, 환경, 소수자, 지역운동 등) 역시 각 부문들 내의 사회적 차별을 지양하려는 성격을 함께 가지고 있는 것이므로 오히려 연대와 실천의 정신이 더욱 강조되어야 한다는 점이다. 다시 말하자면 사회적 차별에 저항하는 운동들의 보편적인 성격들은 구별짓기의 대상이 아니라 사회적으로 보다 확산되어야 할 것들이다.

이러한 문제의식들에 기초하여 노동자계급과 문화실천에 관련된 선행의 주요 논의들에 대해 잠깐 살펴보도록 한다. 먼저 대중들의 일상적인 문화실천 전술(전략이 아닌)에 대한 치밀한 논의들은 드 세르토(Michell de Certeau, 1996)와 피스크(John Fiske, 2002)에서 찾아볼 수 있다. 이들은 일상생활의 미시적인 수준에서 대중들이 문화적 저항을 하는 사례들을 발굴하여 이로부터 대중들은 문화소비의 수동적인 주체가 아니라 오히려 능동적이고 창조적인 생산자임을 역설한다. 예컨대 강자에 의해 수립된 질서 내에서의 약자의 현명한 속임수(de Certeau,예를 들면 '노동자들의 현장에서 개기기' 등[13])나, 소비자들의 쇼핑행위나 주부들의 상품가격을 알아맞히는 퀴즈 쇼 프로그램에서의 활약 등을 통해 일상적인 저항의 즐거움 등을 강조(Fiske)하는 것이 그것이다. 이들이 프랑크푸르트 학파 등에서 강조해 온 문화산업의 이데올로기적 포섭효과를 비판하고, 능동적인 소비자 또는 수용자를 강조한 것은 분명 이론적 진전임에

13. 드 세르토는 이를 '라 페루크' (La Perruque)라 부른다. 노동과정 내에서의 노동자들의 이러한 일상적인 저항에 대해서는 이성철(2002) 및 부라보이(Burawoy, 1999)를 참고할 것.

틀림없다. 그러나 이들이 제시한 문화실천의 전술들이 과연 자본주의 구조 하의 대립적인 사회관계를 근본적으로 전제한 것들인지, 아니면 그들의 노력이나 의도와 상관없이 오히려 자본주의 구조에 더욱 세련되게 결박되어 가는 대중들의 상태를 묘사한 것인지 등에 대해서는 비판을 받을 여지가 충분히 있다.[14]

그러나 앞에서도 지적한 바와 같이 노동자계급의 문화실천 전략들은 지배문화에 대한 비틀기나 냉소 또는 조롱, 그리고 이로부터 느낄 수 있는 단순한 즐거움이나 탈주에만 그치는 것이어서는 안 된다. 왜냐하면 이러한 접근들은 노동자계급의 문화적 실천을 일상적인 소비라고 하는 비교적 안전한 사회적 소재에 국한시키고 노동자계급의 운동성을 봉인시켜 버릴 가능성이 크기 때문이다(이성철, 2003 : 70). 그러므로 대중으로서의 노동자계급[15]이 생산해야 할 문화적 실천들은 다음과 같은 성격을 지니는 것이어야 한다. 즉 그것은 무엇보다 사회적 생산관계 내에서 차지하는 노동자계급의 공통된 입장을 담아내는 것이어야 한다.[16] 이러한 관점은 많은 연구자들이 지적하는 단순한 계급론적 환원이 아니다. 노동자계급적 문화실천 전략들이 계급환원론적이라고 비판하기 위해서는 먼저 토론되어야 할 점들이 있다.

---

14. 이른바 문화적 민중주의 경향. 이러한 점에 대한 비판으로는 하윤금(2003)과 이찬훈(2001a)을 참고할 것.

15. '대중으로서의 노동자계급' 개념에 대해서는 이성철(2003) 및 윌리엄스(1988 : 397–400)를 참고할 것.

16. 이와 반대로 오페(1992 : 246)는 보통 '노동'으로 지칭되는 사회활동의 현대적 형태가 공통된 합리성도 공유된 경험적 특성도 가지지 않으며, 이러한 의미에서 노동은 객관적으로 형태가 뚜렷하지 않을 뿐만 아니라, 주체적으로도 주변적인 것으로 되고 있다고 주장한다.

첫째, 자본주의의 급격한 자기 변신(예컨대 신자유주의)이 자본과 노동 간의 적대적인 관계를 개선 내지 완화시켜 과연 더 이상 노동과 생산 및 계급의 문제를 논의하는 것이 부적절하게 되었는지에 대한 검토가 필요하다. 둘째, 현안으로 제기된 사회문제(그것이 계급적 문제이든 아니든)에 대해 운동의 독점이나 선후관계를 따지는 태도는 혹 자본과 국가가 암묵적으로 부여한 것일 수 있는 운동의 위세나 권위를 가지고 연대해서 실천해야 할 문제들을 자기운동중심주의나 정파적 운동으로 절합(節合이 아닌 切合)하는 것은 아닌지에 대해 성찰해야 한다(Scott, 1995 : 33을 참고할 것). 왜냐하면 이러한 운동방식은—백보 양보하여 계급중심적 운동이 아니라 하더라도—사회운동들이 근본적으로 갖고 있는 대의명분이자 운동과제인 국가와 자본에 대한 투쟁을 망각하는 태도이기 때문이다. 셋째, (계급)결정적이라는 용어를 단순한 표출적 총체성(expressive totality)의 개념으로 판단하지 말아야 한다. 특히 이는 노동진영에서 향후 보다 더 확장해야 할 실천과제들을 위해서도 되새겨야 할 근본적인 점이다. 왜냐하면 결정(determination)이라는 개념을 이와 같이 단순하게 해석할 때 성, 지역, 소수자, 환경, 그리고 민족 등의 문제를 둘러싸고 벌어지는 사회적 분열과 사회적 차별에 대해 노동자계급적 문화실천을 할 수 있는 여지를 스스로 봉쇄하는 것이 되기 때문이다.[17]

노동자계급의 문화적 실천이 보다 근본적이면서도 그 사회적 영향력을 확대해 나가기 위해서는 지금까지의 기업별 노조주의 관행에서

17. '결정' 개념의 비환원론적 접근에 대해서는 할(Hall, 2000 : 166), 심광현(1997 : 20-21), 강명구(1993 : 8), 박거용(1992 : 139) 등을 참고할 것.

벗어나야 한다. 여기서의 기업별 노조주의의 관행이란 단지 노동조합의 조직형태나 경제주의적 운동방식만을 일컫는 것이 아니다. 이는 그동안의 노동운동에 잠재해 있을 수 있는 단위 기업이나 단위 노조 중심의 운동 관행이나 의식, 그리고 가치관 모두를 포함하는 것이다. 작업장 바깥의 지역문제에의 개입과 관심, 그리고 이의 문제를 해결하려는 노력 및 정치적 · 사회적 개혁 투쟁으로의 운동의 외연과 내포의 확장은 계급적 문화실천의 내용을 희석시키거나 운동의 중심성을 훼손시키는 것이 아니라 노동운동의 계급적 헤게모니를 더욱 공고히 다지는 것이 된다.[18]

4. 문화, 이데올로기, 그리고 헤게모니 : 문화실천을 위한 결합체[19]를 지향하며

지금까지 문화에 관한 자유주의적 또는 다원주의적 정의에 대한 비판적인 검토와 이로부터 도출된 노동자계급의 문화적 실천의 성격들

---

18. 이러한 문제에 대한 간과는 1980년대 이후 마르크스주의적 실천, 민중운동적 실천의 범위를 축소하는 데 기여한 것이 사실이다(조희연, 1995 : 311). 조돈문(1996 : 9)은 노동운동과 새로운 사회운동 간의 연대 불가는 이론적으로 뿐만 아니라 경험적으로도 오류인 동시에 사회운동의 발전에도 중대한 폐해가 된다고 지적한다. 오히려 노동운동이 사회적 공공성의 문제에 개입하는 것은 탈계급적 문제가 아니라 계급 헤게모니의 문제이다(신광영, 2002 : 91).

19. '결합체' (Figuration) 개념은 엘리아스(Norbert Elias)가 제시한 것이다. 이 개념은 우리가 사회를 바라볼 때 미시 아니면 거시 혹은 비역사적인 체계 이론에 편향적으로

에 대해 살펴보았다. 그런데 간혹 이러한 자문들을 할 때가 있다. 앞서도 살펴보았지만 문화적이라고 하는 것은 사회의 또 다른 어떤 것들(예컨대 정치적 · 경제적인 것들)과 어떻게 관련지어 파악해야 하는지, 혹은 문화적 실천은 이데올로기적인 것과 헤게모니적인 실천들과 어떤 정합성이 있는지 등이 그것이다. 이 장에서는 이러한 기본적인 질문들에 대해 계급적 관점에서 그 해결책을 강구해 보고자 한다.

논의의 편의를 위해 먼저 이 글에서 제시하는 문화, 이데올로기, 그리고 헤게모니 등은 서로 분리되어 있거나 독자적인 자율성만을 지닌 것이 아니라 서로 밀접한 상관관계를 맺고 있는 개념들이라는 것을 밝혀둔다. 심광현(1997 : 24)은 우리가 습관적으로 사용하는 상관관계 또는 상호작용이라는 말은 대상들이 이미 서로 분리되어 있음을 전제로 한 용법들이기 때문에 사회의 변증법적 속성을 제대로 나타내지 못한다고 지적한다. 그는 이러한 용법들을 '외재적 상호작용'이라 평가하고 보다 바람직한 변증법적 상호작용 개념은 각 층위들(문화, 정치, 경제 등) 간의 상대적 자율성과 내적 절합[20](articulation)의 중층적 결정관계를 미리 전제해야 한다고 말한다(즉 내재적 교차관계). 예컨대 문화와 정치가 아니라 문화 속의 정치 또는 정치 속의 문화 등의 표현이 그것이다. 그의 제시는

빠지는 것을 경계하는 것이다. 즉 엘리아스의 목표는 개인주의와 집합주의라는 이론적 이원론을 극복하여 현상기술의 사회학에서 과정의 사회학으로 전환하는 것이었다(이남복, 1997 : 260-264를 참고할 것). 그동안의 문화연구에서는 문화, 이데올로기, 그리고 헤게모니 등의 개념을 비관계적으로 혹은 하나의 혼합체로서만 사용해온 경향이 있었다. 이 글에서는 이러한 점들을 경계하려는 의미에서 그의 결합체 개념을 차용한다.

20. '절합' (節合, articulation)의 본래적 의미는 연대, 동맹, 그리고 네트워킹 등을 전제로 한 차이이다(Waterman, 2000 : 381).

문화와 이데올로기, 그리고 헤게모니 간의 관계를 살펴보는 데도 유효하게 적용된다.

기존의 관행에 따르면 이들 개념들을 비관계적으로 또는 저널리스틱한 표현으로 사용해 왔던 것이 사실이다. 가령 '문화는 큰 개념(類적 개념), 이데올로기는 작은 개념(種적 개념)'이라고 설명하는 형식논리학적 용법이나, '문화는 비교적 장기간에 걸쳐 마치 스펀지가 물을 먹듯 간접적이며 세련되게 행위자들에게 작용'하거나 '이들에 의해 형성되는' 반면, '이데올로기는 단시일 내에 형성되고 행위자들에게 미치는 영향력이 직접적이며 중대한 타격을 줄 정도로 심각한 것이다'라고 설명하는 것이 그것이다. 한편, 헤게모니를 '패권(주의)' 등으로 부정적인 뉘앙스가 강하게 사용함으로써 이 개념이 갖는 유의성을 원천봉쇄하는 저널리스틱한 표현들이 그 대표적인 예가 될 것이다.

이제 구체적으로 문화와 이데올로기, 그리고 헤게모니 간의 관계에 대해 살펴보도록 한다. 먼저 이데올로기에 관해 잘 알려진 마르크스의 언급으로부터 논의를 시작해 보도록 하자. 왜냐하면 (계급적) 문화론과 헤게모니론의 연원은 마르크스의 이데올로기론에서 찾아볼 수 있기 때문이다(이찬훈, 2001b).

> 물질적 생활의 생산양식이 사회적 · 정치적 · 정신적 생활과정 일반을 제약한다. 인간의 의식이 그들의 존재를 규정하는 것이 아니라 반대로 그들의 사회적 존재가 그들의 의식을 규정한다.

마르크스의 이러한 언급은 마치 하나의 명제(proposition)처럼 되어 일부 속류화된 연구자들에 의해 '금강산 구경(생활과정)도 식후경(물질적 생활)이다' 식의 일방적인 경제결정론으로 해석되기도 한다. 그러나 토대는 이미 정해져 있는 구조적 상태가 아니라 끊임없이 운동하는 과정이기 때문에 토대가 여타의 사회적 생활과정을 일방적으로 결정하는 것이 아니라 '한계를 설정하고 압력을 행사하는 것'으로 이해되어야 한다(박거용, 1992 : 139). 이렇게 해야만 상부구조로서의 문화 또는 이데올로기는 상대적 자율성을 가질 수 있고, 그 결과 특정의 '사회적 장'에서 문화실천이나 문화정치가 가능해진다. 그리고 상식적으로 보더라도 사회란 결정하는 힘과 결정되는 요인들의 인과적 또는 주종관계가 아니라 제반요소들의 상호관계가 경합하는 과정이다. 그러므로 문화적 · 이데올로기적 형식들이 경제적 조건과 결합되는 양상을 결정의 관계가 아니라 균형과 불균형이라는 접합과정(articulatory process)으로 살펴보는 것이 보다 타당할 것이다(강명구, 1989 : 285).

그러나 청년기와 『독일 이데올로기』를 거치는 동안에도 마르크스가 자신의 이데올로기 개념을 제한적으로 사용한 것만은 지적해 둘 필요가 있다(이찬훈, 2001b를 참고할 것). 즉 그는 이 개념을 (1) 인간의 관념 중에서 뒤집히고 왜곡된 환상적인 의식이라는 부정적인 의미로, (2) 그리고 현실에 존재하는 착취와 모순을 감추고 왜곡함으로써 지배계급에 봉사하는 의식형태라는 제한적인 범위에서 사용하고 있다. 이러한 점들에 대해 투르비언(1994 : 3-4, 11-18)은 다음과 같이 비판하고 있다. 즉 이데올로기들은 사람들을 지배적인 질서에 종속시키는 것만이 아니라, 이들에게 자격을 부여하여 의식적인 사회적 행위를 하도록 만드는 적극적인 기능을 한다. 달리 말하자면 이데올로기를 사회적 시멘트의 기능으로서만 보는 것이 아니라 주어진 세계 내에서 의식 있는 행위자들로서 살아가는, 즉 인간조건의 한 측면인 사회적 실천과정으로 보는 것이다.

이렇게 함으로써 이제 이데올로기 개념은 환영이나 그릇된 인식의 형태들에 국한되지 않고 또한 자유주의적인 개념으로부터도 벗어나게 된다.

이데올로기 개념을 이와 같이 관계적으로 구사할 때 문화와 헤게모니적 실천과의 관련성을 매우 효과적으로 재구성할 수 있다. 왜냐하면 마르크스의 이데올로기론이 비록 사회적인 실재로서 사회구성원들에게 구속력을 행사하는 일방적인 측면을 강조한 점이 있다 하더라도 이는 구조기능론식의 '구조 속에 갇혀 있는 행위자'를 묘사하려는 것이 아니라, 지배적인 이데올로기가 행위자들에게 관철되어 가는 면을 폭로하기 위한 것이었기 때문이다. 폭로에 따른 행위자들의 저항은 사회의 여러 층위들에서 발생하지만 문화적 영역의 중요성이 이 지점에서 발현되기도 한다. 이 때문에 강명구(1993 : 8-9)는 이데올로기와 문화의 문제틀이 계급적 생산관계뿐만 아니라 비계급적 사회관계의 중층적인 결정과정을 해명할 수 있게 되었다고 하면서 이 두 개념을 대립적이고 배타적인 것으로 보기보다는 통합적으로 인식할 것을 제안한다.

그리고 이럴 경우 문화 개념은 이데올로기 개념의 넓은 정의[21]와 양립할 수 있으며, 현실분석에 유용할 수도 있을 것이다. 왜냐하면 이때의 문화는 특정 집단이나 계급의 일상적 활동들과 이데올로기들의 총체로서 표현될 수 있기 때문이다(Therborn, 1994 : 18). 또한 이러한 이분법을 넘어설 때 헤게모니 개념으로 나아갈 수 있다. 이는 지배적인 헤게모니가 어떠한 배경적 맥락에서 생성되는지를 살펴보면 알 수 있다. 여기

21. 앞에서도 논의되었듯이 광의의 이데올로기 개념은 일상의 관념과 경험 그리고 정교화된 지적 교의(doctrine) 모두를 포함한다. 즉 사회 행위자들의 의식과 특정 사회의 제도화된 사고체계 및 담론 모두를 지칭하는 것이다.

서의 헤게모니는 특정한 갈등이 이데올로기적으로 조정되어 행위자들이 이를 (은연중에) 수용하였다는 것을 의미한다(Storey, 2002 : 145).

그러나 사회구성원들의 이데올로기의 수용 정도에 따라 헤게모니의 지형은 다양한 모습으로 나타난다. 예컨대 (1) 노동과 자본 간의 대립이 어느 일방의 완승으로 귀결되지 않고 대등한 겨루기로 유지될 경우, 이를 '헤게모니의 대립적 평형상태'라고 할 수 있을 것이다. 이 경우 지배계급은 힘의 우위를 탈환하기 위해 현재의 균형상태가 얼마나 위험한지를 편파적으로 선별한 다양한 사례를 통해 이데올로기적 공세를 가하게 된다. (2) 어느 일방의 힘이 약화되거나 밑으로부터의 탄력을 받지 못할 경우, 일방의 타방에 대한 '헤게모니의 침투상태'가 급속히 진전될 수 있다. 이러한 국면에서는 타방의 배제, 구성원들에 대한 새로운 가치관의 주입, 그리고 공고화 및 재동결을 위한 이데올로기적 전략들이 구사된다. 그리고 끝으로 (3) '지배적인 헤게모니의 유지 상태'인 전제적(despotic) 단계이다. 이 경우 지배계급은 명실상부한 지적 · 도덕적 지도력을 확보하여 역사적 블록(historical bloc)을 구축하려 한다.[22]

22. 그람시(Antonio Gramsci)에 따르면 이러한 지배적인 헤게모니 시기에 '지도'하는 것은 '지배계급'이라는 전통적인 용어가 아니라 역사적 블록이다. 예컨대 그람시는 이탈리아라는 특수한 상황(그의 「남부문제」를 참고할 것)에서 어떻게 대중적인 카톨릭이 세속적이고 진보적인 '국민적-민중적' 문화의 발전에 대해 만만치 않은 대안을 구축했는지를, 그리고 이탈리아에서 국민적-민중적 문화의 발전이 밑으로부터의 참여에 의해 이루어졌음을 지적한다(즉 지적 · 도덕적 지도력의 확보). 또한 그는 파시즘이 이탈리아의 국민적-민중적 문화의 후진적 성격을 '헤게모니화'하여(즉 역사적 블록의 구축) 그것을 진정한 대중적 기초와 지지를 얻은 반동적인 민족적 형식으로 개조하는 역할을 했다는 것을 밝히고 있다(Hall, 2000 : 172, 185를 참고할 것. 괄호 안은 필자 주).

이상과 같은 유형적인 설명에서 우리는 문화와 이데올로기, 그리고 헤게모니 간의 상호 삼투성을 손쉽게 파악할 수 있다. 헤게모니 이론에 따르면 **문화**는 단순한 지배의 도구가 아니라 **헤게모니**를 둘러싼 **이데올로기적** 투쟁이 벌어지는 장이다(이찬훈, 2001b. 강조는 필자). 또한 문화적 · 이데올로기적 실천 또는 운동은 단지 사회의 상부구조 층위에서만 이루어지는 것이 아니라, 그람시적 용어로 표현하면 '정치사회'의 지형 위에서 펼쳐지고 있음을 알 수 있다. 이를 '문화적 실천의 물질성'이라 할 수 있다. 그러므로 물질성은 단순한 경제적 토대로만 이해될 것이 아니다. 즉 물질성이란 (1) 노동자계급적 문화(또는 이데올로기)가 자본주의 체제 하에서 유의미한 실천적 행위집단을 만들어 내고(구조), (2) 구성원들이 이를 성찰적으로 수용하여 자신들의 계급적(또는 집단적) 행위를 지속해 나가는 능력(행위)으로 인식되어야 한다. 알튀세르의 문화이론이 갖는 여러 제한점(예컨대 기능주의적 설명이나 이론적 반인간주의 등)들에도 불구하고 그가 후기 저작들에서 큰 주체(the Subject, 예컨대 국가나 자본)에 대항하는 행위주체들(the subject)의 실천적인 대응을 역설했음에 주목할 필요가 있다. 왜냐하면 우리가 노동자 문화의 실천적인 성격을 강조하는 이유는 자본주의 구성체의 운동방식을 보다 근본적으로 이해하여 이를 통해 주체적인 변화의 가능한 조건과 실천을 전개하려는 하나의 시도를 형성하려고 하기 때문이다(신병현, 2003 : 289-290).

5. 나오며 : 노동자계급의 문화실천을 위한 전제들

지금까지 문화, 이데올로기, 그리고 헤게모니에 관한 선행연구들을 비판적으로 재검토함으로써 대중으로서의 노동자계급 문화가 지녀야 할 문화적 실천방향들에 대해 살펴보았다. 이러한 방향과 전략들이 보다 효과적으로 생산되기 위해서는 무엇보다 노동진영 내부의 상태와 조건, 그리고 과제들에 대해 먼저 검토해 볼 필요가 있다.

1970년대 이후 탈춤 등을 비롯한 민중문화운동을 시작으로 1980년대의 마당굿, 마당극, 노가바(노래 가사 바꿔 부르기), 그리고 노동문학, 노동극 등 다양한 노동문화 운동들이 폭발적으로 고양되었다. 그러나 정작 많은 이들이 문화의 시대라고 일컫는 1990년대 이후 현재까지 오히려 노동진영의 문화적 실천은 그 양적 비중과 질적 내용에 있어 침체를 벗어나지 못하고 있다. 이는 문화운동이 노동운동의 성장과 밀접한 관련이 있음을 시사하는 것이지만 이에 대한 구체적인 분석은 다음 기회로 미룬다. 그렇지만 현 시기 노동자계급 문화의 문제점들에 대한 진단과 향후의 대안들에 대한 토론들은 필요하다. 노동문화의 문제점들에 대해 가장 근본적인 비판을 제기하는 서영수(2001)와 노동자 문화의 활성화를 위해 구체적인 대안 제시에 주력하는 신재걸(2003a ; 2003b ; 2003c)의 논의들을 중심으로 노동자계급 문화의 실천을 위한 전제조건들을 살펴보도록 한다.

서영수는 노동문화의 침체 원인을 노동 및 운동진영 내부의 문제점들에서 찾고 있다. 즉 그는 1987년 이후 노동진영의 조직적 진전이 곧바로 노동문화 운동의 발전으로 이어지지 않은 이유를 첫째, 현장문화패, 문화부, 그리고 문예단체 3자 간의 연대구조를 바탕으로 한 운동의 주체 형성 실패, 둘째, 민중(민족)문화 운동 진영과의 연대성 상실 등에서 그 원인을 찾는다. 이를 통해 그는 현재의 문제점들을 다음과 같이 구체적으로 지적하고 있다. (1) 문예중심적 사고에서 문화중심적 사고로의 전환이 초래한 문제점, (2) 문화패와 문선대에 대한 비생산적인 논쟁, (3) 노조 문화부, 문화패, 그리고 문예단체 간의 위상정립 문제 등이 그것이다.

이들 각각에 대해 간단히 살펴보면서 그 대안들에 대해 토론해 보기로 한다. 먼저 문화중심적 사고로의 전환이 초래한 문제점들은 다음과 같다. 첫째는 문화예술(운동)에 대한 인식 부족과 '문화' 개념에 대한 광의의 해석에서 비롯되는 문화주의적 관점의 문제이며, 둘째는 이러한 노동문화의 의미확장이 가져(온)올 계급적 세계관의 희석화이다. 그의 이러한 지적은 보다 내실 있는 운동의 지반을 마련하기 위한 것이지만 몇 가지 검토되어야할 점들이 있다. 그가 말하는 '문화주의'의 의미에 대해서는 특별한 언급을 하지 않겠다. 그러나 무엇보다 문예와 문화의 문제를 이분법적으로 생각할 필요가 없다는 점이다.[23] 예컨대 그람시는 "사회변혁은 풀뿌리 수준에서 일어나야만 한다는 믿음에서 새로운 문예는 … 연재소설이나 탐정소설 등과 같은 대중적 형식들을 무시해서는

23. 신재걸(2003b)은 노동자문화 운동의 최근 흐름과 관련해서 '문예에서 문화'로, '문선에서 일상화'로의 중요성을 강조한다. 왜냐하면 노동운동의 조직전략 변화와 주5일제 근무의 도입, 그리고 일터와 삶터 관계의 중요성 증대 등 때문이다. 그러나 이 역시 이분법적 주장으로 귀결되어서는 안 된다.

안 된다"(Surman, 2000 : 195에서 재인용)고 강조한다. 그러나 그의 언급은 문예지상주의적 중요성만을 의미한 것이 아니라 노동자계급적 헤게모니의 대중적 활성화를 위한 진지전의 의미로 받아들여져야 한다. 이러한 점에서 프롤레타리아트 문학과 예술은 노동자 문화 속의 값진 요소이며, 그것에 경의를 표할 만하다는 윌리엄스(1988 : 422)의 지적을 음미할 필요가 있다. 둘째, 문예와 문화의 문제를 이처럼 관계적으로 사고할 때 문화의 넓은 의미가 세계관을 희석시키는 것이 아니라 오히려 더욱 강화시킬 수 있다는 점이다. 문제는 내용과 방법이다.

다음으로 문화패와 문선대에 대한 비생산적인 논쟁이 초래하는 문제점들에 대해 살펴보도록 한다. 서영수가 적절히 지적하고 있듯이 이는 문화패와 문선대를 애써 구분하려는 '고약한' 논쟁에서부터 비롯된다. 예컨대 문화패는 유연하게 보이고 문선대는 강하게 보인다. 문화패는 일상 시기에, 문선대는 파업 또는 투쟁시기에 적합할 것 같다. 문화패는 노조와 상대적으로 독립적이고, 문선대는 직접적인 하부 단위인 것 같다는 등이 그것이다. 이러한 이분법적 구분은 1980년대 초기의 현장활동에서는 거의 찾아볼 수 없었다고 한다. 신재걸(2003c)은 이러한 문제점들에 대해 (중)장기적으로 볼 때 문화패의 안정적인 조직과 활동을 기반으로 문선대를 조직해야 하고, 이러한 문선대는 노조 문화부 산하의 조직으로서 투쟁시의 선전선동뿐만 아니라 일상적인 활동(문화 기량의 습득과 훈련, 창작과 보급, 조합원의 조직화 등)을 할 수 있도록 노동조합이 밀접하게 결합 · 지원해야 한다는 대안을 제시한다.

한편, 위의 사안과 직결되는 것으로 노동조합의 문화부, 현장의 문화패, 그리고 (외부) 문예단체 간의 위상정립 문제의 해결도 시급하다. 그동안의 노동운동이 문화부문을 은연중에 당면한 문제들(고용, 임금, 노동과정 등)의 부차적인 요소나 부속물 정도로 여겨온 것은 부인할 수 없다. 그러나 더 이상 노동운동의 영역을 스스로 제한할 필요는 없다. 그러므로 단위 노조 차원의 문화부의 역할뿐만 아니라, 전국적인 네트워크의 형성과, 현장 문화활동에 관한 중장기적인 기획의 입안 및 이의 보급, 그리고 외부 문예단체에 대한 노조 차원의 지속적인 지원들이 가능할 수 있도록 해야 한다. 이미 이러한 연대의 움직임들은 시작되고 있다. 예컨대 문화패의 전국적 연대를 위한 모임이나 전국 노동자 문화일꾼 캠프, 그리고 전국노동자 문화운동단체 대표자회의 등이 그것이다(신재걸, 2003b를 참고할 것).

이상에서 살펴본 문제점들 이외에 노동자 문화정책 및 시급히 개선되어야 할 노동자들의 일상적인 문화 성격(가부장적 권위주의, 지나친 혈연 및 학연주의, 카드 문화, 자기 문화에 대한 과소평가 등) 등이 있지만 이에 대해서는 따로 토론하지 않겠다. 끝으로 요아힘 히르시(Joachim Hirsch)의 글을 비판적으로 평가하면서 이 글을 맺도록 한다.

"이미 훌륭하게도 마르크스가 「포이에르바흐에 대한 네 번째 테제」에서 말한 것처럼 신성 가족의 비밀은 다름이 아니라 지상 가족 속에서 발견될 수 있기 때문에 우선적으로 지상 가족에 대한 이론적 비판과 실천적인 변혁이 이루어져야만 한다. 여기서부터 '혁명적' 정치는 시작된다. 그렇게 될 때 어렵지만 그러나 진정한 혁명이 가능하게 될 것이다" (Hirsh, 1992 : 160).

이 글의 핵심은 이렇다. "집안 일도 해결 못하면서 바깥 일이 웬 말이냐." 그러나 이는 잘못된 것이다. 위의 글에서 마르크스가 말하는 '신성 가족'은 운동의 대의와 목표가 될 것이다. 우리는 이 대의와 목표의 '비밀'(사실 비밀도 아니지만)을 안다. 그래서 지상 가족(노동진영)에 대한 추스림과 상호 비판 및 대안 모색과 실천을 하고 있다. 그렇기 때문에 우리는 신성 가족과 지상 가족을 이산시키거나 별거하지 않는다. '여기서부터' 가 아니라 이미 오래 전부터 그 길을 감내하며 걸어오고 있다. 자 이제 어떻게 할 것인가.

참고문헌

강명구. 1993, 「한국 노동계급 문화의 담론 : 문화와 이데올로기의 문제틀」, 『이론』.

______. 1989, 「담론구성과 사회계급 : 커뮤니케이션 실천이론을 위하여」, 『사회비평』, 제3호, 사회비평사.

김경동. 1979, 『현대의 사회학 : 사회학적 관심』, 박영사.

김성국. 2003, 「아나키즘과 문화 : 아나키스트 문화정치를 위하여」, 옥양련교수 정년기념논문집, 『사회과학논총』, 제22권 통권30호, 부산대학교 사회과학대학.

김세균. 2003, 「제8강의 : 문화와 정치」, 『현대정치의 이해 강의안』, http://prome.snu.ac.kr/~skkim.

박거용. 1992, 「지배문화 분석의 한 모델 : 레이먼드 윌리엄즈의 문화유물론」, 『문화과학』, 창간호, 문화과학사.

박유기. 2003, 「현자노조 2003년 임 · 단투가 남긴 과제」, 『연대와 실천』, 제110호, 영남노동운동연구소.

신광영. 2002, 「노동운동과 공공성」, 『문화과학』, 제23호, 문화과학사.

신병현. 2003, 「노동자 문화와 노동자조직 : 엘리트주의적 의미생산과 그 조직적 귀결」, 맑스 코뮤날레 조직위원회 편, 『지구화시대의 맑스의 현재성 1』, 문화과학사.

신재걸. 2003a, 「자본주의와 노동자 문화」, http://www.laboredu.org.

______. 2003b, 「노동자 문화운동의 현황」, http://www.laboredu.org.

______. 2003c, 「문화패 활동과 문선대 활동」, http://www.laboredu.org.

심광현. 1997, 「맑스주의의 전화와 탈근대적인 급진적 문화정치의 전망」, 『문화과학』, 제13호, 문화과학사.

서영수. 2001, 「남한사회 노동자 문화운동의 현재와 고민」, http://www.ilter.or.kr.

이남복. 1997, 『현대사회학이론의 가능성과 한계』, 청주대학교 출판부.

이성철. 1996, 「조선산업의 신경영전략과 직무구조의 변화」, 『사회과학논총』, 제15권 통권 23호, 부산대학교 사회과학대학.

______. 2002, 「노동자계급 문화의 성격과 문화적 실천을 위한 과제」, 『지역사회학』, 제4권 제1호, 지역사회학회.

______. 2003, 「노동자계급의 문화소비에 관한 이론적 연구」, 『연대와 실천』, 제109호, 영남노동운동연구소.

이수웅. 2001, 『역사 따라 배우는 중국문학사』, 다락원.

이장규. 2003, 「1백 66일 휴일에 6천만 원 연봉은 새빨간 거짓말」, 『말』, 9월호, (주)월간 말.

이찬훈. 2001a, 「창조적인 대중문화의 실천을 위하여 : 반성과 전망」, http://www.democracy.re.kr.

______. 2001b, 「헤게모니와 대중문화 : 알뛰세르와 그람시」, http://www.democracy.re.kr.

전규찬. 1998, 「문화정치」, 정재철 편저, 『문화연구이론』, 한나래.

조돈문. 1996, 「노동운동의 사회적 관심과 이데올로기적 지도력」, 조돈문 편저, 『노동운동과 신사회운동의 연대 I』, 한국노총 중앙연구원.

조희연. 1995, 「민중운동과 '시민사회', '시민운동'」, 유팔무, 김호기 편, 『시민사회와 시민운동』, 한울.

하윤금. 2003, 「맑스주의와 문화연구 : 패러다임 위기」, 맑스 코뮤날레 조직위원회 편, 『지구화시대의 맑스의 현재성 I』, 문화과학사.

허민영. 2003, 「수구 언론 카르텔의 노동자 때리기」, 『연대와 실천』, 제110호, 영남노동운동연구소.

Burawoy, Michael. 1999, 정범진 역, 『생산의 정치 : 자본주의와 사회주의의 공장체제』, 박종철 출판사.

Callinicos, Alex. 2001, 「저자 서문」, Callinicos, Alex & Chris Harman 저, 이원영 역, 『노

동자계급에게 안녕을 말할 때인가』, 책갈피.

de Certeau, Michell. 1996, 「도시 속에서 걷기」, 박명진 외 편역, 『문화, 일상, 대중 : 문화에 관한 8개의 탐구』, 한나래.

Fiske, John. 2002, 박만준 역, 『대중문화의 이해』, 경문사.

Giddens, Anthony. 1994, 김미숙 외 역, 『현대 사회학』, 을유문화사.

Hall, Stuart. 2000, 김덕련 역, 「문화연구에서 그람시의 적절성」, 『읽을 꺼리』, 제6호, http://www.jinbo.net.

______. 1998, 「문화연구의 두 패러다임」, 강현두 편, 『현대사회와 대중문화』, 나남출판.

Hirsh, Joachim. 1992, 「오늘날 '사회혁명운동'이란 무엇인가」, 이병천, 박형준 편저, 『마르크스주의의 위기와 포스트 마르크스주의 I』, 의암출판.

Moore, Suzanne. 1999, 「문화혁명은 도래하는가」, Martin Jacques 편, 노대명 역, 『제3의 길은 없다』, 당대.

Jacques, Martin 편. 1999, 노대명 역, 『제3의 길은 없다』, 당대.

Offe, Clauss. 1992, 「노동은 사회학적 핵심 범주인가」, 이병천, 박형준 편저, 『마르크스주의의 위기와 포스트 마르크스주의 I』, 의암출판.

Rojek, Chris. 2000, 김문겸 역, 『자본주의와 여가이론』, 일신사.

Scott, Allen. 1995, 「신사회운동 : 주요 쟁점들」, 이복수 역, 『이데올로기와 신사회운동(수정판)』, 한울 아카데미.

Storey, John. 2002, 박만준 역, 『대중문화와 문화연구』, 경문사.

Surman, Mark. 2000, 박대련 역, 「VCR에서 사이버 스페이스로 : 제퍼슨, 그람시, 그리고 전자적 공유지」, 『읽을 꺼리』, 제6호, http://www.jinbo.net.

Therborn, Göran. 1994, 최종렬 역, 『권력의 이데올로기와 이데올로기의 권력』, 백의.

Thompson, Edward P. 2000, 『영국 노동계급의 형성(상), (하)』, 창작과 비평사.

Waterman, Peter. 2000, 「새로운 사회적 노동조합주의 : 신세계 질서를 위한 새로운 노동조합 모델」, Munck, Ronald & Peter Waterman 편, 국제연대정책정보센터 역, 『지구화 시대의 전세계 노동자』, 문화과학사.

Williams, Raymond. 1982, 이일환 역, 『이념과 문학』, 문학과 지성사.

______. 1988, 나영균 역, 『문화와 사회 : 1780－1950』, 이화여자대학교 출판부.

2 노동자계급 문화의 성격과 문화적 실천을 위한 과제

1. 머리말 : 노동과 문화의 관계

우리는 은연중에 노동은 구체적이고 경제적인 것, 문화는 추상적이고 상부구조적인 것으로 양분하여 생각하는 경향이 있는 것 같다. 그러나 이러한 생각은 단편적인 것이다. 간단한 예들을 들어보자. 1990년대에 유행했던 '미시족'이니 '미시문화'니 하는 말들을 기억할 것이다. 원래 미시(Missy)라는 말은 영어 사전에도 없던 신조어였다. 잘 알고 있듯이 미시는 결혼은 하였지만 차림새나 외모가 마치 결혼을 하지 않은 처녀와 같고, 딸린 자녀들도 자신의 장신구처럼 앙증맞게 꾸미길 좋아하는 신세대 주부들을 의미한다고 한다. 그래서 이들 미시들은 이전의 기혼 '몸빼' 아줌마들의 생활양식과는 모든 면에서 다르다는 차별 선언을 하고 있다는 것이다.

그런데 이들 미시들이 내세운 이러한 차별 선언은 이들의 자주적인 모임을 통해서 이루어진 것일까? 우리는 그러한 모임과 결의가 있었다는 것을 기억하지 못한다. 오히려 미시라는 용어는 서울의 한 대형 백화점에서 판촉용으로 기획된 용어였다고 한다. 즉 신세대 주부들의 소비와 문화 및 여가 시장이 향후 상당 정도 확장될 것으로 판단한 백화점 자본이 이들의 유효 수요를 창출하기 위해 고안한 용어였다. 이 결과 미시문화의 바람이 외환위기 이전까지 우리 사회의 방방곡곡을 휘젓게 된 것이다. 이처럼 특정 문화의 등장에는 반드시 또 다른 사회적 요인이 결부되어 있으며, 또한 그 문화에 걸맞는 경제적 토대가 내장되어 있게 마련이다. 이는 경제결정론적 표현이 아니라 사회의 구성요소들은 특정한 국면 속에서 중첩적인 영향력을 미친다는 것을 의미한다.

교과서적인 예를 또 하나 들어보기로 하자. 문화의 영미식 표현인 '컬쳐'(culture)는 '컬티베이트'(cultivate)와 어원이 같다. 이는 우리 말의 '경작하다' 또는 '일구다'에 해당한다. '경작을 한다' 또는 '일군다'는 말은 '생산을 한다'라는 말로 바꿀 수 있을 것이다. 생산을 한다는 것은 곧 우리의 노동(정신적이든 육체적이든)을 통해 사람들에게 유용한 그 무엇을 만든다는 말과 다름이 아니다(예를 들어, '농업'을 의미하는 agri-culture를 생각해 보라). 그러므로 문화라는 것은 어느 날 갑자기 하늘에서 떨어진 추상적인 것이 아니라, 비교적 오랜 기간에 걸쳐 사람들이 노동을 통해 만든 구체적인 것이라는 것을 알 수 있다. 이처럼 문화에 대한 교과서적 정의를 통해서도 노동과 문화는 긴밀한 관계를 맺고 있다는 것을 확인할 수 있다.

위의 두 가지 예를 통해서 우리가 취할 수 있는 의미는 어떤 것들이 있을까? 앞서 살펴본 바처럼 문화는 누군가에 의해 만들어지는 것이므로 문화에는 반드시 '생산자'가 있다는 점이다. 가령 특정의 문화가 우리 생활에 바람직하지 않은 영향을 미칠 때, 이러한 문화를 생산한 주체가 누구인지를 아는 것은 매우 중요하다. 특히 자본주의가 전면화되어 있는 우리의 사정을 고려해 볼 때, 노동자 계급을 포함한 민중들의 삶에 부정적인 영향을 끼치는 문화생산의 주체를 파악한다는 것은 곧 이에 대한 대응방안을 마련할 수 있다는 것을 의미한다(Storey, 2002b : 4). 이를 '문화적 실천' (cultural practice)이라고 한다.

우리 사회의 경우 1990년대에 들어서면서 문화에 대한 관심과 논의들이 폭발적으로 이루어지고 있으나 정작 노동자계급 문화에 대한 것들은 매우 미미한 실정이다. 이는 외환위기 이후 증대하고 있는 국가와 자본의 노동에 대한 압박을 돌파하려는 노동운동이 문화부분에 관심을 가질 만한 겨를이 없었던 탓에서도 기인하겠지만, 생산보다는 이미지나 상징분석에 주력한 문화연구의 과잉에서도 찾아볼 수 있다. 이러한 문제의식에 입각하여 이 글에서는 노동자계급 문화의 성격을 관계적으로 파악하기 위해 기존 작업장 중심의 노동과정론이 보다 확대되어야 한다는 점을 이론적으로 제시하고, 향후 노동자계급이 형성해야할 문화실천의 과제들에 대해 토론하게 될 것이다.

2. 노동자계급 문화의 성격

문화적 실천이란 사회의 다양한 구성요소 중 문화적 요인만을 수단으로 한 운동형태를 일컫는 것은 아니다. 특정한 생활양식의 형성과 변형, 그리고 재통합 등은 사회의 여러 구성요소들이 복합적으로 작용하여 생겨나는 것이므로 문화적 실천은 문화만의 '도구적 실천'이 아니라 '관계적 실천'이다.[1] 이는 문화와 관계된 가장 교과서적인 개념 규정에서도 찾아볼 수 있다. 이에 따르면 문화는 개념적으로 사회와 구분되지만 이들 개념 간에는 상당한 연관성이 있다. 문화는 특정 사회성원들의 생활방식—그들의 관습, 그들이 생산한 물질적 재원—과 관련되며, 사회는 공통의 문화를 공유한 개인들 상호 간을 연계시키는 상호관계의 체계를 가리킨다(Giddens, 1992 : 55).

그러나 가장 보편적인 이러한 문화 개념도 일상생활 속의 일반인들에게는 매우 도구적으로 수용되고 있다. 문화관광부(2000 : 7–9)의 『2000 문화향수 실태조사』에 따르면, '문화'라는 말을 들으면 가장 먼저 생각나는 것으로 역사유산(25.0%) > 대중문화(20.1%) > 현대예술(17.6%) > 전통예술(16.1%) > 인간의 행위/생활방식(9.9%) 등의 순으로 나타나고 있다. 한편, 같은 조사에서 생산직 노동자들의 경우는 역사유산(28.8%) > 전통예술(20.6%) > 대중문화(14.7%) > 현대예술(12.4%) > 인간의 행위/생활방식(9.4%) 등의 순으로 답을 하고 있다. 즉 일반인이나 생산직 노동자들 모두 문화를 '인간의 행위 및 생활방식'으로 수용하는 비중이 가장 낮음을 알 수 있다. 이러한 응답결과들은 문화를 높은 수준의 인간의 지적 · 예술적 활동과 그 결과물을 지칭하는 것으로 강조해 온 그간의 엘리트주의적 관점이 상당 정도 유포되어 있음을 반증하는 것일 수도 있

1. "문화운동이라는 말은 … 운동을 전제로 하고 있으며, 또한 운동에 의해 그 내용이 규정된다는 점에서 문화에 비중이 주어진 문화활동이라는 말과는 엄청난 차이가 있다"(정이담, 1985 : 15).

다[2](이성철 · 임호, 1994 : 118–119).

이처럼 문화에 대한 개개인의 이해는 다양한 변이를 갖고 있다. 연구자들 사이에서도 문화의 개념은 연구자의 수만큼이나 다양하고 또한 가장 상식적이면서도 가장 난해한 것이지만(Storey, 2002a : 2) 이 글에서는 문화를 "일상생활 자체와 삶의 방식, (그리고) 의미 실천"(강정구, 2000 : 376)으로 정의해 두기로 한다.[3] 그러나 여기서 언급한 '일상'이라는 개념 속에는 일상과 사건, 그리고 구조 및 역사라는 제 분석 수준이 연관되어 있다. 왜냐하면 우리의 일상적인 삶의 방식은 파편적이거나 사회적인 진공상태에 존재하는 것이 아니라 일상을 주조하는 행위자와 행위에 끊임없이 개입하(려)는 구조 간의 상호작용 속에서 이루어지기 때문이다.[4]

문화에 관한 이상의 논의들을 바탕으로 이 글의 주제어인 '노동자계급 문화'에 대해 살펴보도록 한다. 노동자계급 문화라는 개념 속에는 계급문화, 노동문화, 그리고 노동자 문화 등의 여러 의미가 함께 들어 있지만 아래에서는 계급문화에 대해서만 검토하도록 한다. 잘 알려져 있

2. "천재성, 고귀함, 삶으로부터의 자유로움, 특권층이란 의미들로 포장되어 있는 현재의 예술관(혹은 문화관)은 대부분의 많은 대중들로 하여금 예술적 장에서 주변적 위치에 자리하게 하고, 예술에 대한 수동적인 태도를 체화하도록 한다"(김민규, 1996b : 8).

3. 〈노동자문예교육협회 교육부〉(1994 : 10–11)도 문화를 "인간생활을 떠나 스스로 객관적으로 존재하는 것이 아니라, 일정한 사회속에서 생활해 나가는 인간존재의 내용이며 형식"이라고 정의한다.

4. "일상이 전체 사회구조와 불가분의 관계에 있다는 사실을 간과해서는 안 된다. 일상을 증발시킨 사회구조의 분석이 전문적 용어의 나열에 그치기 쉬운 것과 마찬가지로 전체 사회구조에 대한 조망이 없는 일상의 분석은 잡다한 사실들의 모자이크에 불과할 뿐이다"(박재환, 1994 : 43).

듯이 마르크스주의적 의미에서의 '계급'(class)이란 **사회적** 생산관계 내부에서 차지하는 실질적인 위치를 의미한다. 그러므로 이 개념 속에는 자본과 노동의 관계성, 이 관계의 본질인 적대성, 그리고 불평등한 관계를 지양하려는 실천성 등의 의미가 내포되어 있다(Callinicos & Harman, 2001 : 30-31).

그런데 이러한 마르크스주의적 계급 정의를 **경제적** 생산관계 속에서 규정된 집단으로만 파악하려는 관행들이 다수 존재한다(김왕배, 2001 : 36). 즉 계급 개념을 경제결정론적으로만 해석하는 경향들이 있다. 그러나 계급 개념 중 '생산관계'가 의미하는 바에는 경제주의적 속성만이 담겨 있는 것이 아니다. 즉 생산관계 속에는 이에 조응하는 상부구조적 요인들이 함께 포함되어 있는데, 그것은 곧 생산관계 속에 내포되어 있는 통제와 피통제, 즉 권력적 · 정치적 관계나 현재의 생산관계를 지속 · 강화시키려는 자본의 다양한 문화적 유지장치 등이다(이성철, 1994 : 9).

그런데 노동자계급(문화)의 형성을 중요시하는 일부 논자들의 경우, 노동자들은 자신의 "계급에 기초한 억압과 지위 불평등 모두에 맞서 투쟁했고, 그들의 투쟁은 계급상황과 사회적 지위를 동시에 개선하려는 것이었기 때문에"(구해근, 2002 : 189) 계급과 계층 개념을 경쟁적인 패러다임으로 이해할 필요가 없다라고 말한다. 그리고 카스츄바(Kaschuba, 2002 : 272) 역시 계층들과 계급들 간의 지속적인 의사소통과 상호작용과정으로서의 '문화'는 이 두 개념 간의 단순한 경계설정을 넘어선다고 말한다. 이는 마르크스주의적 이론들이 강조하던 계급적 · 사회경제적 정체성 못지 않게 사회 · 문화적 정체성이 중요해졌기 때문에 계급문화 분석에는 계층론과 계급론의 넘나듦이 필요하다는 주장으로 이해될 수도 있다(양민석, 2002 : 92의 주를 참조할 것).

그러나 이러한 이론적 · 분석적 요청이 일견 타당하다 하더라도 원래의 계급 개념이 갖고 있는 다차원성을 간과해서는 안 된다. 앞서도 언급하였듯이 계급 개념 속에는 이미 경제적 지위뿐만 아니라 사회 · 문화적 지위를 분석할 수 있는 색출적 도구들이 들어 있기 때문에 이의 발굴과 이론적 확대가 오히려 더욱 필요하다. 왜냐하면 "이데올로기와 문화의 문제틀은 공통적으로 계급관계의 비환원적 중층결정의 과정을 해명하기 위해 제기"되었기 때문이다(강명구, 1993 : 8). 부라보이(Burawoy, 1999 : 13-30) 또한 생산의 순수한 경제적 계기들뿐만 아니라 정치적 · 이데올로기적 계기들도 함께 검토되어야 한다고 역설한다. 즉 생산의 재개념화를 주장한다. 그(1999 : 49)는 "잉여가치의 '은폐와 확보'는 노동의 '경제적' 영역뿐만 아니라 이데올로기적 · 정치적 영역에 준거해서만 이해할 수 있다"고 말한다. 이러한 점들은 그간의 계급연구에서 간과되었던 점들이다.

그러므로 우리는 계급문화를 다음과 같이 정의할 수 있을 것이다. 즉 계급문화란 어떤 주어진 사회적 조건(예컨대 자본주의) 속에서 대립적인 계급들 간의 개별적인 저항(또는 수용) 및 집단적인 투쟁(또는 통합) 등이 일상적이면서도 역사적으로 형성된(또는 되고 있는) 것이라고 할 수 있을 것이다. 윌리스(Willis, 1989 : 97) 역시 계급문화의 생성은 대항의 관계 속에서 구체적으로 창조되며, 그것은 다른 집단, 제도 및 성향과 일정하게 겨루는 속에서 발생한다고 말한다. 그러므로 계급문화는 문화적 실천을 지닐 수밖에 없다. 문화적 실천으로서의 계급문화는 부라보이(Burawoy, 1999)의 '생산의 정치' 개념과도 밀접한 연관을 갖고 있다. 뒤에서 노동과정론이 계급문화론과 접목되기 위해서는 기존의 작업장 수

준보다 그 외연이 확대되어야 한다(이성철, 2001c : 59)는 점을 설명하겠지만, 여기서는 앞서 정의한 문화적 실천으로서의 계급문화가 생산의 정치 개념과 이론적 · 분석적으로 관련될 수 있다는 점을 간단히 지적하고자 한다.[5] 흔히 '생산의 정치'라는 개념은 계급 또는 '노동정치'라는 개념으로 치환되기도 한다.

먼저 계급 또는 '노동정치'의 개념에 대해 살펴보자. "계급정치는 국가, 자본, 노동의 상대적으로 자율적인 세 계급 행위주체들이 한편으로는 다른 계급 행위주체들을 대상으로, 그리고 다른 한편으로는 다른 두 쌍방의 계급행위 교환의 과정을 대상으로, 상대적으로 특수한 자신의 이해관계 관철을 위해 전개하는 다양한 권력자원 동원과 투입의 과정"(임영일, 1998 : 36)이다. 한편, '생산의 정치' 개념 역시 이러한 속성을 그대로 지니고 있다. 부라보이(Burawoy, 1999 : 17–18, 119)에 의하면 생산의 정치에는 (1) 정치적 · 이데올로기적 효과를 지니고 있는 작업조직, (2) 생산관계를 규제하는 독특한 정치적 · 이데올로기적 생산장치가 내포되어 있는데, 이러한 생산의 정치과정에서 주도적인 헤게모니를 확보하기 위해 노동과정, 기업들 사이의 시장경쟁, 노동력의 재생산, 그리고 국가의 개입 등이 위의 두 요소의 확대를 위해 경쟁하고 있다. 이러한 속성은 작업장이라는 미시적인 차원에서도 발생하고 노–사–정이라고 하는 거시적인 사회적 구도 속에서도 발생한다.

---

5. 박상언(2002 : 274–275)은 부라보이(Burawoy)의 헤게모니적 통제는 자본주의적 생산관계를 재생산하는 데 있어 이데올로기적으로 중요한 역할을 하고 있으며, 이러한 이데올로기는 경제적 · 정치적 차원과는 상대적인 자율성을 가지면서 생성 · 유지된다고 한다.

그러므로 여기서 논의되는 정치의 개념을 이른바 현실의 정치판 또는 정치권에만 한정할 이유가 없다. 이는 그람시(Gramsci)의 '정치사회' 논의에서 확인된다. 그에 따르면 정치사회란 시민사회에서의 계급관계 변화가 지속적으로 투입되는 영역이기도 하고, 국가의 역할과 기능이 다양한 계급조직 및 노동-자본 관계를 변형·통합해내는 영역이기도 하기 때문이다(임영일, 1998 : 53-58). 달리 표현하자면 사회구조와 행위주체 간의 긴장과 갈등, 포섭과 배제 등이 일어나는 공간이며, 또한 구조에 대응한 행위자들의 성취와 좌절 등이 집중되는 곳이기도 하다.[6] 그러므로 이 와중에서 노동자계급 문화의 형성, 분화, 통합, 그리고 변형 등이 이루어지는 것이다.[7] 즉 윌리스(Willis, 1989 : 86, 102)의 지적처럼 노동자계급의 문화는 열악한 환경과 외적인 강제에도 불구하고 성원들은 의미를 찾아 그 어떤 틀을 만들기도 하고, 특정한 제도의 영향을 받으면서도 그로부터 분리되는 과정을 겪기도 하며(분화), 계급저항과 그 의도들이 제도적인 관계 및 교환 속으로 재정의되고 수정되는 과정(통합)을 거치는 특징을 지니게 된다.

---

6. 그람시(Gramsci)의 이러한 점에 대한 강조 때문에 그를 문화주의와 마르크스주의를 결합한 최초의 인물이라는 평가를 내리기도 한다(이종래, 2001 : 198).

7. 그람시(Gramsci)에게 있어 종속계급의 문화(여기서는 노동자계급의 문화)가 균질적이고 자립적인 전체이며, 이미 계급적 방향으로 정의되어 있다고 보는 것은 그를 오해하는 것이다(Gruppi, 1986 : 119). 톰슨(Storey, 2002a : 67에서 재인용)은 계급은 어떤 사물이 아니라 항상 다른 계급이나 계급집단에 대항하기 위해 한 계급을 한데 묶는 '통합'과 '차별'의 역사적 관계라고 말하며, 이들의 문화(강명구, 1993 : 7에서 재인용)는 기능적으로 통합되어 있는 전체가 아니라 문화 안에서 끊임없이 일어나는 균열과 역설과 적대임에 주목한다.

3. 노동과정론의 문화론적 확장

이러한 성격을 지니는 노동자계급 문화는 다차원성을 갖고 있는데, 이는 자본의 유통정식을 통해 설명될 수 있다. 자본의 유통정식 또는 자본축적의 과정은 크게 세 부분으로 나눌 수 있다. 즉 아래의 〈그림〉과 같이 (I) 교환과정, (II) 생산 또는 노동과정, 그리고 (III) 분배과정으로 나눌 수 있다.

〈그림〉 자본의 유통정식

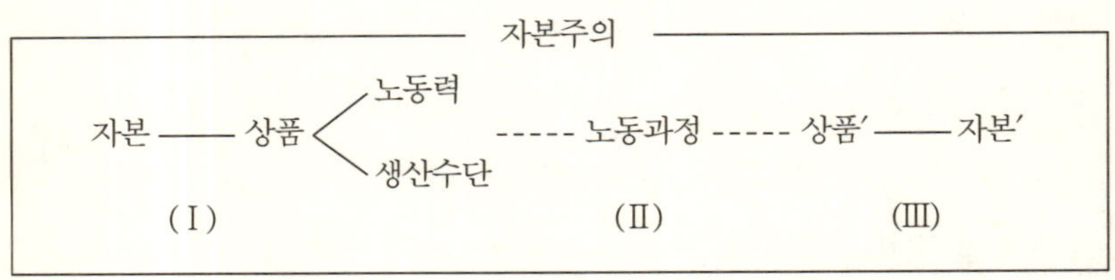

배후 구조로서 자리 잡고 있는 자본주의는 각각의 과정에서 노동자계급이 갖고 있는 기존의 의식이나 행위, 생활방식 등을 자신의 목적에 맞게끔 해체시키기도 하고 새로운 공유가치를 주입 또는 공고화하기도 한다.[8] 그러므로 이 그림의 전체 틀 내에서 생산의 정치가 이루어지

8. 트루비언(G. Thborn)은 이 과정을 각각 환치(displacement), 제압(submission), 그리고 고립화(isolation)로 표현한다(임영일, 1990 : 312쪽에서 재인용).

고 있다고 할 수 있을 것이다. 먼저 아래에서는 노동과정이 종래의 작업장 수준에만 한정되는 것이 아니라, 교환 및 분배 등의 과정으로 확대되어야 한다는 점에 대해 간단히 검토하도록 한다.

신병현(2000 : 20, 21, 23)은 (II)에서 나타나는 노동자계급의 문화를 작업장 문화로 규정한다. 여기서는 작업장에서 노동을 수행하는 노동자들의 생활세계를 주되게 분석하게 된다고 하면서, 작업장 문화 연구는 흔히 말하는 노동자 문화 연구나 노동과정 연구와 혼동될 가능성이 있다고 지적한다. 이러한 혼동은 노동과정에 대한 그동안의 기술적 접근 때문에 비롯된 것으로, 향후 노동과정에 대한 논의는 작업장에서의 주체성 문제에 대한 문화론적 관심으로 넘어가야 한다고 역설한다. 이는 매우 유의미한 지적이기도 하면서 노동과정론의 연구 내용을 보다 풍부하게 해줄 수 있는 것이라고 생각한다. 그러나 작업장이라는 시 · 공간 내에서만 노동자들의 사회적 정체성이 집중적으로 형성(신병현, 2000 : 23)되는 것이 아니라면 노동과정은 보다 관계적으로 확장되어야 한다.

노동과정론의 시금석이 된 브레이버맨(Braverman, 1987)의 『노동과 독점자본』에 따르면, 노동과정은 단위 기업 내의 생산현장에서 발생하는 숙련 수준의 문제에만 국한되지 않고 생산양식으로서의 자본주의의 발전과정과 노동시장의 변화, 그로 인한 생산과정상에서의 잉여가치 실현방법의 변화 및 노동자계급의 구조 및 상태변화까지 폭넓은 범위를 다루고 있다. 특히 그(1987 : 53)는 노동과정은 노동자에 의한 노동력의 판매조건과 자본가에 의한 구매조건을 결정하는 계약이나 협의에 의해서 시작된다고 하면서, 노동과정과 노동시장 간의 관련성에 주목하여 그의 논저에서 직업구조의 변화를 통한 노동자계급의 프롤레타리아트화를 강조하고 있다[그리고 隅谷三喜男(1983)과 김형기(1987)도 참조할 것].

이러한 논점들은 특히 노동자계급 문화의 다차원적인 성격을 살펴보는 데 매우 유용한 것이라고 생각한다. 이는 곧 자본주의라는 구조 속에서 작동하는 자본 유통방식의 전 과정에서 상호작용하고 있는 노동자계급 문화를 총체적으로 파악해야 함을 의미한다. 그러나 이 글에서는 (I), (II), (III)의 전 과정에서 나타나는 노동자계급의 문화적 성격들을 모두 살펴볼 수는 없다. 단지 이들 각 과정에서 찾아볼 수 있는 노동자계급의 문화적 정체성 형성과 관련된 몇 가지 내용들만 소개할 것이다.

정체성(identity)이란 사회적인 진공상태에서 발생하거나 생득적인 것이 아니라, "사회적 관계에 기초한 구체적인 경험이나 정치적 동원 혹은 문화적 경험을 통하여 만들어지는 구성물"이며, "구별짓기(distinction)나 차별화(differentiation)를 통해서 형성된다." 나아가 계급 정체성은 제도와 조직, 공통적인 경험이나 가치의 공유, 그리고 행위를 통해 형성된다(신광영, 1997 : 35-36, 43-44). 그러므로 특정 계급의 정체성은 경제적 상태에 대한 의식과 정치적 입장이라는 의미에서뿐만 아니라 문화적 행위능력에 의해서도 형성되는 것이라 할 수 있다(Kaschuba, 2002 : 272).

먼저 자본과 노동의 교환과정, 즉 (I)에서 나타나는 노동자 계급의 문화적 정체성에 대해 살펴보도록 한다. 이 단계는 자본과 노동력 상품이 교환되는 곳으로서, 노동력 상품이 갖는 특수성(隅谷三喜男, 1983 : 38-42)으로 인해 노동자계급에 대한 사회적 차별과 부등가 교환이 집중적으로 이루어진다. 그러나 우리나라의 경우 노동 또는 노동자에 대한 사회적 차별에는 이러한 보편적인 차원에서뿐만 아니라 역사적인 특수성까지 중첩되어 있다. 서구의 경우 노동자계급 문화는 이전의 평민문화의 유산을 상당 정도 전승하면서 장인적 전통에 기초한 노동자계급에 대한 어느 정도의 사회적 인정이 존재(Kaschuba, 2002 : 268)하였던 반면, 우리의 경우에는 전근대 사회의 비농업부문 육체노동을 대부분 노비가 담당하고 있었기 때문에 노동에 대한 부정적인 태도가 자본축적의 초기 단계부터 내장되어 있었다(구해근, 2002 : 100).

노동자계급에 대한 이러한 사회적 인식은 1987년의 노동자 대투쟁기를 시작으로 이후의 연대와 실천의 운동을 통해 상당 정도 사라지게 된 것이 사실이나, 여전히 맹위를 떨치고 있는 반공 이데올로기의 영향력과 열악한 사회경제적인 지위 등으로 인해 사회 곳곳에 편재되어 있는 실정이다.[9] 즉 자본과 노동의 불평등한 교환관계가 경제적인 것에만 그치는 것이 아니라, 이를 유지 · 동결하려는 다양한 문화적 · 이데올로기적 기제들이 작동되면서 자본과 국가의 헤게모니 확장이 이 단계에서 이루어지고 있는 것이다.

다음으로 [전통적 의미의, 즉 (II)] 노동과정상에서 찾아볼 수 있는 노동자계급의 문화적 정체성 형성 내용들에 대해 검토해 보기로 한다. 앞에서도 언급한 바처럼 신병현(2000)은 이 부분의 노동자 정체성 형성 내용을 작업장 문화로 규정한 바 있다. 주지하다시피 1987년의 노동자 대투쟁기를 경과하면서 (특히 대기업) 노동조합의 현장 장악력은 가파르게 상승하였으나 외환위기 이후 최근 들어 현장권력이 급속히 약화되고

9. 2002년 7월 21일, 창원의 노동사회교육원에서 있었던 금속노동자들과의 토론과정에서도 이러한 점들을 다시 확인할 수 있었다. 이 모임의 참석자들 대부분은 오랜 기간동안 노동운동에 적극적으로 참여한 사람들임에도 불구하고 회사 측에서 주관하는 부인이나 가족, 그리고 일반인 대상의 현장견학을 가장 싫어한다고 말했다. 그 이유는 기름 때 절은 작업복과 작업현장을 보여주기 싫다는 것이었다(그리고 송호근, 1991 : 37쪽을 참조할 것).

있다. 노동조합의 현장 장악력을 가늠할 수 있는 여러 지표 중(예컨대 고용, 임금, 그리고 작업장 협약의 견인 정도 등) 대의원의 분포만을 보게 되면 노동조합 측의 대의원 비중보다는 자본친화적인 대의원의 수가 더욱 늘고 있는 실정이다. 이는 현장에 기반을 둔 조직강화 없이는 밑으로부터의 대중적인 참여는 위축되며, 조합원에 대한 일상활동 지원이 큰 효과를 발휘하지 못하게 됨을 의미한다. 이는 1990년대 이후 전개되고 있는 자본의 신경영전략에 대한 노동진영의 대응형태를 보면 쉽게 짐작할 수 있을 것이다.

그러므로 노동자계급의 작업장 문화 활성화를 위해서는 무엇보다 현장권력의 회복이 중요하다. 노동자들에 의한 작업장 문화의 형성에는 파업, 신경영전략에 대한 노동조합의 대응, 노동교육, 그리고 나아가 자주관리 등 다양한 것들이 작용한다. 그러나 이 글에서 모든 것을 다룰 수는 없다. 여기서는 생산과정에 대한 노동자들의 비공식적 통제만을 소개하도록 한다. 부라보이(Burawoy, 1999 : 168-179)는 이것을 작업을 둘러싼 하나의 게임으로 설명하고 있다. 즉 노동자들이 일정한 비율의 산출목표량을 설정한 후(해내기), 이 목표를 달성하고도 남은 과외 작업량을 숨겨두었다가(저금하기 또는 적금붓기) 힘든 직무들에서 상실한 수입을 보충하는 데 사용하는 것(교차기재 또는 속이기)을 말한다[우리나라의 노동자들은 이를 속칭 '마에가리' (前借り)라고 한다].

그러나 해내기 게임은 곧 '알고도 모른 체 해주는' 자본의 동의에 기반한 것이기 때문에 이를 통해 곧바로 노동자계급의 문화적 실천 전망을 내어올 수는 없다. 그럼에도 불구하고 부라보이(Burawoy)는 두 공장의 사례연구를 통해 이러한 게임에 대한 노동자들 간의 협력이 높을수록 노동과정에 대한 통제력이 높고 경영진에 대한 교섭력도 상대적으로 더 크다고 설명한다.[10] 카스츄바(Kaschuba, 2002 : 283)는 이를 자본가의 생산규정과 노동자 사이의 대립을 상징적으로 표현하기 위한 시도이며, 이를 통해 집단에 대항하는 육체적이고 사회적인 행동 가능성을 테스트하게 된다고 한다.

그러나 이 역시 노동과정상의 사회적 관계의 본질에 대한 이념적 · 실천적인 대안이 될 수 없음은 사실이다. 하지만 노동과정에 대한 비공식적 통제로부터 직접적인 연대의 전망을 가질 수 없다 하더라도 자본의 일상적인 통제에 대한 현장 노동자들의 아비투스(habitus) 구성마저 무시할 필요는 없다. 왜냐하면 파업 등으로 형성될 수 있는 '정치적 효과'는 당장 없을지 몰라도 학습에 의한 실천의 계기들은 누적될 수 있기 때문이다(신광영, 1997 : 44-45).

끝으로 자본의 유통정식 중 (III)에 해당하는, 즉 분배과정에서 나타나는 노동자계급 문화의 성격에 대해 검토해 보도록 한다. 이 과정은 생산수단과 노동력을 이용하여 만들어진 특정한 상품을 자본가가 팔아야 할 단계이며, 노동자들의 삶터이기도 하다. 여기서 자본가는 상품을 잘 팔아 큰 이윤을 남길 수도 있고, 아니면 정반대의 경우에 봉착할 수도 있다. 이 때문에 마르크스는 이 단계를 '자본가들의 목숨을 건 도약단계'라고 말한다. 그러므로 자본가들은 성공적인 도약을 위해, 예를 들면 '자본주의의 꽃'이라고 하는 각종의 광고들을 이 단계에 집중하게 된다.

10. 노동자들의 '노동과정에 대한 비공식적 통제'(우리나라의 노동자들은 이를 '현장에서 개기기'라고 표현한다)의 다양한 사례들은 라 보츠(La Botz, 1991)를 참조할 것.

이 단계에서의 문제는 자본주의적 대중문화와 노동자계급 문화와의 관계이다. 그런데 대중문화에 대한 개념규정이 매우 혼란스럽기 때문에 이 글에서 사용하고자하는 대중문화의 의미를 먼저 밝혀두는 것이 필요할 것 같다. 강정구(2000 : 382)에 따르면, 현재 우리 사회에서는 대중문화와 민중문화가 혼동되어 사용되고 있다고 하면서 전자는 수용자의 수동성을 강조하고, 후자는 능동성이나 저항성을 강조하는 맥락을 가지고 있다라고 말한다. 즉 이는 밑으로부터의 문화라는 점에서 대중문화와 민중문화는 형식적인 공통성을 지니고 있지만 내용적으로는 차별성을 띤 것으로 이해될 수 있다.

한편, 김민규(1996a : 29)는 대중을 어떻게 정의하느냐에 따라 대중문화의 개념 규정은 달라진다고 말한다. 그에 의하면 '대중매체에 의한 대중문화'는 문화 소비자인 대중을 객체로 설정하고 있는 반면, '대중들에 의한 대중문화'는 대중들을 문화적 주체로 설정하고 있다라고 주장한다. 그렇기 때문에 대중들에 의한 대중문화의 의미는 현재 노동문화 운동, 민중문화 운동 속에 담지되어 있고, 앞으로도 계속 추구되어야 할 내용이라는 것이다. 그의 글에서 명확히 표현된 것은 아니지만 대중을 엄밀한 계급적 범주로 규정하기보다는 사회의 모든 부문에서 배제된 약자라는—즉 민중과 같은—사회적 범주로 포괄하고 있으며, 이들에 의한 문화만이 자본주의에 대항적인 성격을 지닐 수밖에 없다라는 점을 강조하는 것 같다.

위의 두 주장은 대중문화의 내용과 주체를 어떻게 규정하느냐에 따라 이를 노동자계급 문화의 범주 속으로 수용할 수 있다는 가능성을 열어놓고 있다. 네오-그람시주의자들도 대중문화를 민중의 저항력과 지배계급의 통합력 사이에 벌어지는 투쟁의 장으로 보고 있으며, 이 결과 대중문화는 각 집단 간의 저항과 통합이 '타협적 평형상태' 에 이르기도 하고 또한 자본주의의 대량문화가 헤게모니를 장악하기도 한다.[11] 그러나 스토리(Storey, 2002a : 17)는 대중문화를 이렇게 정의할 경우 매우 심각한 정치적 개념이 된다고 우려하고 있지만, 앞서 살펴본 바처럼 그람시(Gramsci)의 정치사회의 영역은 그의 염려와는 상관없는 것이다. 그에게 있어서 이 영역은 국가와 자본, 그리고 노동 간의 계급투쟁이 일상화된 곳이다. 여기서 투쟁의 핵심적인 내용은 진지전(war of position)을 통한 이데올로기적 헤게모니의 확장이다.[12] 이러한 진지전들은 계급투쟁에 있어 고강도의 큰 기동전을 확보하려는 성격을 지닌다(임영일, 2000). 그러므로 이를 '생산정치의 사회화' 라고 명명해도 좋을 것이다. 노동과정론의 문화론적 확장을 위해서는 이러한 접근이 새롭게 요청된다.

노동자의 일상적인 삶이 집중적으로 이루어지는 (III)의 과정에서 찾아볼 수 있는 문화적 내용들 역시 아주 많이 존재하지만, 노동자계급의 정체성에 중요한 영향을 미치고 있다고 판단되는 자본주의 문화와 이데올로기[13] 부분에 대해서만 검토하기로 한다. 특별한 상황이 아닌 경

---

11. 헤게모니(hegemony)라는 말은 억압적인 힘의 행사와 구성원들의 동의에 기초한 힘의 행사가 어우러져 있는 상태를 말한다. 그래서 어떤 사람들은 헤게모니를 억압이나 강제력보다는 합의나 동의의 비중이 더 많은 것으로 판단하기도 한다. 그러나 현실적으로 볼 때 구성원들이 통제자의 권위에 절대적으로 순종하면서 그의 지배를 받아들이는 경우는 드물기 때문에 헤게모니를 '강제력에 기초한 합의 창출 능력' 이라고 판단하는 것이 좋을 것 같다. 1990년대에 들어 대기업을 중심으로 강력하게 추진되고 있는 '기업문화 운동' 들이 적합한 예가 될 것이다(이성철, 2001c : 52).

12. 진지전이란 광범위한 전선에서 전개되는 투쟁을 말하는데, 이 전략에는 사회조직과 문화적 영향력이 포함된다(김성기, 1986 : 178).

13. 강명구(1993)는 마르크스주의적 문화이론들을 검토하면서 이데올로기와 문화는 별개의 것이 아니라 상호작용하는 것이라고 말한다. 그리고 스토리(Storey, 2002b :

우, 노동자들의 계급경험은 자본주의 문화에 대한 일상적인 경험보다 두드러지지 않다. 왜냐하면 알튀세르(Althusser, 1971 : 170)에 따르면 (자본주의) 문화 또는 이데올로기가 일상적으로 꾸준하게 '부드러운 테러' [레이먼드 윌리엄스(Raymond Williams)의 용어]를 가하면서 우리들을 불러내고 있기 때문이다(이데올로기의 호명). 호명(interpellation)을 당하면 무의식적으로 벌떡 일어서게 되는 것처럼 개인들은 자신을 성찰하기보다는 이데올로기에 종속되는 주체로 전락하게 된다. 이에 따라 사회변혁의 주체 역시 거대 주체(the Subject)에서 분산된 주체들(subjects)로 바뀌게 된다(임영호, 2001 : 115).

삶터의 가장 기본적인 집합적 단위라고 할 수 있는 가족의 예를 통해 이를 살펴보자. 무디(Moody, 1999 : 195)에 따르면 신자유주의는 잡다한 이데올로기의 혼합물인데, 그 특징 중의 하나로 '이상화된 가족에 대한 강조'를 들고 있다.[14] 외환위기 이후 우리나라도 신자유주의적 구조조정이 광범위하게 펼쳐지면서 가족에 대한 강조가 유난히 많음을 볼 수 있다. 그러나 여기에는 국가가 담당하지 못하는 사회적 안전망을 자연스럽게 가족에게 떠넘기려는 이데올로기적 효과가 함께 들어 있다[15]

6-11)도 참조할 것.

14. 무디(Moody)가 제시하는 이데올로기로서의 신자유주의의 특징은 다음과 같다. ① 신고전파 경제학의 근본주의, ② 국가 규제를 대체하는 시장적 조절, ③ 자본에 우호적인 경제적 재분배, ④ 이상화된 가족을 핵심에 담고 있는 도덕적 권위주의, ⑤ 자유무역의 원칙, 그리고 ⑥ 노동조합에 대한 철저한 불관용 등이 그것이다.

15. 1998년 연말에 실시된 실직자 대상의 한 조사결과를 보면 생활을 꾸려가는 방편이 그동안 모아두었던 돈(30.1%) 〉 배우자나 다른 가족원의 수입(19.9%) 〉 퇴직금의 활용(14.9%) 등의 순으로 나타나는데, 이를 통해 최선의 '사회적' 안전망 구축은 '개인적' 자구책임을 알 수 있다(이성철 외, 1998 : 4-5).

(김수영, 2000 : 66). 즉 가족만이 최후의 안식처이며 구성원들을 안전하게 보호해 줄 수 있는 보루라는 것이다. 이러한 상황 하에서 노동자계급들은 가족주의의 외피를 둘러쓴 신자유주의 이데올로기가 호명하고 질문하는 대로 살 수밖에 없게 되고, 현재의 처지를 나의 탓으로만 인식하게 되며, 결국 노동자계급으로서의 정체성은 형해화되고 만다.

지금까지 자본의 유통정식상의 각 과정에서 찾아볼 수 있는 노동자계급 문화의 주요한 성격들에 대해 살펴보았다. 물론 노동자계급 문화의 특징들은 본글에서 제시한 예들만 있는 것이 아니라 매우 다양하고 복잡한 것들이 포함되어 있다. 이는 차후의 과제로 남겨두기로 한다. 그러나 여기서 반드시 지적하고 넘어가야 할 사항이 있다. 그것은 다름이 아니라 위의 각 과정에서 설명한 노동자계급 문화의 성격은 일면적이라는 점이다. 왜냐하면 앞서도 강조한 바처럼 노동자계급 문화는 자본주의적 지배문화를 단순히 수용만 하는 것이 아니라 이를 변형 · 재구성하는 능력도 함께 지니고 있기 때문이다.

그런데 위의 각 과정에서 제시된 설명을 보게 되면 첫째, 교환과정에서는 자본 또는 국가에 의한 노동자들의 사회적 차별만이 부각되어 있고, 둘째 노동과정에서는 생산을 둘러싼 자본가들과의 게임을 통한 노동자계급의 부분적인 정체성 형성만을, 그리고 끝으로 분배과정에서는 지배 이데올로기에 복속된 삶의 방편만이 제시되어 있을 뿐이다. 즉 다시 말하자면 문화가 갖는 동의와 저항의 두 속성 중 전자의 측면만이 강조되어 있는 것처럼 보인다. 글의 전개상 이러한 서술방법을 택하였지만 우리는 의외로 기존의 문화연구들에서 이러한 주장들(즉, 급진적인 관념적 비판주의)을 많이 보게 된다.

이와 같은 문제 제기들은 현실에 대한 정확한 묘사를 할 수 있을

지는 몰라도 이는 오히려 노동자계급의 문화적 모순들이 사회적으로 더욱 연장되어 있음을 보여줄 뿐이다. 이러한 논지들에서는 행위와 구조 간의 긴장보다는 구조에 갇혀버린 행위자의 모습[즉 수인(囚人)으로서의 노동자계급]만이 부각될 뿐이다. 다시 말하자면 구성원들이 처한 삶의 조건과 전체 사회 속에서의 그들의 위치를 꿰뚫어 보려는 노력(간파, penetration)이나 체제에 대한 비판(교란, dislocation)보다는 이러한 움직임들의 발전과 표출을 혼란시키고 방해하는 이데올로기나 문화의 영향력(제약, limitation)만을 강조할 뿐이다[간파, 교란, 그리고 제약 등의 개념에 대해서는 윌리스(Willis, 1989 : 182, 235)를 참조할 것].

예컨대 알튀세르주의자(Althusserian)들의 논의 속에 나타나는 이러한 점들이 이른바 '이론적 반(反)인간주의' (theoretical anti-humanism)로 평가받고 있는 것도 이 때문이다. 문화연구에서는 이러한 입장을 '문화적 민중주의' (cultural populism) 또는 신수정주의로 통칭한다(Storey, 2002a : 250 ; 신병현, 2001 : 135 ; 이성철, 2001a : 44쪽을 참조). 이들은 생산의 사회적 관계에 근거를 둔 계급문화의 차이보다는 소비를 기준으로 한 사회적 차이에 더욱 주목한다. 이는 광고의 예에서 특징적으로 찾아볼 수 있다. 그러나 과연 노동자계급들은 항상 이러한 사회적 호명에 성공적으로 동원되는가? 여기에 노동자계급으로서의 문화적 실천의 중요성이 있다.

4. 노동자계급과 문화적 실천을 위한 과제

1990년대 이후 한국 사회의 모습을 '정치경제학의 시대'에서 '문화의 시대'로의 이행이라고 평가하는 연구자들이 혹 있을지 모른다 그러나 이러한 평가는 서두에서 밝힌 문화와 사회의 여타 요소들을 이분법적으로 가르는 사고방식이며, 나아가 사회적 생산관계의 근본적인 변화가 과연 유의미하게 이루어지고 있는가에 대한 동의가 존재할 때에만 가능한 것이다. 사정이 이러함에도 불구하고 정보화사회론이나 포스트 모더니즘론 등의 일각에서는 이미 우리 사회가 이전의 근대 사회 또는 자본주의 사회와는 질적으로 전혀 다른 새로운 문화적 양상을 보이고 있다는 주장들을 제시하고 있다.[16]

그러나 과거에 남겨진 문화실천의 유산이 여전히 우리에게 중심적인 숙제로 남아 있다면 시대마다 달리 나타나는 운동에 대한 여러 담론들(예컨대 1970-1980년대에는 민중문화 또는 노동자문화, 1990년대는 시민문화 식의 담론들)은 사회의 현상만을 기술하는 것이므로 근대성이 더욱 급진화된 현대 한국 자본주의 사회 하의 노동자계급의 문화적 실천전략들은 더욱 구체화되어야 할 것이다.

자본과 국가의 지배문화 및 이데올로기에 저항하며 노동자계급

16. 그러나 정보화사회론 그리고 포스트 모더니즘 이론 등이 신자유주의와 밀접한 관련성을 갖고 있다는 점에 대해서는 이성철(2001a)과 신병현(2000) 등을 참조할 것.

문화의 지형을 넓혀나가려는 노력들은 크게 일터(노동과정)와 삶터(교환과 분배과정)의 영역으로 나누어 볼 수 있겠지만 이 두 영역은 연동된다. 구체적인 예들을 통해 문화실천의 과제들을 점검해 보도록 한다. 먼저 작업장 내에서 노동자계급 문화 및 노동자 정체성의 형성에 가장 큰 영향을 끼치는 부분에 대해서 살펴보도록 한다. 여기서는 노동조합과 회사의 전략들이 주되게 작용한다.

1990년대 이후, 특히 대기업을 중심으로 펼쳐지고 있는 신경영전략[17]은 노동자계급의 연대성과 현장권력의 급속한 약화를 초래하고 있다. 더구나 신경영전략의 핵심으로 작동하고 있는 생산방식의 혁신은 일터뿐만 아니라 삶터까지 전방위적으로 관리하고 있다. 이는 그람시(Gramsci, 1986 : 328)의 「미국주의와 포드주의」에서 이미 찾아볼 수 있다. 즉 "미국에서 작업의 합리화와 주류양조 · 판매금지는 의심할 바 없이 상호 연관되어 있다. 기업가들이 노동자들의 사적인 생활을 조사한다거나 어떤 기업에서 자신의 노동자들의 '도덕성'을 통제하기 위해 감사활동을 한다거나 하는 것은 모두 새로운 작업방식에서 비롯되는 요구인 것이다".

여기서도 볼 수 있듯이 신경영전략이란 비단 작업방식의 변화만이 아니라 인사 · 노무 · 생산관리 및 노동자계급의 일상생활까지 아우르

17. 주요 대기업의 신경영전략의 구체적인 사례들에 대해서는 영남노동운동연구소(1994)의 『신경영전략과 노동조합의 대응』을 참조할 것. 그리고 신경영전략의 효과가 직무구조의 변화 중에서도 특히 노동통제와 노동강도, 팀별 작업과 작업속도, 그리고 임시직 투입 비중의 증대 등에 집중되어 나타난다는 실증적인 연구결과에 대해서는 이성철(1996)을 참조할 것.

는 것이라고 할 수 있다. 특히 일상생활의 관리는 기업문화 운동의 형태를 띠면서 작업장을 넘어 지역사회로 진출하기도 한다. 이는 특정 지역(예컨대 울산이나 거제 등)에 단일한 기업 지배구조를 갖고 있는 대자본들(현대 또는 대우)에서 흔히 볼 수 있다. 즉 지역 내의 사택과 복지관, 문화회관 등의 건립을 통해 기업과 노동자, 그리고 가족 및 지역 간의 연계를 통해 일터와 삶터 모두를 관장하는 효과를 갖게 된다.[18] 그런데 자본들의 이러한 신경영전략들은 IMF 관리체제 하의 기간을 제외하곤 단위기업 차원에서만 전개되는 것이 아니라 총자본의 수준에서 광범위하게 진행되고 있다.[19]

사정이 이러함에도 불구하고 이에 대한 노동진영의 대응은 단위사업장 차원에서뿐만 아니라 총노동의 수준에서도 아주 미흡한 실정이다. 예컨대 민주노총 제1기부터 제3기 4대 집행부까지 추진된 주요 사업의 내용을 보면 신자유주의 공세에 맞선 경제적 투쟁이나 사회개혁 투쟁이 가장 많은 비중을 차지하고 있다(민주노총 홈페이지 참조). 물론 이러한 투쟁과정을 통해 노동자계급 문화가 동반 · 고양되는 것 또한 사실이지만, 민주노총 차원에서의 체계적인 문화정책이 부재하다는 것은 문화를 정치 · 경제적인 것의 잔여물로서만 인식하게 할 수 있다.[20]

---

18. 이성철과 임호(1994 : 128)는 이를 기업문화운동이 갖는 '문화의 부가가치망' (cultural VAN)이라고 부른다

19. 예컨대 주요 대기업들이 공연예술이나 미술, 출판 등에 조직적으로 지원하는 '한국기업 메세나협회' 의 활동을 들 수 있다. 이 단체는 1994년 4월에 창립된 이래 현재 120개의 회원사가 가입(연회비 200만 원, 입회비 100만 원)되어 있으며, 연간 기업기부금액은 약 1,382억 원에 이른다(국제메세나협의회, 2000).
주요 내용은 'http://www.mecenat.or.kr/org00006/co_list/m_10_01.htm#한국' 을 참조할 것.

향후 노동조합은 산별적 차원에서 일상생활 세계와 노동자들의 작업생활에의 지속적인 개입을 통해 연대 및 사회적·직업적 정체성의 구축 노력과 노동자계급 문화로 구성원을 통합하려는 계급적으로 전문화된 소통체제를 만들고 발전시켜야 한다. 왜냐하면 자가 생산된(self-produced) 이데올로기와 문화가 있어야만 현재 다양하게 변형되어 나타나는 계급횡단적 또는 비계급적 문화공세에 대한 적절한 계급적 대응의 기초를 마련할 수 있기 때문이다(Waterman, 2000 : 361-386). 계급횡단적·비계급적 문화공세의 의미는 윌리엄스(Williams, 1982 : 153-155)의 잔여적(residual) 그리고 발현적 또는 부상하는(emergent) 문화의 개념으로 설명될 수 있다.

잔여적인 문화는 전통적인 것 중 아직 일정한 생동력을 지니고 있는 것으로 일종의 대항문화적 성격을 갖고 있다. 예컨대 전통적인 문화이지만 1970-1980년대에 민중 또는 노동문화의 주요 발현형식이었던 탈춤이나 사물놀이 등이 그것이다. 그러나 1990년대에 접어들면서 이러한 것들은 자본주의 문화와의 대항 속에서 의미 있는 문화적 반전을 꾀하지 못하고 오히려 상품화되거나 포섭되어 버린 경우가 많다. 탈춤은 '박카스' 광고로, 사물놀이는 제도화된 연행으로, '천리길'은 'SK 엔크린'으로, 그리고 '그날이 오면'은 '현대해상'으로 가버렸다. 이는 어쩌면 "포괄적인 계급적 실천의 망 속에 유기적으로 자리 잡지 못한 문화운동"(임영일, 1990 : 316)의 당연한 귀결일지도 모른다. 그러므로 이러

---

20. 2000년 9월 30일 제출된 민주노총의 『노동운동발전전략위원회 초안』에도 문화정책 부문은 거의 사상되어 있다.

한 문제의식에 기초하여 문화실천의 유의미성을 여전히 담고 있는 것들을 적극적으로 발굴 · 견인해내고, 새롭게 부상시킬 대항문화의 개발이 더욱 필요한 것이다.

다음으로 단위노조나 지역 차원에서의 문화적 실천을 위한 과제에 대해 살펴보도록 한다. 흔히 노동문화의 대표적인 것들로서 1980년대의 풍물패와 노래패의 활동을 거론한다. 그러나 1990년 이전 대중운동의 고양기에 형성되었던 노동조합 문화선전대의 활약이 최근 일상활동이 중요해지기 시작하면서 활동방향의 모색에 많은 어려움을 겪고 있는 것이 사실이다. 문선대의 활동이 현재에도 여전히 유의미한 것은 사실이지만, 노동조합이 자신의 문화전략을 이러한 활동들에만 초점을 맞출 때 어려움은 더욱 깊어지게 될 것이다. 즉 문화적 실천의 외연과 내포가 더욱 확장 · 심화되기 위해서는 노동교육, 현장의 강화 및 노조와 지역과의 연대 프로그램의 개발 등이 뒤따라야 한다.

제도화된 공교육제도는 현존하는 문화적 헤게모니의 전수자이며, 이를 통해 자본주의적 사회관계를 재생산 또는 공고화한다(김대호, 1986 : 141). 그러므로 이데올로기적 국가기구(ISA)로서의 교육에 대응하는 밑으로부터의 교육정책이 요구되고 있다. 그런데 한국노동사회연구소가 1997년에 조사한 단위노조의 교육실태를 보면 단체협약상에 명시된 연평균 조합원 교육시간은 12.5시간에 불과하다. 이마저도 조합원 교육시간으로 제대로 활용하고 있는 곳은 42.4% 정도이다(한국노동사회연구소, 1998 : 14). 그리고 마산과 창원지역의 노동조합을 대상으로 한 조사에서는 연간 평균 9시간으로 나타난다(이성철, 1999 : 8-9). 이들 두 조사에 응한 노조들이 상대적으로 노동운동의 전통이 강한 곳임을 감안한다면 전체 평균 시간은 더욱 낮아질 것이다.

참고로 독일노총(DGB)과 헤센 주정부가 공동으로 운영하는 노동 아카데미(Academie de Arbeit)의 경우 연간 900시간의 교육을 통해 매년 40명 가량의 활동가를 배출하는데, 이를 통해 이들의 현장경험을 더욱 심화시키고 사회 · 정치적 참여능력을 배양시키고 있다(이성철, 2001b : 102-103). 교육은 스펀지가 물을 먹듯이 그 효과가 천천히 발휘되나 일단 내장이 되면 강력한 권력이 된다. 유기적 지식인(organic intellectuals)은 투쟁과 일상의 교육 등을 통해 만들어지는 것이다. 그리고 이러한 자원들은 결국 현장권력의 강화를 위한 중요한 밑거름이 될 것이다. 또한 이들을 통한 노동자계급 문화의 일상적인 확산을 기대할 수 있을 것이다. 그러므로 총연맹 차원에서 노동교육을 위한 제도 구축과 체계적인 지원이 시급히 이루어져야 한다.

한편, 노동자계급 문화의 부가가치망을 더욱 확대하기 위해서는 노동조합과 지역사회와의 연대 프로그램 개발 역시 중요하다. 지역에 대한 일상적인 지원이 없는 경우 노동조합의 활동은 탄력을 받지 못하거나, 주요 특정 국면(예컨대 파업시기 등)에서 국가와 자본의 공세에 대응하는 노동조합의 활동이 지역주민들로부터 호응을 받지 못하게 된다. 2002년 7월 22일부터 한 달 동안 '현 · 자 실천하는 노동자회'가 사무실을 지역주민들에게 무료로 개방하여 '엄마들이 만드는 신나는 여름방학 교실'을 운영하게 한 사례는 많은 점들을 시사한다(한겨레, 2002. 8. 26 : 17면). 노동운동 단체나 노동조합에 의한 이러한 일상적인 지역 지원은 노동운동의 문화적 기반을 차츰 넓혀주는 계기가 될 것이다.

끝으로 일상적인 자본주의 문화구조 속에서 찾아볼 수 있는 문화실천의 전략 방향에 대해 잠깐 살펴보기로 한다. 홍세화(2002 : 222-223)는 요즘 광고에서 부추기는 소비행태와 소비문화의 양상을 보고

"사회구성원 사이에 위화감을 조성해 비판받아 마땅한 광고가 위화감을 조성하지 않을 만큼 사회구성원의 비판적 의식이 허물어졌다"고 지적한 후, "우리는 운동의 일상과 생활의 일상 사이에서 더욱 긴장하지 않으면 안 된다. 왜냐하면 운동의 일상은 우리의 의식을 지배할 뿐이지만 생활의 일상은 우리의 의식뿐만 아니라 무의식을 지배할 수 있기 때문이다"라고 주의를 환기시키고 있다. 향후 주 5일 노동이 정착되면 자본주의적 소비나 여가문화에 대한 노출이 더욱 확대될 것이다. 그러므로 확대될 문화의 장을 대비할 노동자계급적 전략과 실천방안들이 마련되어야 한다. 여기에 반드시 필요한 것이 문화정책 연구이다(이동연, 2002 : 109-134쪽을 참조). 이를 통해 국가와 자본에 의해 왜곡되어 유포되는 대량문화와 겨룰 수 있는 새로운 '문화적 블럭' (cultural block)을 형성할 수 있을 것이다.

> **프롤레타리아트는 정치권력과 경제권력의 쟁취와 병행해서 지적인 힘의 쟁취의 문제도 반드시 제기해야만 한다. 그들은 정치와 경제를 스스로 조직할 수 있다고 생각하는 것과 마찬가지로 문화 그 자체를 스스로 조직하는 것에 대해서도 주목해야만 할 것이다**(Gramsci ; 김성기, 1986 : 173-174쪽에서 재인용).

지금까지 노동자계급 문화의 성격과 이를 살펴볼 수 있는 색출적 도구로서 노동과정론의 문화론적 확장을 제안하였고, 자본의 재생산 과정에서 나타나는 노동자계급 문화의 주요 내용들을 검토해 보았다. 그러나 논의과정에서 소개된 노동자계급의 문화적 실천내용들은 아주 일부분에 불과하다. 그리고 문화적 실천과제들이 이론적이고 당위론적으로만 제시되었다면 향후 풍부한 사례의 발굴을 통해 보완되어야 할 것이다.

참고문헌

강명구. 1993. 「한국 노동계급 문화의 담론 : 문화와 이데올로기의 문제틀」. 『이론』, 겨울호 : 288-316.

강정구. 2000. 「한국문화의 과잉 서구화와 탈주체화」. 『현대 한국사회의 이해와 전망』. 한울 아카데미, pp. 374-397.

구해근. 2002. 신광영 옮김. 『한국 노동계급의 형성』, 창작과 비평사.

김대호. 1986. 「한국 노동자문화운동의 전개와 성격」. 『공동체 문화』. 공동체, 제3집 : 126-167.

김성기. 1986. 「그람시와 문화운동」. 『공동체 문화』. 공동체, 제3집 : 168-186.

김민규. 1996a. 「두 개의 대중문화」. 노동자문예교육협회. 『창조 · 보급』, 4월호 : 28-30.

______. 1996b. 「예술! 그거 별거 아니네!!」. 노동자문예교육협회. 『창조 · 보급』, 10월호 : 7-9.

김수영. 2000. 「자본주의와 가족」. 한국노동이론정책연구소. 『현장에서 미래를』, 제59호 : 61-69.

김왕배. 2001. 『산업사회의 노동과 계급의 재생산 : 일상생활 세계의 불평등에 대한 성찰』, 한울 아카데미.

김형기. 1987. 『한국의 독점적 자본축적과 임노동의 구조변화 : 노동과정분석을 중심으로』. 서울대학교 대학원 경제학과 박사학위논문.

노동자문예교육협회 교육부. 1994.「대중문화의 구조와 역사」. 노동자문예교육협회. 『창조 · 보급』, 9월호 : 9-21.

문화관광부 한국문화정책개발원. 2000.『2000 문화향수 실태조사』.

박상언. 2002.「브레이버만 이후 최근까지 노동과정이론의 전개과정에 대한 비판적 고찰」. 한국산업노동학회.『산업노동연구』, 제8권 제1호 : 263-292.

박재환. 1994.「일상생활에 대한 사회학적 조명」. 일상성 · 일상생활연구회 편.『일상생활의 사회학』. 한울 아카데미, pp. 21-43.

송호근. 1991.「무적의 국가, 무적의 부르조아지 : 노동계급을 위한 독백」.『한국의 노동정치와 시장』. 나남, pp. 19-46.

신광영. 1997.「계급과 정체성의 정치」. 한국산업사회학회.『경제와 사회』. 제35호 : 34-50, 한울.

신병현. 2000.『작업장문화와 노동조합』, 도서출판 현장에서 미래를.

______. 2001.『노동자문화론』, 도서출판 현장에서 미래를.

양민석. 2002.「문화취향과 이데올로기」. 한국노동이론정책연구소.『현장에서 미래를』. 제75호 : 92-110, 도서출판 현장에서 미래를.

이동연. 2002.『대중문화연구와 문화비평』, 문화과학사.

이성철. 1994.『한국 제조업부문 노동과정의 성격에 관한 연구 : 1980년-1990년』, 부산대학교 대학원 박사학위논문(미간행).

이성철 · 임호. 1994.「노동자문화의 현실」. 한국사회과학연구소.『동향과 전망』. 통권22호 : 117-142, 녹두.

이성철. 1996.「조선산업의 신경영전략과 직무구조의 변화 : 대우조선을 중심으로」. 부산대학교 사회과학논총, 제15권 통권23호 : 217-234.

이성철 · 민경민 · 김상근 · 정창윤 · 박성철. 1998.『실직자 재취업 방안 마련을 위한 조사연구』. 한국직업능력개발원, 기본연구 98-27.

이성철. 1999.「마 · 창 지역 노동교육의 실태와 발전방향을 위한 조사연구」.『노동사회교육원 자료집』, 1999-01, pp. 7-17.

______. 2001a.「정보화사회와 새로운 문화의 조건」. 영남노동운동연구소.『연대와 실천』, 제84호 : 38-49.

______. 2001b.「연대와 실천은 어떻게 가능한가 : 창원 노동사회교육원 제2기 졸업생 해외 연수기」. 영남노동운동연구소.『연대와 실천』, 제88호 : 87-110.

______. 2001c.「노동과정과 노동통제」. 영남노동운동연구소.『연대와 실천』, 제89호 :

48-60.

이종래. 2001.「안토니오 그람시의 생애와 사상 : 노동운동과 그람시」. 경남대학교 사회학과.『사회연구』, 제14집 : 197-216.

임영일. 1990.「문화와 이데올로기」. 한국산업사회연구회 편.『새로운 사회학 강의』. pp. 299-325, 미래사.

______. 1998.『한국의 노동운동과 계급정치(1987-1995) : 변화를 위한 투쟁, 협상을 위한 투쟁』, 경남대학교 출판부.

______. 2000.「지식, 자본, 노동」. 부산대학교 사회학과/사회조사연구소, 제13회 콜로키움 발표문.

임영호. 2001.「한국 비판언론학의 문제설정 : 반성과 전망」. 한국언론학회.『뉴 밀레니엄 시대의 언론학 연구와 교육』, pp. 113-129.

영남노동운동연구소. 1994.『신경영전략과 노동조합의 대응』, 정책연구자료 제1권.

정이담. 1985.「문화운동 시론」.『문화운동론』. 공동체 제4집 : 14-30, 공동체.

한국노동사회연구소. 1998.『21세기 노동교육』.

홍세화. 2002.「요즘 광고에서 느끼는 아찔함」. 월간『말』, 9월호 : 222-223.

隅谷三喜男. 1983. 남춘호 옮김.『노동경제론』, 형성사.

Althusser, Louis. 1971.『*Lenin and Philosophy*』, Monthly Review Press.

Braverman, Harry. 1987. 이한주 · 강남훈 옮김.『노동과 독점자본 : 20세기에서의 노동의 쇠퇴』, 까치.

Burawoy, Michael. 1999. 정범진 옮김.『생산의 정치 : 자본주의와 사회주의의 공장 체제』, 박종철 출판사.

Callinicos, Alex & Chris Harman. 2001.「저자 서문」. 이원영 옮김.『노동자계급에게 안녕을 말할 때인가』. pp. 20-40, 책갈피.

Giddens, Anthony. 1992. 김미숙 외 옮김.『현대 사회학』, 을유문화사.

Gramsci, Antonio. 1986. 이상훈 옮김.『그람씨의 옥중수고 I』, 거름.

Gruppi, L.. 1989. 최광열 옮김.『그람쉬의 헤게모니론』, 전예원.

Kaschuba, Wolfgang. 2002.「상징적 질서로서의 민중문화와 노동자문화 : 일상사와 문화사 논쟁에 대한 몇 가지 민속학적 논평」. Lüdtke, Alf et al. 지음. 이동기 외 옮김.『일상사란 무엇인가』. pp. 259-298, 청년사.

La Botz, Dan. 1991.『*A Troublemaker's Handbook : How To Fight Back Where You Work-*

and Win!』, Detroit : A Labor Notes Book.

Moody, Kim. 1999. 사회진보를 위한 민주연대 옮김. 『신자유주의와 세계의 노동자』, 문화과학사.

Storey, John. 2002a. 박만준 옮김. 『대중문화와 문화연구』, 경문사.

______, John. 2002b. 박만준 옮김. 『문화연구의 이론과 방법들』, 경문사.

Waterman, Peter. 2000. "새로운 사회적 노동조합주의 : 신세계질서를 위한 새로운 노동조합 모델". 국제연대정책정보센터 옮김. 『지구화시대의 전세계 노동자』. pp. 361-386, 문화과학사.

Williams, Raymond. 1982. 이일환 옮김. 『이념과 문학』, 문학과 지성사.

Willis, Paul. 1989. 김찬호 · 김영훈 옮김. 『교육현장과 계급재생산 : 노동자 자녀들이 노동자가 되기까지』, 민맥.

3

노동자계급의 문화소비에 관한 이론적 연구

1. 들어가며

생활양식(the way of life)에 대한 전통적인 논의들은 주로 미국의 도시사회학 분야에서 제기되었다. 이들은 도시의 문화적인 특징을 규정짓는 주요 변수들의 개발에 집중하면서 이것들을 중심으로 주민들의 생활양식의 특징들을 기술하고자 하였다. 예컨대 워스(Wirth, 1938)는 인구의 크기, 인구밀도, 그리고 인구의 동질성 등의 변수를 중심으로 도시의 이상적인 생활양식을 설명하고 있다. 그러나 생활양식에 대한 이러한 접근법은 너무 소박하여 현대 사회의 다양한 속성(즉 성, 세대, 지역, 학력 및 사회불평등의 정도 등)에서 기인하는 생활양식의 특성들을 제대로 파악해내기는 힘들다. 즉 생활양식의 내용과 성격에 영향을 미치는 것은 이러한 인구요인만이 아니라 자본주의의 발전 심화에 따른 여러 사회적 요인들이 복합적으로 작용하는 것이다. 예컨대 까스텔(Castells, 1976)은 도시의 특징적인 생활양식을 현대 사회의 합리화의 진전과정 및 시장경제의 출현, 그리고 자본주의적 산업화의 문화적 표현이라고 정의한다.

이러한 생활양식은 개인적이면서도 집단적으로 발현된다. 즉 생활양식의 차이점들은 개인이나 집단 수준에서 취향으로 나타나거나 구별짓기의 형태로 실재화된다. 그리고 생활양식의 형성은 기본적으로 일상생활에서 비롯된다. 그러나 이 글에서 말하는 일상생활의 공간은 흔히 생각하듯 미시 수준에 한정되지 않는다. 즉 여기에는 생물학적 재생산(가족), 노동력의 재생산(계급), 그리고 생산의 사회적 관계의 재생산(구조로서의 자본주의)이라는 공간들이 유기적으로 연동되어 있다. 그러므로 일상생활에 기초한 생활양식은 특정 계급의 질적인 유대의 기초를 제공하기도 한다(오재환, 1996 : 93).

최근 들어 일상생활 및 생활양식에 대한 관심들이 확대되고 있는데, 여기에는 몇 가지 이유들이 있다. 무엇보다 이론적으로는 일부 포스트 모더니즘론의 영향 탓이기도 하다. 그런데 이들 이론 중 일부는 자신들의 이론적 특징들을 기존의 거시 사회 이론들(예컨대 정치경제학)과 지나치게 이분법적으로 대립시키면서 오히려 현대 자본주의 사회의 일상생활을 총체적으로 그려내는 데 한계를 드러내고 있다.[1] 그러나 이와 달리 일상적인 생활양식의 중요성을 강조하는 대표적인 연구자들(르페브르, 부르디외, 하버마스, 푸코 등)의 경우에는 생활세계와 사회구조 간의 관련성과 그 상호작용에 천착하고 있다. 그리고 무엇보다 마르크스주의

1. 이에 대한 논의는 이성철(2001a)을 참고할 것.

에서도 기존의 계급 이론 등이 간과했던 '구조화된' 일상의 행위양식을 잡아내기 위해(정선기, 1996 : 213), 또는 기존의 생산 및 물적 토대 중심의 논지를 넘어서기 위해 노동자계급의 일상성 및 생활양식에 주목하고 있다(뤼트케 등).

이 글에서 살펴보고자 하는 노동자계급의 문화소비 성격에 대한 논의도 위와 같은 문제의식을 기본으로 하고 있다. 그동안의 소비에 관한 많은 연구들(특히 부르주아적 사회과학)이 소비자 행동분석, 소비만족도, 구매윤리, 시장수요 조사, 그리고 소비자 교육 등의 부문에 집중됨으로써 발생한 문제점들은 다음과 같이 제시될 수 있을 것이다. 첫째 생산의 사회적 관계 내에서 움직이는 노동자계급의 소비성격을 간과해 왔고, 둘째 소비를 생산외적인 또는 생산의 잔여물 정도로만 파악함으로써 생산과 재생산의 길항적인 작용을 온전하게 제시하지 못하였다. 그리고 이론적으로도 앞서 언급한 바처럼 일상의 생활세계를 여타의 다른 분석 수준과 연계해서 파악하지 못함으로써 기능론과 상태론의 수준에 머물고 있다. 일상은 그 본래적 성격이 보수적이거나 우경화의 성격을 다분히 지니고 있다. 그러나 이러한 일상에서 사건이 발생하고, 사건들은 다시 사태로, 사태는 구조로, 그리고 구조의 총화로서 역사가 구성(이는 인과적인 연속성을 의미하는 것이 아니라, 제 수준의 다양한 상호작용 과정도 포함되어 있음을 밝혀둔다)됨을 인식할 때,[2] 일상은 계급적 정체성의 형성지

2. 윌리엄스(Williams, 1982 : 162, 165)는 '주관적인 것'과 '개인적인 것'(즉 일상적인 것들)을 습관적으로 매도하는 마르크스주의의 한 경향을 비판하면서 변화하는 제도나 형성물과 신념, 그리고 그 외에도 계급들 내부와 그것들 사이에서 전개되는 사회적 · 경제적 관계의 변화는 '개인적인' 체험 또는 단순히 피상적이거나 부수적인

점이라 할 수 있을 것이다.

그러므로 문화소비는 이러한 일상에서의 계급적 정체성을 파악하는 데 중요한 지표가 된다. 본글에서 의미하는 문화소비는 다음과 같은 내용을 지니고 있다. 첫째, 어떤 재화에 대한 단순한 경제적인 소비지출의 차원만이 아니라, 국가나 자본의 문화정책 및 문화산물에 대한 수용과정을 통해 지체 또는 발전될 수 있는 계급적 정체성까지를 파악해 보려는 관계적 개념이다. 둘째, 위에서 언급한 바처럼 소비는 생산의 부산물이 아니기 때문에 이의 성격은 일터의 조건 및 실천들과 밀접한 연관을 맺고 있다. 이러한 의미에서 문화소비는 단순한 상품의 소비(consumption of goods)가 아니라 일상적으로는 의미투쟁의 장이 되며, 노동자계급의 정치적 가능성을 가늠해 볼 수 있는 지표 가운데 하나가 될 수 있을 것이다.

이상의 문제의식에 기초하여 본글에서 살펴보고자 하는 바들은 다음과 같다. 먼저 문화소비에 관한 선행연구들의 검토를 통해 (1) 동자계급의 문화소비 성격이 자본주의 상품구조에 갇혀 있는 수동적인 것만이 아니라는 점과, (2) 문화소비는 노동과 여가를 잇는 중요한 매개물로서 작용한다는 점을 제시하고자 한다. 이러한 논의를 통해 기존의 일부 소비론이 제출한 생산 및 노동과 유리된 소비의 유형론 및 개인주의적 소비성향론의 한계점들이 드러나게 될 것이다. 그리고 (3) 문화적 텍스트의 분석에만 치중하여 노동자계급의 실천성과 현재의 한계점들을 이로부터 곧바로 도출하려는 일부 민중주의(populism)적 경향의 문제점들

'소규모'의 사회변동이 아니라 애초부터 사회적 체험으로 간주된다고 말한다.

에 대한 비판적인 검토와 노동자계급의 문화소비에 있어서의 실천적인 과제들에 대해 토론하게 될 것이다.

2. 노동자계급의 문화소비에 관한 선행연구들의 비판적 검토

대개의 문화연구에서는 소비의 주체로서 '대중' (the mass 또는 the popular)을 상정한다. 그러나 본글에서는 일반적인 개념으로서의 대중보다는 노동자계급에 초점을 맞추어 선행연구들이 검토될 것이다. 이러한 이유 때문에 어떤 이들은 '대중의 문화소비'를 '노동자계급의 문화소비'로 편리하게 치환시켜 기존 논의들의 이론적 유의성을 훼손시키는 것이 아니냐는 의문을 제기할 수도 있을 것이다. 그러므로 이 글에서 사용하는 노동자계급의 의미를 대중이나 민중 등의 개념과 비교 · 검토하여 그 연관성을 보다 분명하게 제시하는 것이 먼저 필요하다고 생각된다.[3]

3. 참고로 우리의 민중이론사를 일별해 볼 때 민중과 노동자계급이 매우 관계적으로 논의되었음을 알 수 있다. 예컨대 1970년대 말 소위 '민중사회론'을 제시한 한완상(1979)의 경우 민중의 범위를 크게 노동자, 농민, 그리고 도시 빈민으로 제시했던 적이 있다(그러나 단순한 유형화와 각 범주에 대한 상태 설명에 그침). 그러나 1980년대에 들어 박현채(1985 ; 1986)는 민중의 내부구성과 이들의 상호작용에 주목하면서 민중이 창출되는 사회구조적인 맥락(예컨대 농업부문에 대한 자본주의적 충격 → 농민층분해 → 급격한 탈농 및 이농 → 도시의 공식, 비공식부문으로의 흡수 → 산재 또는 고용악화 등에 따른 낙층/반주변적 자영업자들의 몰락 → 피구휼 빈민의 형성)과 이들의 계급적 궤적의 추적을 통해 민중과 계급개념의 선택적 친화성이 매우

강현두 등(1999 : 4, 13-14)은 대중과 민중 등의 개념들을 서로 다른 범주들로 볼 것이 아니라 유동적 기표로 이해하는 것이 바람직하다고 지적하면서, 우리가 현재 사용하고 있는 개념의 문화적 의미가 내장되어 있는 사회 · 역사적인 맥락을 먼저 파악하는 것이 중요하다고 강조한다. 따라서 이들은 자본주의 사회 내 대중의 삶의 방식, 의미실천 등은 양적으로나 질적으로 가장 의미 있는 비중을 차지하고 있는 노동자계급의 그것과 직결되어 있기 때문에 대중은 노동계급의 또 다른 이름에 다름 아니라고 말한다. 그리고 박명진(1996 : 12-14)은 그동안 우리 사회에서 민중 개념은 문화 간의 엄격한 구분과 계급사회 내에서의 이념적 기능이 차별화되는 문화도식 위에서만 그 정당성을 누릴 수 있었다고 전제한다. 그러나 곧이어 민중문화와 대중문화라는 대립구도가 합당한 것인지 검토해 볼 것을 제의한다. 그 결과 그녀는 대중문화 유형 중 '진솔한 대중문화' (genuine popular culture)가 우리의 민중문화와 상통될 수 있는 내용을 가진 것으로 본다.[4]

한편, 베넷(Bennett)을 비롯한 그람시주의자들의 경우에는 대중문화 자체를 민중의 저항력과 지배계급의 통합력 사이에 벌어지는 투쟁

높음을 제시하고 있다.

4. 베넷(Bennett, 1996 : 264-265)은 그동안 좌파들이 강조해 온 대중문화론을 크게 '왜곡된 대중문화론'과 '진솔한 대중문화론'으로 나눈다. 그에 따르면 전자는 자본주의 이데올로기와 문화산업에 의해 왜곡된 문화를, 후자는 대중을 왜곡시킨 힘에 저항하고 그것을 압도할 수 있는 문화를 설명하는 틀이었다는 것이다. 그러나 베넷 자신은 정작 이러한 구분에 반대한다. 왜냐하면 전자에 따르면 대중은 단지 자신에게 제공되는 것이 대중의 아편이라는 것을 깨닫지 못하는 문화적 중독자일 뿐이라는 것을 은연중에 전제하고 있고(대표적으로는 프랑크푸르트 학파), 후자는 저급한 수준의 좌파 문화적 포퓰리즘이기 때문이다.

의 장으로 설정하고 이 공간을 분석하기 위해 '정치사회' 범주를 제시한다. 정치사회 영역은 국가와 자본 그리고 민중 간의 투쟁이 일상화된 곳임을 염두에 둘 때 이들의 대중 개념 역시 노동자계급과 밀접한 관련을 갖고 있음을 알 수 있다(이성철, 2002 : 305-306). 그러나 이상의 논거들을 통해 대중=노동자계급이라는 등식을 곧바로 도출해서는 곤란하다. 왜냐하면 정치사회 영역에서 작용하고 표현되는 갈등과 긴장이 단 하나의 갈등(즉 노동계급 문화와 부르주아 이데올로기 간의 갈등)만으로 환원될 수 없기 때문이다.

이 문제는 단지 정치적으로 대답될 수 있을 뿐이다. 대중문화는 항상 중심부에 정치적인 것을 내포하고 있다(Fiske, 2002 : 233). 그러므로 중요한 것은 대중을 '정의'하는 것이 아니라 '만드는' 것이다. 지배 블럭에 대항하여 사회세력의 광범한 연대를 이끌어낼 수 있는 '대중'을 구축하고, 우세한 문화적 비중과 영향력을 확보함으로써 정치적 중요성을 높이는 것이다(Bennett, 1996 : 269). 계급문화라고 하는 것은 어떤 주어진 사회적 조건 속에서 대립적인 계급들 간의 개별적인 저항(또는 수용) 및 집단적인 투쟁(또는 통합) 등이 일상적이면서도 역사적으로 형성된(또는 되고 있는) 것이다(이성철, 2002 : 298). 따라서 이러한 과정에서 대중성의 확보라는 문제는 여타 사회집단뿐만 아니라 노동자계급에게 있어서도 매우 중요한 문제이다. 이러한 이유들 때문에 본글에서는 이상의 논지들에 공감하면서 대중으로서의 노동자계급[5] 문화에 주목하고자 한다.

---

5. 그람시는 대안적 헤게모니의 원천이 노동자계급에게 있다고 보았지만 그렇다고 그가 이 계급을 하나의 관념적이며 추상적인 구성체로 본 것은 아니다. 오히려 그가 염두에 두었던 것은 엄밀하게 말하자면 하나의 계급을 이루어야 하는, 그리고 막강한

1) 프랑크푸르트 학파와 문화적 민중주의

이제 구체적으로 노동자계급의 문화소비에 관한 선행연구들에 대해 비판적으로 검토해 보도록 한다. 먼저 프랑크푸르트 학파[6]에 따르면, 비록 그들이 의도했던 바는 아니지만 노동자계급의 문화소비의 특징을 규격성, 수동성, 그리고 지배계급의 사회적 연대 요구에의 적응(또는 동의)으로 제시한다.[7] 먼저 규격성은 어떤 문화적 양식이 대중들에게 성공적으로 작동하고 있다고 판단되면 이것을 상업적으로 고갈될 때까지 사용하다가 마침내는 규격이 결정되기에 이른다는 것을 의미한다. 이러한 특징에 대한 설명은 자본주의의 본성인 이윤창출의 욕구를 설명하는 데는 당연한 장점이 있다.

예를 들어 박상우 시인의 「새로운 라면」이라는 시의 일부를 인용해 보자. "내 삶은 새로운 라면을 먹는 거랑 비슷합니다/TV에 새로운 라면이 선전 나올 때면/혹시 해서 사 먹으면/역시 엇비슷합니다/이름이 다르고 포장이 다르고 면발이 약간 스프가 약간 다를 뿐/뭐 새로운 라면이 있겠습니까만/새로운 라면을 찾지 않으려면/심오한 정신이 필요합

기존 헤게모니에 대항해서 잠재적으로 헤게모니적인 하나의 계급을 형성해야 하는 노동자 대중이었다(Williams, 1982 : 139). 그러므로 '민중'은 빈틈 없는 내적 통일체를 의미하는 것이 아니라, 지배하는 '상부'와 대립하는 형태와 신념의 공통적인 관계망이라고도 할 수 있을 것이다(Kaschuba, 2002 : 265).

6. 여기서의 프랑크푸르트학파는 제1세대인 아도르노(Adorno)와 호르크하이머(Horkheimer)를 의미한다.

7. 이들 특징의 주요 내용들은 스토리(Storey, 2002 : 5장)에서 인용하였음을 밝혀둔다.

니다(중략).” 이 시는 다품종 생산이 대중들의 문화소비에 대한 기호의 차별성에 기초하고 있다는 논리가 매우 편협한 문화론에 입각해 있음을 보여준다(이시리 카즈오, 1998 : 11). 즉 감각적 가치나 허구화된 의미에 기초한 소비론은 궁극적으로 자본의 이윤추구 논리에 복무하는 것에 다름 아니라는 것이다.

그러나 프랑크푸르트 학파의 문화산업론은 이러한 자본 논리에 대응하는 노동자계급의 문화적 실천을 강조하기보다는 여기에 매몰된 성격, 즉 수동성에 대한 설명으로 이어진다. 노동자계급의 문화소비에 있어서의 수동성은 노동의 긴장과 지루함으로 말미암아 여가시간에도 생산적이고 바람직한 것을 창출하기 위한 노력을 회피하는 것을 뜻한다. 이 결과 이미 기성화된(ready-made) 욕망의 구도 속에 안주하기를 바란다는 것이다.[8] 흔히 이에 대한 경험적인 근거로 제시되는 것이 노동자계급의 평일 및 휴일에의 여가 활용방법에 관한 조사결과들이다. 그러나 이러한 조사결과의 제시를 통해 노동자계급 문화의 수동성을 설명하려는 것은 실증주의적 또는 경험주의적 총체성에 지나지 않는다. 왜냐하면 노동자계급의 여가 성격이나 실태는 일터의 조건, 경제의 양상, 그리고 자본과 국가의 성격 등 배경적이며 관계적인 속성이 함께 내포되어 있기 때문이다.

신재걸(1992 : 249)은 이러한 점에 주목하여 (1) 자본주의의 상품성과 상업문화의 퇴폐성을 아무런 방어벽 없이 받아들일 수밖에 없는 공단문화, (2) 노동자들의 낮은 의식으로 말미암아 개량화 영역으로 갖

8. 이에 대해서는 Adorno(1991)의 제1장을 참조할 것.

아드는 소시민적 문화, 그리고 (3) 자본의 문화정책이 노동자 내부에 관철되어 가는 모습(신경영전략으로서의 기업문화 운동) 등의 제시를 통해 노동자계급의 문화소비의 수동성이 상당 정도 확산되어 있음을 지적하기도 한다(물론 그 대안도 제시한다. 이에 대해서는 후술하겠다). 프랑크푸르트 학파의 문화소비의 규격성과 수동성에 대한 이러한 분석은 노동자계급에 대한 국가 및 자본의 지배적 헤게모니의 작동방식으로 이어진다.

즉 위와 같은 문화소비의 성격은 오히려 국가 및 자본의 사회통합 기제로 작용하게 된다. 이들에 따르면 통합은 '리드미컬한 복종'과 '감정적 복종'에 의해 이루어지는데, 전자는 자본의 착취나 국가의 억압의 리듬에 맞추어 산만하게 춤추는 것, 그리고 후자는 현재의 상황을 잊고 감상 속에서 허우적거리는 것으로 설명된다. 이들 학파가 그람시(Gramsci)의 헤게모니 개념을 적극적으로 사용한 바는 없지만 헤게모니가 위기적인 상황이 아닌 정상적인 상황에서 지배 및 통제에 보다 긴밀하게 작용(박거용, 1992 : 142)함을 염두에 둘 때, 이는 노동자계급의 생활세계에 대한 국가 및 자본의 '일상적인' 부드러운 테러를 묘사한 것이라고 할 수 있을 것이다.

노동자계급의 문화소비의 성격을 이상과 같이 규정한 프랑크푸르트 학파의 논지에 대한 비판은 그들이 사용한 규격성, 수동성, 그리고 사회적 통합이라는 기준을 다시 질문함으로써 가능할 것이다. 즉 노동자계급은 자신들의 문화적 소비를 틀 짜여진 규격 속에서 수동적으로만 수행하고 있는가. 그리고 그 결과 지배계급의 통제 논리에 복종하고만 있는가라는 반문이 그것이다(이에 대해서도 추후 논의하게 될 것이다). 앞서 잠깐 언급한 바처럼 노동자계급의 문화소비에 대한 이들의 진단은 문화산업(cultural industry)의 자본 논리를 폭로하기 위한 것이었지만, 의

도와 상관없이 노동자계급의 상을 '구조에 갇힌 수인'(囚人)쯤으로 평가하는 미필적 고의를 저지른 셈이 되어버렸다. 파슨즈(Parsons)류의 구조기능주의에서 흔히 제시하는 명제인 "존재하는 모든 것에는 그 이유가 있다"는 것의 의미가 '행위자들의 존재 이유는 사회통합이라는 기능에 복무하는 것' 임을 염두에 둘 때, 이들의 문화소비론은 '기능주의적 마르크스주의' 라는 평가를 받을 수도 있을 것이다.[9]

이상과 같은 프랑크푸르트 학파의 문화소비론은 문화적 민중주의(cultural populism)와 논의의 맥락을 함께 한다. 왜냐하면 이 이론 역시 자본주의 구조 하에서 노동자계급이 겪고 있는 문화적 불평등에 대한 문제점들은 잘 지적하고 있을는지는 몰라도, 이들 계급들이 지배문화에 대응하는 다양한 실천적인 전략들에 대해서는 방기 내지 무게 중심을 싣고 있지 않기 때문이다. 이러한 의미에서 많은 좌파 문화연구자들은 담론 수준의 왜소한 '이론적 잡담' 을 하고 있는 셈이 된다. 이와 같은 상황에 대해 페리 앤더슨[10](Perry Anderson, 1976 : 93 ; 박거용, 1992 : 135쪽에서 재인용)은, 최근 문화와 이데올로기에 대한 관심의 증가는 지식인들의 염세적 후퇴의 징후이며 노동자계급 투쟁의 정치적 현실에서 그들이 철저히 벗어나 있음을 입증하는 증거라고 강한 어조로 비판한다. 이는 현

9. "프랑크푸르트 학파의 사회비판 이론은 능동적이고 창조적인 인간의 이성을 억압하고, 이성의 자유로운 실현을 가로막는 문화산업을 비판하고, 문화산업에 체현된 이데올로기에 대한 철학적 성찰에 주력한 것이다 … (그러므로) 이들에게 마르크스주의는 이데올로기 비판의 보조수단일 뿐이다"(전경갑, 2002 : 296). 그러나 이들의 대량문화 이데올로기에 대한 비판은 일상생활 문화의 의식/무의식 세계에서는 여전히 유효하다(Storey, 2002 : 187).

10. Anderson, Perry (1976), *Considerations on Western Marxism*, London : New Left Books, 93쪽.

재의 좌파 문화연구들이 상당 부분 '민중주의' 적 수준에 머물러 있는 것을 지적한 것이기도 하다.

다양한 하위문화 연구들을 통해 제시되고 있는 문화적 민중주의의 문제점들은 대개 다음과 같이 정리된다(신병현, 2001a : 47 ; 신병현, 2001b : 130-131 ; Storey, 2002 : 185-186을 참조). 첫째, 문화소비의 주체, 즉 행위자들에 대해 과도한 신뢰를 부여한 결과 극단적인 개인주의에 매몰되어 버린 점이다. 즉 문화소비 과정에 있어서 소비자들의 취향이란 매우 자율적인 것이어서, 다른 사람의 선호에 대해 어떤 기준을 가지고 미학적 판단을 내리는 것은 아무런 의미가 없다는 것이 문화적 민중주의자들의 핵심적인 주장이다. 그러나 문화산업이 이미 민중주의 이데올로기를 자신들의 이익 극대화라는 목적을 위해 이를 적극 활용하고 있음을 볼 때 이러한 주장은 설득력을 잃는다. 둘째, 소비의 개인주의화에서 비롯되는 것이기도 하지만, 이들은 대중들의 지배 헤게모니 및 문화에 대한 대응 전략을 '상징적인 도전' 수준으로 격하시킨다는 점이다. 이 결과 개인적으로는 잡종적 정체성의 구성과 다양성, 그리고 이론적으로는 정치경제학과 비판적 사회 이론과의 단절이라는 양상을 빚게 되었다는 것이다.

노동자계급의 문화소비 연구에 있어 이러한 좌파 민중주의의 문제점들이 발생하게 된 이유는 무엇일까? 먼저 무엇보다 연구방법상으로는 문화적 산물을 전제로 담론적 실천 수준의 작업에만 천착한 결과이다. 이럴 경우 문화연구는 생산 모델과 소비 모델 중 어느 한쪽으로 기울 위험을 안게 된다(여국현, 1999 : 107-108). 이와 관련된 또 다른 하나는 이들의 이론적 관점에서 비롯된다. 즉 자본주의의 상업적 대중문화로부터 노동자계급의 문화적 실천의 긍정적인 가능성을 찾아내려는 시도들을 말한다. 김성기(1998 : 87)에 따르면 서구의 경우 1980년대 중반 이후 문화 개념이 '소비문화'와 거의 동일시된다고 지적하면서, 이제 대중문화상품에 대한 소비는 지배 이데올로기에 단순 봉사하는 것이 아니라, 수용자들이 소비과정에서 지배 이데올로기에 대항할 수 있다라는 논지로까지 나아간다는 것이다. 이럴 경우 노동자계급의 정치성은 '대안적 삶의 지평을 열기 위한 투쟁'이 아니라 '의미와 즐거움을 쟁취하기 위한 투쟁'으로(만) 대체된다는 것이다.

이는 노동자계급의 실천 및 투쟁의 성격을 전도시킨 것이다. 왜냐하면 관계적 실천으로서의 문화가 아니라 독립변수로서의 문화현상에만 집착하고 있기 때문이다. 뿐만 아니라 일반민중들의 삶의 목적도 희화화시키는 것이라 할 수 있다. 현실적으로 볼 때 보다 나은 삶의 의미와 즐거움 자체만을 확대하려는 움직임은 특정 집단에 한정될 수밖에 없고, 대다수의 사람들은 자신들의 실천적 행위를 통한 제도의 개선과 사회의 진보를 통해서만 이를 향유할 수 있기 때문이다. 또한 이러한 접근법은 노동자계급의 문화적 실천을 소비라고 하는 비교적 안전한 사회적 소재에 국한시키고 노동자계급의 투쟁성을 봉인해 버리는 결과를 가져오게 될 것이다. 이는 상징과 이미지 분석에 치중하여 대중들의 문화소비 성격을 파악하려는 '속류' 포스트 모더니즘의 소비주의론과도 일맥상통하는 점이다.[11]

한편, 피스크(Fiske, 2002 : 234-247)는 라클라우(Laclau, 1977)의 민

11. 포스트모더니즘은 정치학의 부재로 인해 빈번히 허무주의와 비관주의로 나아간다(나병철 외, 1996 : 15 참조).

중주의의 유형[12]에 대한 논의를 빌어와 상기의 문제점들에 대한 대안으로 '대중적 저항 민중주의'를 제시한다. 라클라우에 따르면 민중주의는 민주적 민중주의, 대중적 저항 민중주의, 그리고 민중적 저항 민중주의로 대별된다. 먼저 민주적 민중주의는 자유주의적 다원론의 관점과 일치하는데, 이에 의하면 국가와 국민의 다양한 조직 사이의 차이는 적대적인 것이 아니라 공모와 동의의 관계라는 것이다. 이러한 민중주의는 종속계급의 문화를 지배영역으로 끌어들여 계급갈등이나 여타의 저항들을 소멸시키게 된다. 그러므로 이러한 체제 하에서는 대중의 생명력과 공격성은 설명될 수 없다는 것이다. 다음으로 민중적 저항 민중주의는 사회적 위기의 순간, 즉 역사적 조건과 상황이 개혁이나 심지어 혁명을 야기할 만한 상태가 될 때 일어나는 것으로 설명한다. 그런데 민주적 민중주의는 국가와 자본에 의해 일상적으로 관철되는 반면, 민중적 저항은 국면적으로 발생하는 것이기 때문에 노동자계급을 위시한 대중들의 일상적인 대응 전략이 필요한데, 이를 위해 제기하는 것이 대중적 저항 민중주의이다.

대중적 저항 민중주의는 국가와 자본의 억압에 대항하기 위해서 밑으로부터 스스로 조직한 시스템을 활용하고, 이들의 일상적인 지배를 억압으로 느끼면서 지배문화의 포섭과 합병 전략에 공모 또는 동의하지

---

12. 출처는 Laclau, E. (1977), *Politics and Ideology in Marxist Theory*, London : New Left Books임. 라클라우는 국가와 종속계층 간의 관계에 주목하여 이와 같은 민중주의의 유형을 제시하고 있다. 그러므로 국가 및 자본과 대중 간의 관계에 대한 논의는 제한적일 수 있다. 국가, 자본, 그리고 대중들간의 관계에 대해서는 다양한 조합주의(corporatism) 이론들에서 보완될 수 있을 것이다. 이에 대해서는 임영일(1998 : 24–38)을 참고할 것.

않는 특성을 지닌다. 피스크는 이러한 설명에 공감하면서 자본주의 사회 하의 대중문화 실천은 주로 민중적 저항 형태보다는 대중의 영역에서 일상적으로 작동하며, 그 전략들은 급진적이라기보다는 진보적이라고 평가한다. 왜냐하면 지배권력을 전복하기 위해 능동적으로 노력하지는 않지만 이에 대해 지속적인 압력을 행사하면서 그들의 고유한 저항성을 활기차게 그리고 비타협적으로 살려 나가기 때문이다. 이것은 사회적 적대감이 고양되는 특정한 역사적 시기에는 지배권력에 직접 도전하는 급진적 민중운동의 전제조건이 된다[이를 그람시의 틀로 설명한다면 '안주적'(安住的) 진지전이 아니라 '운동적' 진지전이 될 것이다].

지금까지 노동자계급의 문화소비 성격을 설명하는 프랑크푸르트 학파와 일부 민중주의 문화론의 내용과 문제점들에 대해 살펴보았다. 최근 들어 이러한 문제점들을 지양하려는 문화 이론들이 재조명되고 있는데, 그 중에서도 대표적인 것이 그람시(Gramsci)와 부라보이(Burawoy), 그리고 윌리엄스(Williams)의 이론들이다.[13] 앞서 지적한 바와 같이 그람시의 논의는 라클라우의 대중적 저항 민중주의와 연결될 수 있고,[14] 나아가 윌리엄스의 사회과정으로서의 문화 개념과 밀접한 연관이 있는 것으

13. 이 글에서는 다루지 않았지만 부르디외(Bourdieu, 1995 ; 2000)와 라이언(Ryan, 1995 ; 1996)의 이론들도 이에 해당한다.

14. 그람시(1992 : 112-113)는 1930년대 초 프랑스 지식인들의 민중주의적인 경향을 다음과 같이 묘사하고 있다. "프롤레타리아트와 그 이데올로기의 정치적-사회적 힘이 증대되어감에 따라 일부 프랑스 지식인들도 '민중 속으로'라는 운동을 통해 이러한 움직임에 호응하고 있다. 이렇게 볼 때 이들이 민중들에게 접근해 가는 것은 민중계급에 대한 헤게모니를 잃지 않고, 또 이 헤게모니를 좀 더 원활하게 행사하기 위해 프롤레타리아 이데올로기의 일부를 흡수하려는, 겉모습만 살짝 바꾸었을 뿐 전형적인 부르주아적 타산에서 나온 행동이라고 할 수 있다".

로 판단된다. 왜냐하면 이들 개념들은 모두 노동자계급 문화의 저항과 수용, 투쟁과 통합의 성격을 잘 드러내 주기 때문이다. 논의의 편의에 따라 먼저 그람시와 부라보이의 이론들을 관계적으로 재구축해 보도록 한다.

2) 그람시의 '정치사회'와 부라보이의 '생산의 정치'

그람시는 통합국가(the integral state) 개념을 통해 국가-시민사회-정치사회라고 하는 연관 부문들을 제시한다. 여기서 '정치사회'의 개념은 "국가와 시민사회 간의 역동적 상호관계를 매개하는 독립적 정치지형으로서의 중요성을 갖는다"(임영일, 1998 : 53-54). 기존의 해석과 달리 정치사회의 성격을 이렇게 규정할 때의 강점은 이 부문 내에서 발생하는 노동-자본-국가 간의 계급정치 분석에 유용하다는 점이다. 물론 여기에는 다양한 비계급적 갈등들도 포함된다.[15] 이러한 정치사회 영역에서는 제 집단 또는 계급들 간의 다툼이 일어나는데, 이를 '헤게모니의 행사를 둘러싼 지형'(임영일, 1985 : 323)이라고 부를 수 있을 것이다.

그런데 흔히 '지적 · 도덕적 지도력'으로 설명되는 헤게모니의 의미를 평면적인 의미로만 설명하는 경향이 있다. 이는 크게 세 가지 정도로 나누어 볼 수 있다. 첫째, 헤게모니를 가치적인 것 혹은 상부구조적

15. 그러나 헤게모니 행사의 지형을 시민사회라고 하는 사적인 영역에 국한시키는 논지들은 국가-시민사회, 혹은 정치사회-시민사회와의 관계에 대한 그람시의 논지를 일면적으로 파악하는 것이다(임영일, 1985 : 323-327을 참조).

인 의미로만 받아들이는 경향이 있는데, 오히려 이 개념은 물적 토대와 상부구조 간의 관계를 매우 정교하게 나타내는 개념으로 인식되어야 한다. 둘째, 헤게모니의 지배력을 동의의 내용으로만 파악하는 것이다. 그러나 헤게모니는 지배계급의 '강제력(경제적, 권력적, 그리고 언론적 강제력 등)에 기초한 합의 창출 능력' 임을 염두에 둘 때(이성철, 2002 : 305), 이와 같은 해석은 그람시의 헤게모니 개념을 베버(Weber)의 정당성 개념으로 돌려버리는 셈이 된다(임영일, 1985 : 321). 셋째, 그람시의 헤게모니는 이행의 문제틀(서관모, 2003 : 149)과 밀접한 관련이 있는데, 일부 논자들의 경우 이러한 이행의 문제설정에서 벗어나 이를 자유주의적인 시민사회의 활성화에만 묶어두는 경향이 있다.[16] 이상의 세 가지 문제점들은 그람시의 이론 중 몇 가지 개념들과 메타포만을 응용하는 수사학적 수용·활용방식이거나 전술 운용 차원에서 부분적으로만 그의 이론을 차용하는 것이다(김현우 외, 1995 : 10). 이럴 경우 노동자계급 문화가 갖는 저항력과 통합력 또는 공모와 동의, 그리고 희생과 타협 등을 둘러싼 투쟁의 성격을 제대로 설명할 수가 없다. 왜냐하면 이행의 틀로서의 진지전 개념에는 카우츠키의 '지구전략' 도 포함되어 있지만,[17] 더욱 중요한 것은 '강제로서의 국가' 의 사멸을 위한 전제조건으로서 국가권력의 장악을 의미하는 것이기도 하기 때문이다(Forgacs, 1995 : 278).

---

16. 그람시의 이행의 문제를 시민사회 내의 안주적(安住的)인 진지전 구축 정도로 이해하는 자유주의자들의 분석도 일면적이지만 그람시의 헤게모니 개념은 정태적이고 수동적인 노동자상을 지니고 있다(안정옥, 1995를 참조)라고 평가하는 아우토노미아(Autonomia) 그룹의 주장도 논쟁적일 수 있다.

17. 카우츠키의 지구전략과 타격전략에 대해서는 Anderson(1995 : 114-118)을 참고할 것.

이상과 같은 그람시의 정치사회 및 헤게모니 개념은 노동과 문화의 관계뿐만 아니라 생산과정(일터)과 재생산과정(삶터)의 두 측면에서 노동자계급의 문화 특징을 분석 가능하게 한다. 즉 지배계급의 노동자계급에 대한 헤게모니의 확보는 생산의 영역에만 머무는 것이 아니라 자본에 의한 유통영역과 재생산영역의 식민화로 확장되어 있기 때문이다. 이러한 점에서 그람시의 정치사회 및 헤게모니 개념은 부라보이(Burawoy, 1999 : 17-18, 119)의 '생산의 정치' 개념과도 밀접한 연관을 갖는다.[18]

그에 따르면 생산의 정치에는 (1) 정치적 · 이데올로기적 효과를 지니고 있는 작업조직, (2) 생산관계를 규제하는 독특한 정치적 · 이데올로기적 생산장치가 내포되어 있는데, 이러한 생산의 정치과정에서 주도적인 헤게모니를 확보하기 위해 노동과정, 기업들 사이의 시장경쟁, 노동력의 재생산, 그리고 국가의 개입 등이 위의 두 요소의 확대를 위해 경쟁하고 있다. 이러한 속성은 작업장이라는 미시적인 차원에서도 발생하고(생산 내 정치, 즉 일터의 정치), 노-사-정이라고 하는 거시적인 사회적 구도 속에서도 발생한다(생산의 정치, 즉 삶터의 정치). 이러한 문제의식에 기초하여 부라보이는 그동안의 노동자계급론에서는 생산 내 · 외의 정치를 경제주의적 본질론으로 접근하였고, 나아가 문화와 이데올로기가 그 자체로서는 어떠한 효과도 갖지 않는 파생적 영역이라고 간주하는 분석 경향을 보여왔다고 비판한다. 필자는 부라보이가 기존의 작업장 중심의 노동과정론에서 벗어나 노동과정론이 보다 광의의 문화론적 확장으로

18. 그람시의 사회구성체에 대한 총체적 시각은 부라보이에 의해 더욱 발전되었다는 평가를 받고 있다[포가치(Forgacs), 1995 : 280-281을 참조].

전개되어야 한다는 매우 통찰력 있는 이론적 기여를 했다고 판단한다.[19]

3) 윌리엄스의 '구성적 과정으로서의 문화'

일상적인 문화소비 과정을 통한 노동자계급의 정체성과 미래를 위한 문화적 실천 전망을 제시하고 있는 또 하나의 이론적 자원은 레이먼드 윌리엄스로부터 찾을 수 있다. '문화적 유물론'으로서의 그의 이론은 앞서 살펴본 그람시와 부라보이의 이론과 많은 부분에서 상동성을 갖고 있다. 이러한 상동성은 단순한 개념상의 근친성에서가 아니라 행위와 구조의 상호관계, 일상의 의미 투쟁을 통한 계급적 정체성의 형성, 그리고 지배적 헤게모니에의 포섭과 이에 대한 저항 등의 패러다임적 유사성에서 비롯된다. 이제 윌리엄스의 주요 내용들에 대해 살펴보도록 한다.[20]

먼저 그는 자신의 논점을 마르크스에 대한 비판적 독해를 통해 제시한다. 즉 그는 마르크스의 업적 중에서 상대적으로 간과되었던 부분은 사회적 과정에 대한 구성적 성질보다는 도구적 관점에 대한 강조였다는 것이다. 그 결과 마르크스는 문화의 역사를 종속적이고 부차적인 '상층구조적인' 것으로 만들어 버렸다는 점을 지적하고 있다. 윌리엄스는 이러한 문제점을 보완하기 위해 그람시의 '헤게모니' 이론을 재검토

---

19. 노동과정의 문화론적 확장에 대해서는 이성철(2002)을 참고할 것.

20. 여기에서 소개되는 윌리엄스의 주요 논지는 특별히 밝히지 않는 한 그(1982)의 『이념과 문학』에서 가져왔음을 밝혀둔다.

한다. 이에 따르면 헤게모니는 명료한 상층 수준의 '이데올로기'만을 가리키는 것이 아니라, 일반적으로 이데올로기 개념이 갖고 있는 지배(통제) 또는 교화(조작)의 기능을 넘어서는 것이라고 말한다. 즉 헤게모니는 이데올로기의 이러한 내용뿐만 아니라 행위자들이 지닌 자신들의 역량에 대한 인식과 그 배분, 그리고 자신과 세계에 대한 구성적 지각을 포괄하는 것이다. 이러한 의미에서 헤게모니는 가장 강력한 의미의 '문화'가 된다.

그런데 앞서 살펴본 바와 같이 이 문화는 그람시의 '정치사회'나 부라보이의 '생산의 정치' 개념처럼 특정한 계급들 간의 압력과 제약, 그리고 이를 넘어서려는 저항과 돌파라는 하나의 과정이다. 이러한 '구성적인 사회과정으로서의 문화'는 노동자계급의 문화소비 및 그 실천의 성격을 파악하는 데 매우 중요하다. 윌리엄스는 이를 파악하기 위한 분석적 도구로서 전통 · 제도, 형성물/지배적 · 잔여적 · 부상적 문화/정서구조 등의 개념을 관계적으로 제시하고 있다. 이들의 관계에 대한 검토를 통해 윌리엄스가 제시하려는 노동자계급 문화소비의 실천적인 의미들을 찾아보도록 한다.

윌리엄스에 의하면 모든 문화적 과정은 전통과 제도, 그리고 형성물이라는 세 가지 내용을 갖는다고 한다. 먼저 전통은 일반적인 해석처럼 단순히 '살아남은 과거'가 아니라, 지배적이고 헤게모니적인 압력과 제약을 가장 뚜렷이 표현하기 때문에 '현재'에서도 가장 강력하고 실질적인 통합수단이 된다. 그런데 우리는 전통 중에서도 압력과 제약에 가장 효과적인 것인 것만 강조되고 그렇지 못한 것들은 배제됨을 볼 수 있다. 이러한 과정을 통해 다시 강한 전통으로 된 것이 '선별적 전통'이다. 이것은 당대의 사회적이고 문화적인 조직의 한 측면으로서 특정 계급의 지배에 봉사하게 된다. 즉 의도적인 선별과정을 통해 당대의 질서에 역사적 · 문화적 정당성을 부여하는 것이다(역헤게모니 작업).

한편, 선별적 전통을 보다 효과적으로 확립하기 위해서는 일정한 꼴을 갖춘 (즉 정형적인) '제도'가 필요하다. 윌리엄스는 이 제도의 대표적인 것으로 '사회화' 기제들을 들고 있다. 왜냐하면 이러한 기제들을 통해 선별된 범위의 의미와 가치, 그리고 관례에 행위자들을 결속시키며, 이것들은 또 필수적인 지식과의 밀접한 관련을 통해서 헤게모니적인 것의 명실상부한 기반을 구성하기 때문이다. 즉 이러한 사회화 과정을 통해 특정 계급이 자신들의 헤게모니적인 기반을 구성한다는 점에 주목할 필요가 있다.

그러나 이미 우리가 잘 알고 있듯이 표준 사회학 이론들에 의하면 사회화가 갖는 두 측면, 즉 (1) 행위자들의 사회체계로의 복속과 (2) 이러한 압력과 제약을 돌파하려는 힘의 형성 중 전자만이 상대적으로 많이 강조되고 있다. 윌리엄스는 이러한 경향을 지적하기 위해 "모든 제도의 총합이 곧 하나의 헤게모니라고 볼 수 없다. 그리고 문화는 항상 제도들의 총화 그 이상이다"라고 말한다. 즉 우리의 현실은 모순과 미해결의 갈등들로 가득 차 있기 때문에 제도들의 움직임은 사회화가 아니라 오히려 복합적인 헤게모니 과정이라는 것이다.[21]

윌리엄스가 곧이어 형성물이라는 개념을 가져오는 것은 바로 이러한 이유 때문이다. 형성물들은 (1) 행위자들의 의식적인 움직임 및 경

21. 이러한 이유 때문에 사회화과정을 하나의 이데올로기적 국가기구의 작용으로 환원해서는 안 된다(Williams, 1982 : 149).

향들인데, 그러나 이것들은 단순히 행위자나 특정 계급의 의식, 사고, 정체성 등의 개별적 차원에만 머무는 것이 아니라, 좀 더 자세히 들여다 보면 이러한 움직임과 경향들을 통해 만들어진, (2) 보다 큰 규모의 실제 형성물들의 표현임도 알게 된다. 바로 여기에 '과정으로서의 문화', 그리고 '실천으로서의 문화'의 중요성이 있다. 문화의 이러한 실제적인 과정과 내적인 역동적 관계를 드러내기 위해 제시하는 분석틀이 곧 지배적(dominant)·잔여적(residual)·부상적(emergent) 문화 개념들이다. 먼저 밝혀둘 것은 윌리엄스는 이들 개념들을 단순히 유형론적으로만 제시하는 것이 아니라, 잔여적 그리고 부상적 문화가 지배적인 문화와 어떠한 관계를 가지면서 그 특성을 드러내는지에 초점을 맞추고 있다는 점이다.

먼저 잔여적인 문화에 대해 살펴보도록 한다. 잔여적인 문화는 구시대적인 문화와 구별짓기는 매우 힘들지만 '구시대적인 것'은 전적으로 과거적인 요소로 인정되어 관찰과 연구의 대상이 되며, 때에 따라서는 심지어 고의적으로 부활되기도 하는 것이다. 한편, 잔여적인 것은 과거에 그 효과적 형성을 보았으면서도 문화적 과정 속에서 여전히 활동하고 있는 것이다(윌리엄스는 그 예로서 조직화된 종교와 전원적 공동체를 들고 있다). 그러므로 이것은 지배적 문화에 통합되어 버린 부분이 있을 수도 있고, 반면에 지배적인 문화에 대해 대안적이거나 심지어 반대적인 관계에 있을 수도 있다. 즉 이러한 잔여적인 문화의 요소들은 지배적인 문화로부터 상당한 거리를 유지하기도 하지만, 앞서 살펴본 바와 같이 지배계급의 선별적 전통이 강력히 작용하여 종속계급의 능동적인 잔여 문화를 재해석, 무력화, 그리고 차별적 포함과 배제 등을 통해 지배적인 문화 속에 통합시켜 버리기도 하는 것이다.

부상적인 문화 역시 지배적인 문화와의 관계 속에서 검토되고 있는데, 이것은 지속적으로 창출되고 있는 새로운 의미체계, 가치관 및 관례, 그리고 새로운 관계 등을 의미한다. 그런데 여기서의 '새롭다'는 의미는 두 가지 측면을 갖는다. 첫째는 지배적인 문화의 새로운 국면을 뜻하는 것이고, 둘째는 그 지배적 문화에 대해 실질적으로 대안적 내지 반대적 성향을 지닌 엄밀한 의미에서 부상적인 것이 그것이다. 이 두 번째 측면은 잔여적 문화의 특성과 일견 유사해 보인다. 그러나 잔여적인 것은 이전의 사회적 형성물 및 국면과 관계를 맺고 있기 때문에 현재의 지배적인 문화가 이를 통합 또는 배제하는 뚜렷한 국면을 보여주지 않을 경우 과거로 회귀하는 현상이 일어나는 특성을 보인다. 반면, 부상적인 것은 이와 달리 현재의 지배적인 요소들에 대해 대안적이거나 반대적 성질을 지닌 문화적 요소이다. 왜냐하면 현실의 계급구조는 이러한 요소들을 발생시킬 수밖에 없는 사회적 토대가 항상 존재하기 때문이다. 그러나 이러한 요소들이 부상하면 할수록(예컨대 노동조합, 노동자 정치세력화, 그리고 노동자계급 생활양식의 활성화 등) 지배적인 문화의 통합작용이 본격적으로 시도된다는 점에서는 잔여적 문화의 대항적 속성을 일정 정도 공유하고 있다고 할 수 있을 것이다.

문화구성체에 관한 윌리엄스의 논의를 여기까지만으로 국한시킨다면 문화소비에 있어서 노동자계급의 실천적인 전략들을 효과적으로 제시할 수 없을 것이다. 왜냐하면 이럴 경우 '현란한 이론과 빈약한 실천'이라는 민중주의적 늪으로 잦아들 수 있기 때문이다. 윌리엄스는 이를 넘어서기 위해 '정서구조'(the structure of feelings)라는 대안을 제시한다. 그에 따르면 뚜렷한 형태의 부상물(명백한 부상물)뿐만 아니라 활동적이고 급박하면서도 여전히 명료하게 표출되지 않은, 부상 준비 중인 것을 수합해내는 것이야말로 중요하다고 보았다. 왜냐하면 현실 속의 어떠한 생산양식이나 지배적인 사회질서도 노동자계급의 모든 실천이나 에너지 및 의도들을 다 포섭하거나 탕진시킬 수 없기 때문이다.

이처럼 윌리엄스는 계급적 관점에 서서 타인에 대한 대안적 지각, 그리고 물질세계에 대한 새로운 지각과 거기에서 비롯되는 실천 등을 찾아내기 위해 정서구조라는 개념을 제시한다. 그가 '정서' 개념을 사용하는 이유는 다음과 같이 정리될 수 있다. (1) 정서는 주관적인 것과 개인적인 것만을 의미하는 것이 아니다. (2) 정서 개념은 세계관이나 이데올로기와 같은 보다 정형적인 개념들과 구분되어야 한다. (3) 정서구조 대신 경험의 구조라는 표현이 있을 수 있겠으나 이 개념 속에는 과거 시제가 담겨 있다. (4) 반면, 정서는 생동적이고 상호 관련적인 연속성 속에 놓여 있는 현재적인 실천적 의식이다.

이러한 정서 속에는 사회적 경험들이 용해되어 있다. 그러나 이 용해물은 단순한 유동액이 아니라 부상적인 것을 준비하는 형성물이기 때문에 '구조(화)'로서도 인식되어야 한다. 이렇게 함으로써 분화된 계급들 간의 복잡한 정서구조의 관계에 대한 구체적인 분석이 가능할 것이다. 왜냐하면 하나의 새로운 정서구조가 부상하는 것은 하나의 계급이 형성되는 것과 가장 잘 연관되어 있고, 또한 이의 부상은 한 계급 내부의 모순이나 분열 또는 변화의 문제점들을 진단하고 이에 대한 대안들을 모색하게 만들기 때문이다. 현 시기 우리나라 노동자계급 문화소비의 성격에 대한 고민들은 윌리엄스가 논의하는 바로 이 지점에 와 있다. 왜냐하면 1970년대와 1980년대의 민중문화 또는 노동자 문화의 내용을 과거 시제로만 회고할 것인지, 아니면 그 시절의 부활만을 단순히 희망만할 것인지의 문제를 넘어서서 신자유주의적인 사회상황에서 노동자계급 문화소비의 실천적인 전략들을 어떻게 제시해야 하는지가 시급한 과제이기 때문이다.

4) 소결

지금까지 살펴본 이론적 논의들을 요약하면 다음과 같다. 노동자계급의 문화소비에 관한 비교적 선행의 체계적인 이론은 프랑크푸르트 학파에서 찾아볼 수 있는데, 이에 따르면 자본주의의 상품성이 갖는 물화(refication)현상에 대해서는 매우 비판적인 분석을 제시해 주고 있으나, 여기서 그려지고 있는 노동자계급의 이미지는 이러한 구조 속에 갇혀 있는 수동적인 존재로만 나타난다. 한편, 민중주의적 경향을 안고 있는 다양한 좌파 문화 이론들 역시 생산 모델이나 소비 모델 중 어느 한 곳에 편중되든지, 아니면 노동자계급을 제압하려는 자본주의 구조와 이에 저항하(려)는 노동자계급의 문화적 실천 간의 긴장관계를 보여주지 못하고 텍스트나 담론분석으로부터 곧바로 실천으로 점프하는 '이론의 과잉과 실천의 빈약' 문제를 보여주었다.

노동자계급의 문화소비에 관한 이러한 이론적 문제점들을 극복하려는 시도로서 그람시와 부라보이, 그리고 윌리엄스의 문화 이론이 논의되었다. 이들 이론들이 갖는 공통된 점들은 다음과 같을 것이다. 첫째, 현대 자본주의 사회의 노동/의사소통/정책결정 등의 사회적 성격이 이전의 그것과 매우 큰 변화가 있어, 사회문제를 바라볼 때 관계적 관점보다 부문적 그리고 유형론적 관점을 갖기 쉬운 상황임에도 불구하고 이들은 정치적이고도 사회계급적인 관점을 견지하고 있다. 둘째, 정치사회, 생산의 정치, 그리고 과정으로서의 문화 개념 등을 통해 적극적이고도 능동적인 노동자계급상을 그려내고 있을 뿐만 아니라 일상과 체계, 일터와 삶터, 그리고 구조와 행위 간의 관련성과 이 지점에서 찾을 수 있는 문화적 실천전략들에 대한 매우 중요한 통찰력을 제시하고 있다. 윌리엄스의 표현대로라면 부상하는 것과 부상 준비 중인 것들에 대한 형성은 이제 우리들의 몫이 되었다.

3. 나오며 : 어떻게 할 것인가

앞서의 서론에서도 언급한 바처럼 노동자계급의 문화소비는 경제적인 재화에 대한 단순한 지출만을 의미하는 것이 아니라, 국가의 문화정책 및 자본의 문화전략과 그 산물에 대한 노동자계급의 수용과 배척, 동의와 저항 등을 모두 아우르는 관계적인 개념이다. 다시 말하자면 노동자계급적 생활양식의 정주(定住), 노동자계급적 아비투스의 확산을 위한 계급적 관점이 문화소비의 영역에 어떻게 반영되어야 하는가의 문제라고 할 수 있을 것이다. 이것은 노동운동의 문화화나 문화적 노동운동을 의미하는 것이 아니다. 왜냐하면 경제적인 것으로서의 노동운동과 여타의 노동운동은 당연히 별개의 것이 아니기 때문이다. 문화를 생활양식의 총체라고 단순하게 정의하더라도 노동운동을 통한 계급적 전망의 확대는 노동자 계급문화의 형식과 내용을 보다 풍부하게 할 수 있을 것이다.

끝으로 몇 가지 사례들을 통해 노동자계급 문화소비의 바람직한 전략들에 대해 토론해 보기로 한다.

첫째 '이념의 하향평준화와 연대의 지체' 로 압축될 수 있는 현재의 운동상황 하에서 이를 넘어서려는 활동들이 강화되어야 한다. 이는 기업별 차원을 넘어서는 것이어야 하는데, 이를 위해서는 무엇보다 활동가들의 역할이 중요하다. 그동안의 경험에 따르면 이들 활동가들은 사업장의 범위를 넘어서서 지역과 전국으로 이어지는 연대의 틀을 만들기 위해 많은 노력들을 기울여 왔다(임영일, 1999 : 8). 그러나 활동가들의 이러한 연대의 틀은 최근 들어 그 동력이 다소 떨어지고 있다는 인상이 든다. 그러므로 동력의 활성화와 활동가의 양성 등을 위한 연대틀의 재조정과 교육체계의 재건설이 매우 시급하다(신재걸, 2002 : 3-4).

둘째, 단위사업장의 바람직한 문화소비의 성과들이 사업장 안팎으로 확산되어야 한다. 예를 들면 현대자동차노동조합의 식사시간을 이용한 '조합 TV방송' 을 들 수 있다. 현대자동차노동조합의 경우 현재 점심시간을 이용하여 주당 5분간의 조합 TV를 방송하고 있다. 이 역시 단체교섭을 통해 획득한 것인데, 아직까지는 비록 주 5분이지만 매우 중요한 의미생산을 일상적으로 하고 있는 셈이다. 노동자들이 작업장 바깥에서 매일 세례를 받고 있는 자본의 논리를 일터에서조차 은연중에 수용해야 한다는 것은 매우 경계되어야 할 내용이다.

왜냐하면 이데올로기적 효과란 심리적 차원에서의 메시지의 수용이 아니라, 사회관계의 재생산이라는 구조적 차원의 문제이기 때문이다. 그러므로 자본의 이미지나 상징작업에 대한 비판적인 의미해석과 그 대안의 프로그램화는 노동자계급 문화실천에 정당성을 가져다 줄 것이다(강명구, 1989 : 306, 309). 그러나 이러한 프로그램을 운영함에 있어 대기업 노동조합의 경우도 기획에서부터 방송에 이르기까지 많은 비용과 전문적인 인력 등의 문제점을 안고 있음을 볼 때, 이러한 사례들을 산별적 방안으로 구체화하는 것이 필요할 것이다.

셋째, 일터와 삶터, 생산과 재생산, 작업장과 지역, 그리고 기업과 산업을 넘나들면서 노동자계급의 의식과 생활양식, 그리고 정체성을 보다 내실 있게 할 수 있는 사업들을 발굴하여 정책화하는 것 또한 필요하다. 우리는 D 조선 노동조합의 '산업안전 보건 프로그램'(필자가 붙인 명칭임)으로부터 많은 시사를 받을 수 있을 것이다. 금속노동자들의 노동력 재생산과 관련된 최대의 현안은 근골격계 문제인데, 이의 해소를 위해 D 조선 노동조합의 경우 재활센터[22]의 운영을 통해 적극적인 대처를 하고 있다.

보다 구체적인 운영방식은 따로 논의되어야 하겠으나 그 요체를 설명하면 다음과 같다. 조합원의 요구 → 사내 산재상담소에서의 상담 → 상담 후 입원, 통원, 또는 재활센터에서의 치료 결정 → 치료 후 곧바로 현업에 복귀하는 것이 아니라 현장 내의 현장 적응 프로그램에서의 전반적인 재훈련 → 현장복귀 또는 재순환. 이 시스템은 독일의 현장 내 산업안전 문제를 담당하는 '직능조합'을 연상케 하는 것으로[23] 비단 일

22. D 조선의 재활센터는 회사 밖에 위치해 있으며, 원래 노동조합의 재산으로 그동안 소비조합으로 운영되어 오다가 최근 들어 회사로 하여금 재활에 필요한 모든 장비와 공간 확대, 인력 및 재정 등을 투입하게 하여 조합원의 산재에 적극 대처토록 한 노동조합의 산물이다.

23. 〈독일금속노조〉(IG Metall)의 경우 산업안전보건에 관한 사항은 각 사업장의 직능조합에서 담당하고 있다. 여기서의 직능조합이란 영국 등의 배타적 숙련공조합(craft union)을 의미하는 것이 아니라, 경영자와 노조가 함께 만든 것으로 단체협약을 위한 기구는 아니며 산업안전부문만을 다루는 기구를 의미한다. 직능조합의 운

터에서의 문제만이 아니라 가정, 그리고 지역을 연계하는 매우 의미 있는 노동조합의 활동으로 평가된다. 이 과정을 통해 조합원들은 소속감과 연대의식을 일상적으로 경험 · 확대할 수 있을 것이다. 그러나 이러한 소중한 성과들 역시 앞서 언급한 바처럼 단위사업장을 넘어 확대될 수 있도록 하여야 할 것이다. 예컨대 소규모 또는 영세사업장의 경우 이러한 프로그램이 절실히 필요함에도 불구하고 현실적으로 이를 운용하기에는 여러 난관들이 많다. 그러므로 지부나 지역차 원의 교섭항목으로 채택하여 이러한 것들을 제도적으로 폭넓게 정착시킬 필요가 있다.

영재정은 전적으로 경영자가 부담한다. 달리 말하자면 우리의 산재보험금쯤에 해당하는 돈을 경영자들이 전액 부담하고, 이 돈을 관리하는 조직을 직능조합이라고 보면 된다. 산재 발생이 많아지면 보험금도 많아질 테고, 이 결과 자본의 부담이 늘어나게 되므로 산재를 줄이고 보험금을 줄일 수 있도록 유도하는 체제라고 할 수 있다. 재정의 규모는 고용자의 수와 직능의 위험도 등에 따라 정해진다. 한편, 〈독일금속노조〉 내에도 산업안전건강부서가 있어 이들 직능조합과 협력하는 문제를 담당하고 있다(이성철, 2001b : 92-93).

참고문헌

강명구. 1989, 「담론구성과 사회계급 : 커뮤니케이션 실천이론을 위하여」, 『사회비평』, 제3호, 284-320쪽.

강현두 · 원용진 · 전규찬. 1999, 『현대 대중문화의 형성』, 서울대학교 출판부.

김성기. 1998, 「한국에서의 문화연구 : 문화 포퓰리즘」, 강현두 편, 『현대사회와 대중문화』, 서울 : 나남, 79-91쪽.

김현우 · 신진욱 · 허준석. 1995, 「편역자 서문 : 패배한 혁명의 이념을 넘어서」, 김현우 외 편역, 『안토니오 그람시의 단층들』, 서울 : 갈무리, 5-17쪽.

나병철 · 이경훈. 1996, 「역자 서문」, 마이클 라이언 저, 나경철 외 역, 『포스트모더니즘 이후의 정치와 문화』, 서울 : 갈무리, 5-16쪽.

박거용. 1992, 「지배문화 분석의 한 모델 : 레이먼드 윌리엄즈의 문화유물론」, 『문화과학』, 창간호, 문화과학사, 135-152쪽.

박명진. 1996, 「문화연구 - 새로운 시각의 모색을 위하여」, 박명진 외 편역, 『문화, 일상, 대중 : 문화에 관한 8개의 탐구』, 서울 : 한나래, 9-29쪽.

박현채. 1985, 「민중의 계급적 성격」, 『한국사회 계급연구 I』, 서울 : 한울.

______. 1986, 「한국 자본주의와 도시빈민의 문제」, 『한국경제구조론』, 서울 : 일월서각.

서관모. 2003, 「시민사회 담론의 혼란과 문제점」, 한국산업사회학회 편, 김진균 교수 정년기념논총, 『사회이론과 사회변혁』, 서울 : 한울 아카데미, 136-155쪽.

신병현. 2001a, 『작업장문화와 노동조합』, 서울 : 현장에서 미래를.

______. 2001b, 『노동자문화론』, 서울 : 현장에서 미래를.

신재걸. 1992, 「90년대 노동자문화 현실」, 『문화과학』, 제2호, 문화과학사, 245-264쪽.

______. 2002, 「노동조합 문화사업의 발전 전망에 대하여」, 전국민주노동조합총연맹, 『전문 문화활동가 교육수련회 자료집』, 3-11쪽.

안정옥. 1995, 「현대 자본주의의 정보적 재구조화와 새로운 주체(성)의 구성 : 네그리의 '사회적 공장'과 '사회화된 노동자' 론에 대한 탐색」, 『문화과학』, 서울 : 문화과학사, 겨울호.

오재환. 1996, 「일상생활의 구조와 정치」, 부산대학교 사회조사연구소, 『사회조사연구』, 제11권 제1호, 89-103쪽.

여국현. 1999, 「문화연구의 전화를 위하여」, 『문화과학』, 제19호(가을호), 문화과학사, 103-126쪽.

이성철. 2001a, 「정보화사회와 새로운 문화의 조건」, 영남노동운동연구소, 『연대와 실천』, 제84권, 38-49쪽.

______. 2001b, 「연대와 실천은 어떻게 가능한가 : 창원 노동사회교육원 제2기 졸업생 해외 연수기」, 영남노동운동연구소, 『연대와 실천』, 제88집, 87-110쪽.

______. 2002, 「노동자계급문화의 성격과 문화적 실천을 위한 과제」, 지역사회학회, 『지역사회학』, 제4권 제1호, 293-317쪽.

임영일. 1985, 「그람씨의 헤게모니론과 이행의 문제틀」, 임영일 편저, 『국가, 계급, 헤게모니』, 서울 : 풀빛, 317-345쪽.

______. 1998, 『한국의 노동운동과 계급정치(1987-1995) : 변화를 위한 투쟁, 협상을 위한 투쟁』, 경남대학교 출판부.

______. 1999, 「한국 노동체제의 전환과 노사관계 : 코프라티즘 혹은 재급진화」, 영남노동운동연구소, 『연대와 실천』, 제57집, 5-22쪽.

전경갑. 2002, 『현대와 탈현대의 사회사상』, 서울 : 한길사.

정선기. 1996, 「생활양식과 계급적 취향 : 사회적 불평등의 상징적 재생산에 관하여」, 『사회와 역사』, 제49집, 213-245쪽.

한완상. 1979, 『민중사회학』, 서울 : 종로서적.

이시리 카즈오. 1998, 이홍종 역, 『소비문화 환상』, 서울 : 다락원.

Adorno, Theodor. 1991, J. M. Bernstein (ed.), *The Cultural Industry : Selected Essays on Mass Culture*, Routledge.

Anderson, Perry. 1995, 「안토니오 그람시의 이율배반」, 김현우 외 편역, 『안토니오 그람시의 단층들』, 서울 : 갈무리, 40-137쪽.

Bennett, Tony. 1996, 「대중성과 대중문화의 정치학」, 박명진 외 편역, 『문화, 일상, 대중 문화에 관한 8개의 탐구』, 서울 : 한나래, 247-269쪽.

Bourdieu, Pierre. 1995, 최종철 역, 『구별짓기 : 문화와 취향의 사회학 (상), (하)』, 서울 : 새물결.

Bourdieu, Pierre et al. 2000, 이상호 역, 『재생산 : 교육체계 이론을 위한 요소들』, 서울 : 동문선.

Burawoy, Michael. 1999, 정범진 역, 『생산의 정치 : 자본주의와 사회주의의 공장체제』, 서울 : 박종철 출판사.

Castells, Manuel. 1976, "Is there an urban sociology", pp. 33-59 in Pickvance (ed.), *Urban Sociology : Critical Essays*, Tavistock Publications.

Fiske, John. 2002, 박만준 역, 『대중문화의 이해』, 서울 : 경문사.

Forgacs, David. 1995, 「영국에서의 그람시와 마르크스주의」, 김현우 외 편역, 『안토니오 그람시의 단층들』, 서울 : 갈무리, 255-281쪽.

Gramsci, Antonio. 1992, 로마 그람시 연구소 편, 조형준 역, 『그람시와 함께 읽는 문화 : 대중문화, 언어학, 저널리즘』, 서울 : 새물결.

Kaschuba, Wolfgang. 2002, 「상징적 질서로서의 민중문화와 노동자문화 : 일상사와 문화사 논쟁에 대한 몇 가지 민속학적 논평」, Lüdtke, Alf et al. 지음. 이동기 외 역, 『일상사란 무엇인가』, 서울 : 청년사, 259-298쪽.

Ryan, Michael. 1995, 나병철 · 이경훈 역, 『해체론과 변증법』, 서울 : 평민사.

______. 1996, 나병철 · 이경훈 역, 『포스트모더니즘 이후의 정치와 문화』, 서울 : 갈무리.

Storey, John. 2002, 박만준 역, 『대중문화와 문화연구』, 서울 : 경문사.

Williams, Raymond. 1982, 이일환 역, 『이념과 문학』, 서울 : 문학과 지성사.

Wirth, Louis. 1938, "Urbanism as a way of life", *American Journal of Sociology*, Vol. 41 : 46-63.

4 노동자계급의 문화소비에 관한 경험적 연구를 위한 예비작업

1. 서론 및 연구의 목적

노동자계급의 문화소비에 관한 이론적 · 경험적 연구들은 여타 계층이나 계급들의 그것에 비해 매우 일천한 상태에 놓여 있다. 단위사업장의 노동조합의 경우 매년 조합원 생계비 조사 등을 통해 단체교섭의 근거로 제시되는 결과물들이 있기는 하지만 이를 통해 노동자계급 문화소비의 성격을 곧바로 도출해내기에는 일정한 한계가 있다. 왜냐하면 이들 자료에는 대개 임금인상이나 삶의 질 향상을 위한 경제적인 소비항목들만 포함되어 있기 때문이다. 이 글에서 의미하는 소비는 특정 상품들에 대한 단순한 경제적 지출만이 아니라(문화소비의 경제주의적 접근) 자본의 신경영전략의 핵심적 내용인 기업문화 운동에 대한 노동자들의 수용과 배제, 자본주의 상품문화에 대한 인식, 그리고 국가의 문화 및 이데올로기 정책에 대한 노동자들의 태도 등을 모두 포괄하는 의미로 사용된다(문화소비의 관계론적 접근).

가장 보편적으로 문화를 '생활양식의 총체'로 정의한다 하더라도 문화소비는 단순한 경제적 지출만을 뜻하는 것이 아님이 자명해진다. 예를 들어 교육을 위해 시간 및 경비를 지출한다고 생각해 보자. 이 경우 교육비와 시간 지출은 단순한 경제적 소비에 그치는 것이 아니라, 자신의 미래를 위한 생산적인 투자일 수도 있는 것이다. 이처럼 소비는 흔히 우리가 생각하듯 낭비의 요소만 있는 것이 아니라 생산적인 내용도 함께 지니고 있다.[1] 나아가 이러한 소비과정을 통해 자본주의의 상품화 구조가 안고 있는 문제점들에 대해 인식하게 되고, 그 결과 나름의 대안을 찾으려고 하는 노력들도 일어날 수 있는 것이다. 즉 문화소비 과정을 통해 개인적 및 계급적 정체성의 형성이 일상적으로 가능해질 수 있는 것이다. 그러나 문화소비를 통해 노동자계급의 정체성이 확립될 수 있다라는 주장은 너무 낙관적이며 단순한 것이다. 왜냐하면 국가 및 자본은 이러한 형성과정을 끊임없이 포섭, 동화, 그리고 고립화시키려 하기 때문이다.

노동자계급의 문화소비가 갖는 이러한 다면적인 특성들에 대한 서구의 이론적 · 경험적 연구들은 다수 존재하고 있으나[2] 국내의 경우 앞서 언급한 바처럼 이에 대한 연구들이 매우 부족한 형편이다. 그러나 이러한 사정 하에서도 노동자계급의 문화 및 생활상태에 관한 의미 있는 연구들이 간헐적으로 제출되고 있다. 예컨대 신재걸(1992), 조봉호(1993),

---

1. 서구의 경우 18세기까지 소비는 '파괴하다', '다 써버리다', '낭비하다', '고갈시키다' 등의 부정적인 의미로 사용되었다(함인희 외, 2001 : 33).
2. 이에 대한 소개는 이성철(2003)을 참고할 것.

선한승(1994), 황동일(1994), 김창남(1995), 그리고 황익주(1997) 등의 연구가 그것이다.[3]

이들 연구들은 연구자들의 경험적인 조사, 현장활동가에 의한 지역 실태 분석, 문화이론가의 참여관찰 등 다양한 질적 · 양적 방법들이 적용된 것이다. 우리는 이들 선행연구들로부터 노동자계급의 문화소비 특징과 그 내용들에 대해 많은 시사점을 얻을 수 있을 것이다. 그러나 노동자계급의 문화상태에 대한 연구들은 여타의 계급(층) 문화연구가 비교적 지속적으로 이루어지고 있음에 비해 매우 단속적이며, 더구나 노동관련 연구자들이나 단체들의 이에 대한 연구도 상대적으로 집중되지 못하고 있다. 여기에는 몇 가지 이유들이 있다.

첫째, 무엇보다 현재까지 노동자계급의 경제적 조건을 둘러싼 투쟁이 최우선의 과제였기 때문이다. 즉 1970-1980년대의 원생적인 노사관계 아래에서나 외환위기 이후의 정리해고, 고용불안정, 그리고 비정규 및 미조직 노동자의 양산이라는 현재의 상황 하에서 노동자계급의 문화소비에 관한 연구는 비교적 한가한 작업들로 여겨질 수 있었기 때문이다. 둘째, 이러한 사정은 문화(소비)를 경제외적인 부산물로 은연중에 치부한 그동안의 정치경제학적 사고에서도 연유한다. 즉 생산과 재생산은 순환적 경로를 밟고 있음에도 불구하고 그동안의 계급연구에서는 소비 및 여가, 그리고 삶터에서의 일상생활 문제 등을 생산과정과 관련지어 그 중요성을 평가하지 못하였다. 그러나 일터에서의 기술적 노동과정 및 사회적 관계, 그리고 삶터에서의 일상적인 살림살이들은 노동자

3. 필자의 과문 탓으로 중요한 연구들이 누락되었을 수도 있다.

문화 형성의 주요 영향력으로 작용하고 있다. 또한 오늘날의 자본주의 사회에서는 노동자계급의 경제적 조건과 생활기회 및 생활양식 등이 상당 정도 중첩되어 나타나기 때문에 생산영역 못지 않게 분배영역에 대한 관계적인 검토가 필수적이다(김왕배, 2001 : 46).

본 연구는 이러한 지적들에 공감하면서 다음과 같은 연구목적을 설정한다. 첫째, 노동자계급의 문화소비 양태가 과연 자본주의 구조의 호명에 따라 수동적으로만 이루어지고 있는지, 둘째, 소비과정을 통해 노동자계급으로서의 정체성을 일정 정도 형성해 나가고 있는지, 셋째, 위의 두 가지 쟁점들이 국가와 자본에 의해 어떻게 흡수 · 통합되고 있으며, 노동자계급은 이에 대해 어떤 대응을 하고 있는지를 살펴보게 될 것이다.

2. 분석자료의 성격 및 분석방법

이상과 같은 연구목적을 수행하기 위해 사용된 경험적인 자료는 전국민주노동조합총연맹(이하 민주노총)이 2002년 11월부터 12월까지 조사한 『노동자의 문화적 조건에 대한 실태조사』의 원자료(raw data)이다.[4] 이 조사의 설문지에는 앞서 언급한 선행연구들에서 부분적으로만

4. 원자료의 사용을 흔쾌히 허락해 주신 〈문화연구 시월〉의 신병현 교수와 〈민주노총〉

담았거나 누락된 항목들이 비교적 체계적으로 포함되어 있다(예컨대 생산과 재생산의 영역뿐만 아니라 국가와 자본의 이데올로기 영역이나 노동자계급의 정체성 항목 등). 그리고 연구 보고서에는 설문의 빈도 및 교차분석, 그리고 평균차 검증 등의 결과가 제시되어 있어 현 시기 노동자계급의 문화소비 성격을 살펴보는 데 매우 유용하다.

자료의 성격에 대해 잠깐 살펴보도록 한다(민주노총 외, 2003 : i–iv쪽을 참조). 조사 대상자는 민주노총 산하 전 산업 노동자 중 2,920명을 무작위 표집하여 선정하였고, 이들에게 설문지를 배포 · 작성(self-administered questionnaire)하게 한 후 최종 수합하여 분석된 것은 모두 566부였다. 표본의 주요 독립변수들의 특성(사회인구학적 특성)을 요약하면 다음과 같다. 먼저 성별로는 남성의 비율(71.5%)이 여성(28.5%)보다 높게 표집되었고, 기혼자(77.0%) 역시 미혼자(23.0%)보다 많이 추출되었다. 학력별로는 대졸 미만(49.4%)과 이상(51.6%)이 거의 비슷한 분포를 보이고 있으며, 직종별로는 기타(42.4%) 〉사무직(38.9%) 〉생산직(18.7%)의 순으로 나타난다. 연령은 30대가 전체의 52.0%를 차지하고 있으며, 40대 이상은 30.7%, 그리고 20대 이하는 17.3%이다. 근속 연수별로는 5년 미만(30.4%) 〉5–10년 미만(28.4%) 〉10–15년 미만(26.5%) 〉15년 이상(14.7%)의 순으로 집계되었다. 조합 내 지위로는 평조합원이 67.1%로 가장 많았고, 그 다음이 각종 위원을 포함한 간부(31.1%)들이었다(비조합원=1.9%). 끝으로 산업 및 연맹별로는 공공연맹(24.2%) 〉사무금융연

관계자 여러분께 깊이 감사 드린다. 이 조사연구의 결과는 2003년 3월 「노동자문화 실태 및 조사 보고서」로 제출되었다(《전국민주노동조합총연맹》 · 〈노동문화정책정보센터〉 · 〈문화연구 시월〉). 보고서는 민주노총의 자료실에서 찾아볼 수 있다.

맹(17.5%) 〉금속산업연맹(17.3%), 그리고 기타의 순으로 나타났다.

본글에서는 보고서에서 제시된 분석결과들을 적극적으로 활용하면서 아울러 본 연구의 목적에 부합할 것으로 판단되는 분석기법들(상관관계와 회귀분석)을 적용하게 될 것이다. 자료의 처리를 위해 통계처리 패키지 프로그램인 SPSS(Statistical Package for Social Sciences)를 사용하였다. 구체적인 자료분석을 하기 전에 노동자계급의 문화소비와 관련된 선행연구들에 대해 간략히 살펴보도록 한다. 이러한 것들을 검토하는 이유는 일차적으로는 조사의 경험적 결과에 대한 가설검증의 필요성 때문이기도 하지만, 그것보다는 조사결과에 나타난 빈도나 비율 또는 기타 통계치의 의미를 단순히 제시하는 것보다 이러한 결과를 두고 토론하고 재해석할 수 있는 여지를 공유하기 위해서이다.[5] 이러한 서술방법은 전형적인 사회조사방법론자들에 의해 당연히 비판을 받겠지만, 노동자계급 문화소비의 착종된 성격에 대한 평면적인 서술(description)보다는 "지배 이데올로기의 침투과정이나 저항의 가능성을 설명하고 전망하기 위해서는 노동자들의 능력을 제한하는 사회적 조건을 해명"(강명구, 1989 : 317)할 필요가 있기 때문이다.[6]

5. "… 주거 지역 교회의 학생들이 노인을 찾아왔다. 한 아이가 '앞으로의 할아버지의 생활은 어때지실 거라고 믿으세요?' 라고 물었다. 다른 아이가 하나만 짚으라면서 여섯 개의 문장을 읽어 내려갔다. • 아주 좋아질 것이다. • 비교적 좋아질 것이다. • 좋아지지도 나빠지지도 않을 것이다. • 약간 나빠질 것이다. • 아주 나빠질 것이다. • 대답할 수 없다. 노인은 간단히 말했다. '아주 좋아질 거야. 거기다 동그라미를 쳐줘'. 학생들은 나무껍질 문 앞에 서 있었다. 뜻밖의 대답이라는 표정을 그 아이들이 지었다. '나는 곧 죽을 거야'. 애꾸눈 노인이 말했다"(조세희의 『난장이가 쏘아 올린 작은 공』 중에서).

6. 전통적인 사회조사 방법은 해석학적 절차를 결여하고 있다(Eder, 2000 : 125). 다시

3. 노동자계급의 문화소비에 관한 선행연구들의 검토

소비는 단순한 경제적 행위에 그치는 것이 아니라 사회적 의미작용이며, 행위자의 정체성을 형성하고 표현하는 문화적 실천이다. 즉 소비행위는 소비자 자신의 개인적 · 집단적(계급적) 정체성을 나타내는 매개영역을 구성하고 그 영역에 참여함으로써 사회적 위치를 드러내고, 그 결과 사회적 위치가 규정되는 문화적 영역이다. 이런 점에서 문화소비는 생산의 부차적인 현상이 아니라 일터와 관련된 여타의 생활양식을 적극적으로 형성하는 사회과정이라 할 수 있다. 그리고 문화소비와 생활양식의 성격은 역사적 · 사회적 조건의 변화와 밀접히 관련되어 있다. 이런 점에서 소비양식의 변화는 자본주의 축적 기제의 변화와 연동되어 있다고 할 수 있다. 자본주의 사회에서의 생산과 소비는 생산과 확대재생산 기제의 거대한 환류(feed-back)과정이다. 그런데 노동력의 재생산이 집중적으로 발생하는 곳은 생산영역보다는 일상생활 영역이며, 이러한 노동력의 재생산은 다양한 형태의 문화소비 과정을 통해 이루어진다.

그러나 오늘날의 자본주의 체제 하에서의 소비는 노동(집합적 시간)과 여가(사적 시간)의 분리를 재통합한다. 또한 소비주의의 열망과 기대가 높아지면서 여가시간마저도 효용을 최대화하려는 노동시간의 생

말하자면 유의성 검증(significance test)의 유의성 여부에 대한 토론이 생략되어 있다 (Atkins & Jarrett, 1990 : 77-103쪽을 참조).

산성 모델을 닮아가고 있다(안정옥, 1995 : 27). 그럼에도 불구하고 소비문화는 자본가계급의 이데올로기에 의해 일방적으로 나타나는 것이 아니라 계급들의 해석적 수용행위 속에서도 창출된다. 즉 행위자들의 이러한 문화적 실천행위가 구조적 특성과 분리된 채 완전히 자율적이라기보다는 규정되고 제한되는 부분도 있지만, 노동자계급의 소비양식은 지배계급의 논리만이 작용하는 것이 아니라 지배와 저항의 의미를 함께 내포하고 있다. 이렇게 볼 때 소비는 지배 이데올로기와 지배구조의 재생산이 일상적으로 이루어지는 현장인 동시에 문화적 실천이 이루어질 수 있는 역동적 장이라고 할 수 있을 것이다. 이하에서는 위와 같은 성격을 갖는 노동자계급의 문화소비에 대한 대표적인 선행연구들(보드리야르와 부르디외)을 간략히 검토하게 될 것이다.

현대 사회 문화소비의 특성 및 그것의 의미들에 관한 가장 통찰력 있는 문제 제기는 일단 장 보드리야르(Jean Baudrillard, 1991 : 특히 1장을 참고할 것)의 논의들에서 찾아볼 수 있다. 그에 따르면 전통적인 마르크스주의는 사용가치의 중요성에만 집중하였기 때문에 소비 중심 사회의 분석틀로서는 더 이상 적합하지 않다고 주장한다(즉 상품의 정치경제학을 비판). 그가 이러한 문제 제기를 하는 근본적인 이유는 현대 자본주의 사회의 일상성을 분석하기 위해서이다. 즉 일상생활에서 우리를 둘러싸고 있는 상품들(그의 표현에 따르면 사물들)은 더 이상 사용가치나 상징가치가 본질적인 것이 아니라, 이러한 사물들이 지니고 있는 가치에 의해서만 평가된다고 주장한다. 그는 이러한 가치를 '기호가치'라 부른다. 그는 사물을 기호로 정의하면서 우리는 일상적으로 사물과 직접 접촉하는 것이 아니라 욕망을 자극하는 기호와 접촉한다는 것이다. 더 나아가 이제 기호는 사물을 대체하고 시뮬라크라[simulacra : 원본과 대비되는 사본

(寫本), 가짜 등으로 번역됨]가 지배하는 사회가 현대 소비사회의 특징이라고 말한다(전경갑, 1993 : 407-416).[7]

그는 이러한 사물이 누적됨으로써 생산물의 단순한 총합 이상의 기호가 발생한다고 보는데, 이러한 기호가 집중 · 집적된 곳이 시장, 상점가, 그리고 대형 쇼핑센터 등이다. 이러한 곳은 현대의 가나안(Canaan) 계곡이며 판테온(Pantheon, 萬神殿)으로서 일견 보기에는 풍요와 약속, 그리고 보호 등을 제공하는 것 같지만, 이곳에서는 사물의 사용가치를 증대시키기는커녕 그 가치를 급속도로 갱신시킴으로써 사물의 시간마저 탈취하는 곳이라는 진단을 내린다.[8] 현대 소비사회의 성격에 대한 이러한 진단을 통해 보드리야르가 제시하는 대안은 비관주의에 빠져 있는 듯하다. 왜냐하면 그(1991 : 50)는 "현대의 일상생활에서 소비는 대부분의 경우 유도된 소비형태로서 생산성의 명령에 복종하고 있으며, 사물의 풍부함 자체는 역설적으로 말하면 가난함을 의미"할 뿐이라고 평가하기 때문이다.

현대 소비사회에 대한 그의 이러한 '니체적 진단'은 냉담과 침묵이라는 대안밖에 제시하지 못한다. 그는 켈너(Douglas Kellner)와의 대담에서 " … 우리는 의미가 상실된 탈역사의 시대에 산다. 여기서 그 누구도 의미 같은 것을 찾을 수 없다. 우리에게 진보의 이념은 사라진 지 오래다. 그냥 맴도는 상황이 반복될 뿐이다"(전경갑, 1993 : 406에서 재인용)

7. 맥크래켄(McCracken, 1996 : 251-275)은 이러한 현상을 '디드로 효과'(Diderot effect)라고 부른다.

8. 한편, 보드리야르(1991 : 30)는 현대 소비사회의 모습을 '위협받고 포위된 풍부한 예루살렘'으로 표현하고 있다.

라고 말한다. 즉 소비사회에 대한 그의 묘사와 문제점들에 대한 지적들은 매우 정교하고 풍부하지만 정작 이러한 난관들을 넘어설 수 있는 대안에 대해서는 아무런 제시를 하지 않는다. 이는 마치 프랑크푸르트 학파의 문화산업론의 주요 내용(소비의 수동성, 규격성, 지배 이데올로기에의 복속 등)과 일치하는 듯이 보이기도 한다.[9]

보드리야르의 묵시론적 암울함이 제기된 데는 그 자신의 이론틀 내에서 찾아볼 수 있다. 즉 '생산의 거울'은 깨뜨려 버리고 '기호의 거울'로서만 소비문제를 들여다 봄으로써 이러한 문제점이 발생하게 된 것이다. 다시 말하자면 생산과정에서의 역할에 근간을 둔 실제의 계급 차이보다 정말로 문제가 되는 것은 상품의 소비에 근간을 둔 차이라고 강조하고 있기 때문이다(Storey, 2002 : 143). 그러나 재화의 소비에 대한 노동자계급의 태도에는 소비주의 이데올로기가 직접적으로 작용하는 것이 아니라, 노동자의 삶을 규정하는 물질적 조건과 그것에 대한 인식(문화적 실천의 정도) 위에서 작용하고 있다(강명구, 1993 : 14)는 점이 강조되어야 한다.

한편, 문화소비 연구에 있어 그의 방법론이 갖는 문제점도 지적될 수 있다. 김창남(1995 : 19)은 대중문화를 구성하고 있는 요소로서 (1) 텍스트 생산 과정, (2) 생산된 텍스트, 그리고 (3) 대중에 의한 수용과정을 들고 있다. 이에 비추어 볼 때 보드리야르의 경우 그의 이론은 (2)의 과잉(소위 '하이퍼-리얼리티')에만 초점을 맞추고 있는 셈이다. 그러나

9. 보드리야르는 사회 과정의 배후에 있는 경제적 힘이나 사회집단을 명확히 하지 않음으로써 일종의 기술결정론을 제시한다(Best & Kellner, 1995 : 156).

보드리야르와 함께 포스트 모더니즘의 대표적인 문화이론가의 한 사람으로 거론되고 있는 프레드릭 제임슨(Fredric Jameson)의 경우 소비의 탈(脫)근대적 조건이 (보드리야르가 말한 바처럼) 피상성, 단편화, 깊이 없음, 다원화와 다양화, 그리고 역사성의 빈곤이라는 제약성을 안고 있음에도 불구하고 정치문화적 실천을 위해, 그리고 비판적 사회 이론의 형성을 위해서는 총체적 현실의 재현 가능성을 포기할 수는 없다고 확신한다(전경갑, 1993 : 388-399) [그의 포스트 모더니즘이 후기(後期) 자본주의론과 맞닿아 있음을 알 수 있다].

간단한 예를 하나 들어보기로 한다. 얼마 전 어린 아이들 사이에 '포켓몬' 열풍이 분 적이 있다. TV 시리즈 방영과 영화, 그리고 만화, 게임 등의 매체를 통해 포켓몬 사업자는 전형적인 멀티 마케팅(multi-marketing) 전략을 펼쳤다. 더구나 포켓 몬스터들은 끊임없이 진화하기 때문에 그 종류만도 수백 가지에 이르러 어린 아이들은 포켓몬 카드 수집에 경쟁적이었다. 이 카드들은 여러 형태로 판매되었는데, 예컨대 빵과 함께 포장지 속에 카드를 끼워 팔기도 하였다. 우리가 빵을 사 먹는 전형적인 이유는 무엇인가? 시장할 때 사먹는 것이 대부분일 것이다(상품의 사용가치 또는 모던한 소비형태). 그러나 어린 아이들의 경우 포장지를 뜯어 빵은 버리고 포켓몬 카드만 가지는 경우들이 있었다(기호나 이미지의 소비 또는 탈근대적 소비형태).

이를 두고 근엄한 근대성의 눈으로 야단을 칠 수도 있겠지만 이보다는 (1) 배가 고파 사먹든 이미지나 기호를 소비하기 위해 사먹든 많이만 팔아달라는 자본의 근대성이 보다 정교하게 작동하고 있음을 비판적으로 인식하는 것과 함께, (2) 현상적으로 이러한 소비형태가 이전의 사회와는 달리 보다 많이 발현되고 있음도 인정해야 한다는 점이다. 보드리야르는 (2)의 측면에 집중하였던 반면, 제임슨은 (2)의 현상을 (1)의 구조와 관련지어 파악해야 함을 역설한 것이라고 할 수 있다.[10] 한편, (2)의 측면이 문화적으로 과도하게 강조되면서 노동자계급의 문화소비도 사사화(privatization), 개인화(individuation), 그리고 온순화(pacification)의 길을 걷고 있다는 주장들이 제기되고 있다(이재현, 1993 ; Rojeck, 2000 : 33-49). 그러나 문화소비의 집단 간 또는 계급별 차이에 대한 일방적인 강조는 문화실천에 있어서의 계급 간, 집단 간, 세대 간의 연대를 전제로 했을 때만 그 의미가 보다 풍부해질 것이다(즉 차이에 기초한 연대의 모색과 연대를 통한 문화실천).

다음으로 문화소비에 관한 보드리야르의 논의와는 대척점에 서 있는 피에르 부르디외(Pierre Bourdieu, 1994 ; 1995 ; 2000)의 주요 주장들에 대해 살펴보도록 한다. 부르디외는 현대 자본주의 사회에서 사회문화적 위치와 예술적 · 문화적 소비 사이에는 밀접한 상관성이 있음을 전제한다. 흔히 취향이라고 불리는 문화적 · 미적 판단은 절대적 타당성을 가지는 것이 아니라, 단지 사회적 차별성(social distinction)을 정의하고 고정시키며 합법화하는 방식일 뿐이라고 보는 것이다(김창남, 1995 : 55). 또한 그는 행위와 구조가 발생하는 과정을 변증법적으로 통합하려고 하였다(구성주의적 구조주의 또는 구조적 구성주의). 그는 행위자의 실천에 영향을 끼치거나 정향지을 수 있는 객관적인 구조가 존재함을 일단 인정한다. 그러나 이러한 객관적 구조를 보전하거나 변형할 수 있는 행위자들의

10. 제임슨의 작업은 포스트 구조주의와 포스트 모더니즘에 비판적으로 맞서면서도 그들의 기여들을 마르크스주의 문화 이론을 풍부하게 하는 데 이용하려는 지속적인 노력이었다(Best & Kellner, 1995 : 237).

실천의지를 함께 강조하고 있다. 즉 그는 구조란 고정된 것이 아니라 행위에 의해(문화적 실천을 통해) 변화될 수 있음을 보여주려 하였다.

그의 이러한 문제의식은 아비투스(habitus), 취향(taste), 장(champ, 場), 그리고 문화자본(cultural capital) 등의 개념들을 관계적으로 구사하는 데서 잘 나타난다.[11] 이들 개념 간의 관계를 통해 부르디외의 문화소비론의 주요 특징들을 검토해 보도록 한다. 먼저 아비투스는 개인적 행동양식의 특징을 나타내는 말이다.[12] 그러므로 개인은 아비투스의 담지자라 할 수 있을 것이다. 그렇지만 이 아비투스는 개인적인 차원 또는 정적인 성격만을 갖는 것이 아니다. 즉 개인이 갖고 있는 이러한 성향체계는 그(녀)가 속한 집단이나 계급에서의 경험에 의해 사회적인 것으로 진전한다. 이러한 의미에서 아비투스는 구조와 행위를 매개하는 중심축이 될 뿐만 아니라, 계급귀속 경험을 통해 행위자들의 실천의 생성원리(generative principle)가 되는 것이다. 또한 이러한 경험을 통해 이제 개인의 사고 및 판단 그리고 행동의 틀은 계급의 아비투스로 드러나게 된다. 그리고 예컨대 노동자계급의 아비투스를 갖게 된다고 하는 것은 여타 계

---

11. 이하의 논의들은 강명구, 1993 ; 정선기, 1996 ; 홍성민, 2000 ; 김정로, 2001 ; 현택수, 2001 ; 이동연, 2003 ; Eder, 2000 등에서 참고하였음을 밝혀둔다.

12. 아비투스는 아리스토텔레스의 hexis(토마스 아퀴나스에 의해 habitus로 번역됨) 개념에서 발전된 것으로, 원래는 '교육 같은 것에 의해 영향을 받을 수 있는 심리적 성향'을 가리키는 말이었으나, 부르디외는 사회구조와 개인 행위 사이의 인식론적 단절을 극복하는 매개적 기제로 재개념화한다(최종철, 1995 : 4). 그런데 아리스토텔레스에게 있어서 습관(habitude)이란 에토스(ethos)와 헥시스(hexis)로 구성되는데, 전자는 반복에서 비롯된 기계적인 행위를, 후자는 도덕적 성향 곧 덕(virtue)을 의미한다. 부르디외의 아비투스 개념은 이 후자의 의미를 적극 활용한 것이다(홍성민, 2000 : 25).

급(특히 지배 계급)과 구별되는 성향을 지닌다는 것을 의미하는데, 지배 계급은 밑으로부터의 이러한 성향 형성을 제어하기 위해 아비투스의 생성원리와 분류화 체계를 구사하게 된다.[13]

아비투스의 생성원리와 분류화 체계에 대해 살펴보도록 한다. 우리는 이미 '사회화 과정'이라는 논의에 익숙하다. 사회는 그것의 지배적인 관습이나 규범, 가치관, 그리고 문화 및 이데올로기를 구성원들에게 학습시키려 하는데(특히 교육제도를 통해), 이를 **'외재성의 내재화'**라 부를 수 있을 것이다. 이 과정을 통해 구성원들은 특정한 행위의 틀을 구성하게 된다. 표준사회학 이론에서 강조하는 사회화의 이러한 일면적인 과정은 행위자들로 하여금 지배적인 가치에 순응하도록 만드는 효과를 갖는다. 그러나 부르디외는 이러한 논의에 그치지 않는다. 즉 행위자들은 지배적인 체계의 호명에 순순히 따르는 수동적인 존재가 아니라 불평등의 은폐와 위장, 정당화, 그리고 재생산 등과 관련된 문제에 있어 주체적인 판단과 대응을 한다(**내재성의 외재화**)는 점을 강조한다. 그러므로 아비투스는 이제 개인과 집단, 그리고 계급들의 입장이 구조화된 공간으로 들어가게 되는 것이다.[14]

부르디외는 이 공간을 '장'(champ, field)이라고 표현한다. 이 장은 단순한 물리적 공간(space)이 아니라 아비투스를 지닌 사람이나 계급들

---

13. 그러므로 생성원리와 분류화체계는 동전의 양면과 같은 개념이며, 각 계급은 생성원리와 분류화체계를 정당화하기 위해 다양한 장들 속에서 그 힘을 겨루게 된다.

14. 사회화 과정을 통해 지배질서에 순응하는 개인들의 상태를 정적인 아비투스라 한다면, 이에 저항하고 나름의 성향체계를 구축하려는 문화실천 등은 동적인 아비투스라 할 수 있을 것이다. 이를 두고 부르디외는 아비투스를 '구조화하는 구조'라고 명명하였다.

간의 세력관계를 뜻한다. 이러한 의미에서 장 개념은 그람시(Gramsci)의 '정치사회', 그리고 부라보이(Burawoy)의 '생산의 정치' 개념 등과 맞닿을 수 있을 것이다.[15] 이 장 속에서는 희소자원을 둘러싼 세력들 간의 쟁투가 벌어진다.[16] 그러나 이 쟁투는 경제주의를 넘어서는 것이다. 여기서 '문화'가 강조된다. 왜냐하면 사회적 구별짓기는 경제적인 지표에 의해서만이 아니라, 이와 연동된 문화자본(상징자본) 등에 의해서도 체계적으로 이루어지기 때문이다. 이 지점에서 (지배)계급의 분류화 체계가 구체적으로 작동하게 된다.

분류화 체계는 부르주아지와 프롤레타리아트 사이에 나타나는 선택적 취향의 차이가 결국은 차별화 기제로 기능함을 뜻한다. 이는 주로 문화소비의 지표로써 설명되는데, 음식물의 선택, 문화재화의 선택, 그리고 자신을 표현하는 데 드는 비용 등이 그것이다. 결국 부르디외가 보여주고자 한 것은 개인적 취향인 아비투스가 사실은 사회적으로 구성되는 것이라는 점이다. 그는 이러한 아비투스 개념을 통해 계급관계는 (1) 생산관계의 구조에 의해 일방적으로 결정되는 것이 아니고, (2) 장 속에서의 일상적인 문화적 실천을 통해 재생산되는 계급적 차별과 구별짓기의 구조화를 분석하고 이에 대한 대응전략을 제시하고자 한 것이다.

---

15. 이에 대해서는 이성철(2003)을 참고할 것. 그리고 예컨대 부르디외의 장 속에서의 '게임'과 '부분적인 혁명'의 개념들을 살펴 보라.

16. "… 모든 장에는 입회권의 빗장을 부수려고 애쓰는 신참자와, 독점을 옹호하고 경쟁을 배제시키려는 지배자 사이의 투쟁이 있음을 알고 있다. … 장의 구조는 투쟁에 참여한 주체 혹은 제도들 사이의 역학관계 또는, … 이전의 투쟁을 통해 축적되어 이후의 전략의 방향을 결정짓는 특정 자본의 분배관계의 상태이다"(Bourdieu, 1994 : 128-129).

그러므로 이러한 문화적 실천은 단순한 소비행위가 아니라 전유(appropriation)의 의미를 갖게 된다(김창남, 1995 : 56).

이상의 논의들에서 알 수 있듯이 부르디외의 사회학에서 핵심적인 개념은 사회계급의 상황과 이들 계급에 연관된 문화적 형태이다. 이의 분석을 위해 그는 자본의 개념을 확장한다. 즉 전통적인 경제적(또는 생산적) 자본뿐 아니라 사회적 자본, 문화적 자본, 그리고 상징적 자본의 개념들이 그것이다. 사회적 자본은 다양한 연고주의(nepotism : 학연, 혈연, 지연 등), 문화적 자본은 대인관계의 기술, 습관, 태도, 언어의 스타일 및 학력, 생활양식 등을, 그리고 상징적 자본은 다른 세 가지 자본의 수준과 배열에 있어 차별적 소유를 정당화하는 상징의 사용능력이라고 할 수 있다. 이들 자본들은 상호작용되면서 계급위치를 반영하고, 특정한 계급위치에 있는 사람들의 이익(interests)[17]을 증진시키는 데 사용된다. 그러나 자본들 간의 상호작용은 어느 정도까지만 가능하다. 왜냐하면 사회적 장 속에서 자본의 양과 내용을 늘이는 것 자체가 투쟁이기 때문이다.

여타의 계급들과 마찬가지로 노동자계급 역시 다양한 자본의 획득과 이의 활용을 통해 문화소비에 있어서의 계급적 정체성을 형성할 수 있다. 정체성 형성의 과정은 매우 다양하다. 예컨대 지배계급의 '자유와 사치의 취향'이나 '예술을 위한 예술' 등의 '순수한 시선'(pure gaze)은 일견 기본적인 물질적 필요성과는 동떨어져 있는 것처럼 보인다 그러나 어느 틈엔가 이러한 취향들은 평범한 것들을 심미적인 것으로, 물질적인

17. 부르디외(1994 : 134)의 '이익'은 실리주의적인 의미가 아니라, 내기의 목표에 내건 특별한 투자로서 장에 소속되는 조건이자 그 결과이다.

것들을 상징적인 것들로 바꾸어 버려 특정 사회의 지배적이고 정당한 취향으로 들어설 수 있다. 그러나 부르디외에 따르면 노동자계급들은 이러한 경향에 반해 대중적인 심미성을 개발한다. 이러한 심미성은 지배계급의 형식적이고 자족적인 문화를 퇴폐적이고 퇴보적인 것이라고 경멸한다. 이러한 과정은 사회적 장 속에서 문화적이고 상징적인 계급갈등의 형태로 드러난다.

그러나 부르디외가 주장하는 상징적인 계급갈등 전략이 기호학(semiotics)의 많은 연구들처럼 자본주의의 본질적인 운동법칙은 분석하지 않고 자본주의 사회의 인간들이 법칙의 작용에 대해 기만당하는 현상만을 설명한다거나(이경천, 2002 : 446-447), 그의 분석이 대개 여러 문화산물 가운데서도 특히 예술작품을 감상할 수 있는 능력에 관한 논의에 집중함으로써 이를 소비할 수 있는 상당한 정도의 상징적 전유수단을 갖추고 있지 못한 노동자계급이나 여성들의 경우, 오히려 기존의 문화적 정당성을 당연시하는 결과에 빠지게 된다는 비판을 받기도 한다(이상길, 2002 : 229). 즉 그의 이론은 문화가 자본주의 계급관계를 재생산하고 있음을 역설적으로 입증한 것이기 때문에 오히려 자본주의의 지속성에 대한 설득력 있는 이론이라는 것이다(한성희, 1998 : 5). 실제로 그의 논의들에는 이러한 비판을 받을 만한 소지가 다분히 담겨 있다(특히 Bourdieu, 1995하 : 7장을 보라). 이 점에 대해서 구체적인 논의를 하는 것은 이 글의 연구목적을 넘어서는 것이어서 다른 기회에 적절히 살펴보도록 할 것이다. 그러나 1980년대 이후 부르디외가 '좌파들의 좌파' 지식인으로서 노동자 및 민중계급과 긴밀히 결합하여 진보적 사회운동에 진력했다는 점은 지적해 둔다(조길현, 1999를 참조).

4. 이론적 분석틀과 주요 변수들의 설명

지금까지 자본주의 사회 하의 문화소비의 성격에 대한 보드리야르와 부르디외의 주요 논점들에 대해 간략히 살펴보았다. 이 두 연구자의 논점들은 극과 극에 놓여 있지만 역설적이게도 노동자계급 문화소비의 성격을 살펴보는 데 서로서로 반면교사의 역할을 하고 있다. 또한 이들은 경험주의적 실증주의에 대해 근본적인 회의를 표하고 있으나 그들의 저작 속에는 앞서 언급한 바처럼 해석학적 과정을 곁들인 풍부한 조사 자료들이 함께 활용되고 있음도 볼 수 있다.

그러나 전통적인 경험조사의 분석틀 활용으로 이들 이론(특히 부르디외)의 주요 주장들을 검증해내는 것은 일정한 한계가 있다. 왜냐하면 경험적 연구결과들은 대개 변수들의 시간적인 선후관계를 엄밀히 따져 단순한 인과 모델만 제시하는 경향이 있고(소위 인과적 총체성),[18] 나아가 종속변수에 영향을 미칠 독립변수(또는 매개변수)들 중 비교적 영향력이 클 것으로 생각되는 것들을 중심으로 통계적 검증을 하는 경우들이 많기 때문이다[소위 간결성(parsimony)의 원리에 따라]. 그러나 경험주의(empirical methodology)가 이러한 난점을 갖고 있다고 해서 이들의 연구방법(method)마저 경시할 필요는 없다. 왜냐하면 자료의 분석과정에서

18. 예컨대 교육과 소득의 관계에 대해 생각해 보자. 교육수준이 높으면 소득 수준이 높아질 것이다 라는 주장은 일면적이다. 왜냐하면 역으로 소득 수준이 높을수록 교육수준이 높아지는 경우도 많기 때문이다.

통계치가 나타내는 의미를 적극적으로 해석해야 할 몫들은 연구자들에게 주어져 있기 때문이다.

특히 부르디외의 생활양식(아비투스) 논의를 경험적으로 파악하고자 할 때 이러한 주의가 더욱 요청된다. 터너(Turner, 1991 : 25장을 참조)의 경우 여러 전제를 두고는 있지만 계급귀속을 독립변수로, 아비투스를 매개변수로, 그리고 계급문화를 종속변수로 둘 수 있다고 주장한다. 그러나 이러한 제안은 부르디외의 논지를 단순하게 경험주의로 환원하는 것이 됨을 앞서의 논의들에서 쉽게 확인할 수 있을 것이다. 그러나 또 다른 연구자들(김창남, 1995 : 56 ; 정선기, 1998 : 79, 김왕배, 2001 : 118)은 이러한 단선적인 인과관계 설정을 경계한다. 왜냐하면 터너가 제시한 바처럼 각 변수의 현재 위치는 수용될 수 있지만, 이럴 경우 생활양식이나 문화소비의 연구는 노동자계급의 단순한 소비패턴 파악에만 그칠 뿐만 아니라, 객관적 구조에 의해 형성되고 구조화되지만 동시에 행위자의 실천을 발생시키고 계급실천을 생성하는 동태적 과정이 간과될 수 있기 때문이다.

이상의 이론적 논의들을 기초로 하여 본 연구에서는 다음과 같은 이론적 분석 틀을 제시하고자 한다.

다음의 이론적 분석틀에 대한 간단한 설명을 하도록 한다. 먼저 통계적 분석의 편의상 변수들을 시간적인 선후관계에 따라 독립변수, 매개변수, 그리고 종속변수 등으로 선형적 인과관계를 설정하였으나 앞서의 이론적 논의에서도 밝혔듯이 이들 변수 간의 관계는 상호작용적임을 전제해야 할 것이다. 그러나 경험적 통계분석의 결과에서는 이러한 상호작용 또는 순환적 관계가 잘 나타나지 않겠으나 이러한 점은 해석과정에서 관계적으로 논의해 보도록 한다. 그리고 이 연구 모델의 종속

〈그림〉 노동자계급의 문화소비와 사회적 재생산 분석을 위한 이론적 분석틀

이론적 모델	Ⅰ(독립변수)	Ⅱ(매개변수)	Ⅲ(종속변수)
	계급 및 내부구성	문화소비의 양식	노동자계급문화(실천)
변수별 주요 지표	① 계급 및 분파 ② 자본의 크기 ③ 자본의 내용 ④ 사회적 경력	㉠ 분류체계 · 표출적 측면 (소비활동과 여가습관) · 교제활동(사교 등) ㉡ 생성원리 · 가치지향 및 태도 (선거, 사회운동, 단체 등의 생활방식) · 인지적 측면 (정체성 및 세계에 대한 인식) ㉢ 기타 아비투스	구별, 요구, 필연성

* 주 : Müller (1986 ; 정선기, 1998 : 95) 에서 재인용 및 재구성.

변수인 노동자계급 문화(실천)의 내용을 지표화한 변수들이 본 설문지에는 담겨 있지 않다. 그러나 이 모델에서 매개변수 항목으로 설정된 문화소비의 양식을 나타내는 다양한 지표들은 곧 계급과 계급문화 아비투스의 내용도 되는 것이기 때문에(김창남, 1995 : 56) 종국적으로 설명되어야 할 노동자계급의 문화소비에 대한 실천적인 대안들에 대해서는 토론의 과제로 따로 논의하게 될 것이다. 그러므로 실질적인 통계분석작업에서는 이 모델의 독립변수와 매개변수(즉 분석상의 종속변수) 간의 상관관계 또는 회귀분석을 하게 된다.

다음으로 분석에 적용될 변수들의 특성에 대해 살펴보도록 한다.

1) 종속변수 : 문화소비의 양식

종속변수는 〈그림〉에서 보듯 노동자계급의 '문화소비의 양식'으로 틀지워져 있고, 이를 살펴보려는 지표로서 분류체계와 생성원리를 제시하였다. 전자는 표출적 측면(소비활동과 여가습관)과 교제활동(사교 등), 후자는 가치지향 및 태도(선거, 사회운동, 단체 등의 생활방식)와 인지적 측면(정체성 및 세계에 대한 인식)으로 구성되어 있다.

(1) 분류체계

소비활동과 여가습관은 (1) 일터에서의 소비, (2) 삶터에서의 소비 및 여가로 나누어서 살펴본다. 일터에서의 소비변수는 일반 주식투자와 우리사주 보유의 투자규모로 살펴보고, 삶터에서의 소비 및 여가는 월평균 승용차 유지비용, 월평균 이동전화 사용료, 공휴일의 평균 TV 시청시간, 평일(월-금)의 평균 여가시간, 그리고 월평균 사교육비 등으로 검토하게 된다.

(2) 생성원리

가치지향 및 태도는 신문의 특정 기사(사건 및 사회, 정치기사)에 대한 열독률, 비정규직 및 외국인 노동자에 대한 태도 등의 변수로서 분석을 하게 된다. 그리고 인지적 측면은 문화패 참여 정도, 노동가요 테이프 또는 CD 보유 개수, 기업과 자신과의 관계에 대한 가치관, 자본과 국가의 이데올로기 호명에 대한 동의 정도, 그리고 파업에 대한 태도 등을 분석하게 될 것이다.

(3) 기타 아비투스

의식주와 관련된 가치지향 변수들(명품, 고급차, 수입담배, 양식 등)을 분석하게 된다.

2) 독립변수 : 계급 및 내부구성

(1) 계급 및 분파

본 조사는 노동자계급만을 중심으로 이루어진 것이기 때문에 여타 계급과의 비교는 자료의 제약상 구체적으로 제시할 수 없다. 여기서는 노동자계급의 내부구성으로 제시된 생산직과 사무직을 지표로 삼아 이들 분파(fraction) 간의 차이점들에 대해 논의하게 될 것이다.

(2) 자본의 크기

경제적 자본의 크기를 뜻하는 것으로 조사대상자 본인의 월 평균 소득을 의미한다.

(3) 자본의 내용[19]

경제적 자본보다는 부르디외가 제시한 여타 자본을 의미하는 것

---

19. 참고로 장미혜(2002 : 110)는 부르디외에 따라 응답자의 최종학력을 획득자본(acquired capital), 그리고 부모의 직업을 상속자본(inherited capital)으로 지표화한다.

으로, 본 분석에서는 대표적인 문화자본 중의 하나인 응답자의 최종 학력으로 살펴본다.

(4) 사회적 경력

응답자들의 사회경제적 지위를 나타내는 것으로, 분석에서는 아버지의 직업과 본인의 노동조합 내에서의 지위 변수로 살펴보게 될 것이다.

자료의 분석결과 및 노동자계급의 문화실천을 위한 토론과제들에 대해서는 다음을 기약한다.

참고문헌

강명구. 1989,「담론구성과 사회계급 : 커뮤니케이션 실천이론을 위하여」,『사회비평』, 제3호, 284-320쪽.

______. 1993,「한국 노동계급문화의 담론 : 문화와 이데올로기의 문제 틀」.『이근』, 제7호, 288-316쪽.

김왕배. 2001,『산업사회의 노동과 계급의 재생산 : 일상생활세계의 불평등에 대한 성찰』, 한울 아카데미.

김정로. 2001,「생활양식연구와 피에르 부르디외」, 한국사회문화학회,『사회와 문화』, 제13집, 25-57쪽.

김창남. 1995,『대중문화와 문화실천』, 한울 아카데미.

선한승. 1994,『노동문화연구(I), (II)』, 한국노동연구원.

신재걸. 1992,「90년대 노동자 문화현실」,『문화과학』, 제2호, 245-264쪽.

안정옥. 1995,「현대 자본주의의 정보적 재구조화와 새로운 주체성의 구성 : 네그리의 '사회적 공장'과 '사회화된 노동자' 론에 대한 탐색」,『문화과학』, 겨울호,

이경천. 2002,「기호학은 자본을 뛰어 넘을 수 있을까?」, 기호학연대 편,『기호학으로 세상 읽기』, 소명출판, 433-477쪽.

이동연. 2003,「문학연구의 대안적 지식생산을 위한 질문」,『문화과학』, 제34호, 84-101쪽.

이상길. 2002,「장 이론 : 구조, 문제틀, 그리고 난점들」, 홍성민 편,『문화와 계급 : 부

르디외와 한국사회』, 동문선, 185-243쪽.

이성철. 2002,「노동자계급문화의 성격과 문화적 실천을 위한 과제」,『지역사회학』, 제4권 제1호, 293-317쪽,

______. 2003,「노동자계급의 문화소비에 관한 이론적 연구」, 영남노동운동연구소,『연대와 실천』, 제109호, 64-80쪽.

이재현. 1993,「생활양식의 사사화와 텔레비전에 대한 의존」, 서울대학교 대학원 신문학과 박사학위논문.

장미혜. 2002,「예술적 취향의 차이와 문화자본」, 홍성민 편,『문화와 계급 : 부르디외와 한국사회』, 87-120쪽, 동문선.

전경갑. 1993,『현대와 탈현대의 사회사상』, 한길사.

정선기. 1996,「생활양식과 계급적 취향 : 사회적 불평등의 상징적 재생산에 관하여」,『사회와 역사』, 제49집, 213-245쪽.

______. 1998,「일상적 활동과 생활양식 : 사회불평등 연구의 문화이론적 전환」, 현택수 편,『문화와 권력 : 부르디외 사회학의 이해』, 나남출판, 77-98쪽.

조길현. 1999,「부르디외와 프랑스 지식인들」, http://copyle.jinbo.net.

최종철. 1995,「이 책의 이해를 돕기 위해 : 용어해설」, Pierre Bourdieu 저, 최종철 역,『구별짓기 : 문화와 취향의 사회학 (상)』, 새물결, 10-15쪽.

한성희. 1998,「구조와 행위 : 뫼비우스 띠의 앞면과 뒷면」, 김세균 교수의『헤겔과 마르크스의 정치사상 Term Paper』.

함인희 · 이동원 · 박선웅. 2001,『중산층의 정체성과 소비문화』, 집문당.

황동일. 1994,「구로공단 읽기」,『문화과학』, 제5호,

황익주. 1997,「공장 노동자들의 여가생활 : 경기도 성남지역 노동자들의 사례연구」, 문옥표 편,『한국인의 소비와 여가생활』, 한국정신문화연구원, 125-189쪽.

현택수. 2001,「피에르 부르디외 : 아비투스와 문화자본의 사회학」, 김호기 편,『현대 비판사회이론의 흐름』, 한울.

홍성민. 2000,『문화와 아비투스 : 부르디외와 유럽 정치사상』, 나남출판.

Atkins, Liz & David Jarrett. 1990,「유의성 검증의 유의성」, Irvine, John & Jeff Evans (eds.), 김정로, 박태원 역,『알기 쉬운 사회통계학 강의 : 통계학의 비밀을 벗긴다』, 이성과 현실.

Baudrillard, Jean. 1991, 이상률 역,『소비의 사회』, 문예출판사.

Best, Steven & Douglas Kellner. 1995, 정일준 역,『탈현대의 사회이론』, 현대미학사.

Bourdieu, Pierre. 1994,「장(場)들의 몇 가지 특성」, Pierre Bourdieu 저, 문경자 역,『혼돈을 일으키는 과학』, 솔, 127-135쪽.

______. 1995, 최종철 역,『구별짓기 : 문화와 취향의 사회학 (상), (하)』, 새물결.

Bourdieu, Pierre et al. 2000, 이상호 역,『재생산 : 교육체계 이론을 위한 요소들』, 동문선.

Eder, Klaus. 2000, 정헌주 역,『새로운 계급정치 : 선진사회의 사회운동과 문화동학』, 서울 : 일신사.

McCracken, Grant. 1996, 이상률 역,『문화와 소비 : 소비재와 소비행위의 상징적인 성격에 대한 새로운 접근』, 문예출판사.

Rojeck, Chris. 2002,『포스트모더니즘과 여가』, 최석호 · 이진형 옮김, 일신사.

Storey, John. 2002, 박만준 역,『대중문화와 문화연구』, 경문사.

Turner, Jonathan. 1991, *The Structure of Social Theory*(5th edn.), Belmont, CA. : Wadsworth Publishing Co.

5 정보화 사회와 새로운 문화의 조건

화분에 핀 연산홍 꽃을 옆집 아주머니가 보고 "이거 가짜 꽃이지요?"
어머니에게 묻자 어머니는 기다렸다는 듯 "이거 진짜야!"
하더니 이어 그 중 한 송이를 가리키며
"이것은 꽃핀 지가 한 달도 넘었는데 지지도 않아!" 한다.
아주머니 그래도 못 믿겠다는 듯 손으로 만지고 콧구멍을 갖다대더니
그때서야 "꽃이 참 예쁘게도 폈네!!."

박상우, 「사육된 눈알과 콧구멍 I」 중에서

1. 서론 : 산업화와 정보화

최근 우리는 "산업화는 늦었지만 정보화는 앞서가자"는 구호를

많이 듣게 된다. 그런데 구호는 사람들을 일일이 호명(interpellation)하는 성격이 강해 대부분의 사람들은 구호가 갖는 이면보다는 호명을 당해 벌떡 일어서는 것처럼 이러한 구호들을 당연한 것으로 받아들이기가 쉽다.[1] 그러나 산업화의 논리와 정보화의 논리가 어떤 관련을 맺고 있는지에 대한 의문을 품게 되면 위의 구호에 담긴 여러 가지 의미들을 지적해 낼 수 있다.

산업화와 정보화의 관계는 아래의 두 가지 측면에서 중심적으로 논의되고 있다.[2]

첫째, 산업화와 정보화는 사회발전의 상이한 내용이다.

둘째, 산업화와 정보화는 사회발전의 본질 면에서는 동일한 것이지만 그 발전의 단계가 상이함을 나타내는 말이다. 이 두 가지 측면은 이 글에서 살펴볼 정보화 사회에서의 문화의 의미를 더욱 명료하게 해 줄 것이다.

먼저 산업화와 정보화가 이질적인 사회변동이라는 주장에 대해 살펴보도록 한다. 이러한 입장의 대표적인 논자로 다니엘 벨(Daniel Bell)을 들 수 있다. 산업화는 흔히 근대화 개념으로도 대체되듯 사회발전의 진화적인 양상을 표현하는 말이다. 특히 그 중에서도 경제적인 근대화를 주요하게 나타내는 개념이라 할 수 있을 것이다. 벨의 주장을 단순화시켜 말한다면 산업사회를 추동하는 가장 근본적인 힘은 자본이다. 반면,

---

1. 이데올로기는 '호명'을 통해 기능하며, 따라서 이에 종속되는 주체들을 창조해낸다(Althusser, 1971 : 170 ; 김연종, 1998 : 35-38).

2. 이 둘의 관계에 대해서는 아산사회복지사업재단(1996 : 388-409)이나 졸고(1997)를 참조할 것.

정보화 사회에서는 지식이 근간이 되어 사회변동이 이루어진다는 것이다. 지나친 단순화의 위험을 무릅쓰고 산업화와 정보화의 성격이 이질적이라는 주장을 위와 같이 이해하면 몇 가지 문제점이 나타난다.

먼저 정보화 사회가 과연 지식의 독자적인 힘만으로 굴러가는 사회냐 하는 점이다. 초기 산업화 과정에 비해 정보나 지식의 중요성이 증대한 것은 분명한 사실이지만 이러한 지식은 '자본화한 지식' 또는 '자본으로 전화한 지식'일 뿐이다(Braverman, 1987 : 149). 빌 게이츠의 마이크로 소프트사나 테드 터너의 CNN의 사례를 들면 쉽사리 이해될 수 있다.

다시 말하자면 지식은 '사회적 진공상태'에 존재하는 것이 아니다. 주어진 또는 던져진 자료[data는 문자 그대로 '주어진 사항'(the given)이라는 의미의 라틴어에서 유래한 것이다]를 생활에 유용한 형태로 가공한 상태가 정보일 것 같으면 이 정보를 합목적적으로 또는 가치창출적으로 만든 것이 바로 지식이며, 이러한 지식은 자본이나 권력 또는 시민사회의 확장의 형태로 발현되기 때문이다. 그러므로 지식은 당파성 또는 계급성을 지닐 수밖에 없다.

그런데 산업화와 정보화가 본질적으로는 자본운동의 성격을 공통적으로 갖고 있다는 점을 수용한다면 또 다른 문제점이 지적될 수 있다. 즉 산업화와 정보화의 자본 논리적 측면만을 상대적으로 더욱 강조하다 보면 사회를 구성하고 있는 여러 요소들 중에서도 문화의 중요성이 자연스럽게 간과될 수 있다는 지적 등이 그것이다. 다시 말하자면 산업화와 정보화를 경제결정론적으로만 해석하게 되고, 이 결과 정보화는 또 다른 근대화의 논리로 전락되고 마는 결과를 낳게 될 것이라는 것이다.

그러나 필자의 견해로는 정보화는 자본주의적 발전의 새로운 단계(예컨대 경쟁 자본주의-독점 자본주의-국가 독점 자본주의처럼)를 의미하므로 본질적으로 산업화와 정보화는 동일한 성격을 갖는 사회양식이라 할 수 있다. 이 글에서 논의하려는 정보화 사회 하의 문화양식도 본질적으로는 전혀 새로운 것이 아니라, 자본의 논리가 여전히 관철되는 산업화시대의 그것과 상동적 관계에 놓여 있다(원용진, 1997 : 269-270). 제임슨(Jameson, 1998 : 193)에 따르면 컴퓨터와 전자정보화로 특징되는 후기 자본주의 사회는 자본주의의 새로운 국면에 다름 아니다.

한편, 부르디외(Bourdieu/Turner, 1991 : ch. 25)도 자본의 범위를 기존의 경제적 자본에 국한시키지 않고 이를 상징적 자본, 사회적 자본, 그리고 문화적 자본 등으로 확대하여 자신이 속한 계급적 위치에 따라 이들 자본 간에는 일정한 계승적 전환이 있음을 강조한다. 달리 말하자면 경제적 자본이나 비경제적 자본들이 개별적으로 작동하는 것이 아니라, 자본 논리에 걸맞게 계급 간을 차별화 또는 구별짓기를 하고 있다는 것이다.

요컨대 정보화는 "경제영역에서의 유연적 생산체제로의 전환이 사회적으로 확대되고 생활 전반에 일상화되는 정도"(이광석, 1996 : 11)를 일컫는 것이다.

2. 정보화 사회와 포스트모던한 문화와의 관계 : 비판적 검토

정보화 사회와 문화와의 관계를 논의하는 주된 흐름은 기술결정론적 입장과 관계론적 입장으로 대별될 수 있다. 먼저 기술결정론적 입장에 따르면 정보화를 독립변수로, 그리고 문화를 종속변수로 배치하여 이 둘 간의 관계를 살펴보려고 한다. 이들은 정보화의 지표로 정보통신기술을 주되게 들고 있고, 문화의 핵심적인 내용으로는 의사소통 과정(커뮤니케이션)을 들고 있다. 이러한 인과적 배치를 통해 새로운 기술이 의사소통의 내용과 의미를 어떻게 변용시키는지 살펴보려고 하는 것이 이들의 주된 연구목적이라 할 수 있다(윤석민, 1998).

이들의 논의는 한두 가지 장점이 있다. 무엇보다 복잡다단한 현실사회를 간결하면서도 일견 설득력 있게 묘사할 수 있다는 점이다. 그리고 정보화 사회 하의 특정한 문화적 현상이 어떠한 주체에 의해 만들어 졌는지를 보여준다(즉 문화생산의 주체에 대한 파악이 비교적 용이하다). 그러나 이 입장에 따른다면 특정 생산주체에 의해 만들어진 문화적 실재속에 살고 있는 문화의 소비자 또는 행위자들의 문화적 실천(cultural practice)에 대해서는 의미 있는 답변을 제공하지 못한다. 즉 이 입장이 내포하고 있는 인간상은 문화구조 속에 갇힌 수동적인 인간상일 뿐이다. 그러므로 여기서의 '문화'는 행위자들에 의해 재구성될 수 있을 뿐만 아니라 보다 바람직한 성격으로 변모될 수 있는 것으로서의 문화가 아니다.

위와 같은 기술결정론적 입장과는 달리 정보화와 문화의 관계를

拮抗的인 상호작용으로 바라보는 입장에서는 정보화와 문화의 '사회적 구성' (social construction 또는 social formation)에 관심을 둔다. 이들 역시 정보화의 주요 지표를 현상적으로는 정보통신기술에 두고는 있으나 이들은 하드웨어적 정보통신기술 그 자체보다는 '컴퓨터화된 자본'으로 발현된 정보화 사회와 문화 간의 관계를 조명해 보려고 한다(Witheford, 1994를 참조).

이들은 기술결정론적 입장에 서 있는 정보화 사회론의 핵심적인 교리는 '자율적인 기술'이 미래 사회의 모든 영역을 추동하는 기본적인 원동력이라는 명제로 요약된다고 평가한다. 이들은 이러한 결정론에 반대하면서 결정론자들이 주장하는 생산력의 목적론적 발전경향보다는 정보화(생산력의 발전)와 함께 드러난 보다 정교해진 사회적 통제의 성격에 주목한다. 즉 자본의 '정보적' 재구성은 노동에 대한 형식적 포섭에서 벗어나 실질적인 포섭의 완성을 의미하는 것이므로 전통적 의미의 대중적인 노동자들은 이제 사회화된 노동자로 확대되어 일터와 삶터 모두에서 전방위적으로 관리된다는 것을 강조한다(Negri, 1994 : 7장 참고).

이처럼 '담장 없는 공장' (factory without walls)의 확산은 생산의 영역을 넘어 일상생활의 커뮤니케이션의 장으로까지 영향력을 확대하게 된 결과 여가와 문화의 영역마저 자본의 소비주의의 지배에 포섭되었다는 것이다(Robins & Webster).

흔히 정보화 사회의 정형화된 특징으로 상호작용적 쌍방향성, 탈대중적 다양성, 비동시적인 수의성 등이 거론된다(강상현, 1996 : 69-78). 먼저 의사소통에 있어서의 쌍방향성은 기존의 미디어가 갖고 있던 정보 생산자의 일방적인 전달방식을 지양한 것이며, 둘째 탈대중적 다양성은 정보(권력)의 집중화와 집권화를 거부하는 정보화 사회 하의 뉴 미디어의 특징을 의미한다. 그리고 끝으로 비동시적인 수의성은 정보 소비자의 상대적인 자율성을 의미하는 것이다. 예컨대 정보의 열람과 저장, 그리고 가공 및 변형에 개입할 수 있는 여지가 확대된 것을 들 수 있다.[3]

그런데 이러한 정보화 사회의 특징은 외견상 포스트[4] 모던한 문화적 특징들과 상당히 유사함을 볼 수 있다(Webster, 1997 : 267-314를 참조). 잘 알려져 있듯이 포스트 모더니즘의 문화적 성격으로는 (1) 계몽주의에 대한 반대(근대화론에 대한 반대), (2) 합리적 개인에 대한 회의, 그리고 (3) 대서사(grand narrative) 또는 총체적 이론에 대한 반감 등으로 요약할 수 있다.

---

3. 그러나 이러한 특징들이 현실사회에서 온전한 형태로 나타나고 있는 것은 아니다. 왜냐하면 이를 왜곡시키는 장애요소들도 만만치 않기 때문이다. 이러한 장애요소들은 대부분 국가와 자본에 의해 이루어지고 있다.

예컨대 증대하고 있는 검열(censorship)의 문제는 민간부문에서 이루어지는 경우도 상당수 존재하기는 하나 국가부문은 이보다 훨씬 많은 비중과 영향력을 가지고 있다. 전화국이 검찰, 군 수사기관, 국정원, 국세청 등 관계기관에 제공한 전화통신 관련 정보건수는 2000년 3월 현재 61만 6,444건이며, 이는 1999년 상반기(37만 2,916건) 보다 65.3% 증가한 것이다.

그리고 정통부가 제출한 4대 PC통신 감청자료에 따르면 1999년 906건의 개인정보를 제공한데 이어 2000년 상반기까지 562건의 개인정보를 수사기관에 제공한 것으로 나타났다. 심지어 이용자의 ID와 비밀번호가 그대로 수사기관에 넘겨져 특정인의 모든 정보가 감청되는 사례만도 2000년 상반기 동안에만 86건이나 되었다.

한편 자본에 의한 장애들은 카드사나 보험사들의 개인정보 유출이나 인터넷 상거래 업체들의 프라이버시 침해로 나타나고 있다. 이의 수치들과 관련된 보다 자세한 사항들은 이 성철 외(2000)를 참고하시오.

4. '포스트'(Post)라는 접두어는 흔히 '脫' 또는 '後期'로 번역되나 어떤 용어를 택하느냐에 따라 그 의미는 전혀 달라진다. 즉 '탈'로 번역되면 단절성이, '후기'로 번역되면 연속성의 의미가 개입되기 때문이다. '脫'로 번역될 경우 산업시대에 속하는 사회적 특성을 중요한 분석대상으로 삼을 수 없게 마련이다. Poster(1994 : 51)는 이를 용어가 산출하는 권력효과라고 말한다.

포스트 모더니즘의 이러한 성격은 일견 모더니즘(근대주의[5]), 즉 산업화 시대의 가치들에 반대하고 있는 것처럼 보인다. 그러므로 먼저 모더니즘의 특성을 살펴보고 난 후, 위에서 열거한 포스트 모더니즘의 성격들과 대조해 보면 그 차이점들이 보다 분명해질 것이다. 그리고 과연 포스트 모더니즘이 정보화 사회의 지배적인 문화적 내용이 되고 있는지에 대해서도 비판적으로 검토하게 될 것이다.

모더니즘의 특징으로는 (1) 사회발전과 변동에 대한 법칙적인 큰 이야기들, (2) 이성의 중요성에 대한 강조, (3) 사회발전에 대한 낙관주의적 또는 진보적 사관, 그리고 (4) 기계주의적 자연관 등을 들 수 있다. 이를 압축적으로 표현하면 '인간 해방을 위한 계몽의 프로젝트' (Harvey, 1994 : 31)라고 할 수 있을 것이다.

그러나 이러한 근대성의 가치들은 현대 사회의 다양한 사회부문을 법칙적으로 설명할 수 없을 뿐더러, 집중적이고 집권화된 권위 또는 권력의 부당한 행사에 대한 다양한 대응 목소리들(흔히 신사회운동으로 대표되는)을 포괄할 수 없는 한계를 지닌다. 또한 근대성의 기치 아래 추진된 기계주의적 · 진보론적 사관은 오히려 오늘날에 와서 심각한 생태계의 파괴를 초래하여 미래 사회를 더 이상 낙관적으로만 볼 수 없게 만들었다. 그리고 20세기의 대학살과 양차 세계대전 및 핵 파멸 등은 인간

5. 모더니즘을 근대주의로 번역하느냐 현대주의로 번역하느냐에도 논란이 있을 수 있다. 필자의 견해로는 현대라는 개념은 시간적 제약을 비교적 덜 받는 '상황적' 개념으로 본다. 반면 근대는 서구의 경우 시민사회의 등장 및 자본주의의 시작과 함께 한 개념이므로 역사성을 갖는 것이라 할 수 있다. 또한 대부분의 근대이론들은 자본주의의 태동과 함께 시작되었다는 점을 염두에 둔다면 모더니즘은 근대주의로 번역되어야 바람직할 것으로 생각한다.

이성에 대한 심각한 회의를 갖게 만들었다. 바로 이러한 배경들 때문에 근대주의의 계몽적 프로젝트는 기각되고 현대 사회의 새로운 가치로서 '포스트 모더니즘'이 대두하게 되었다는 것이다.

새로운 가치체계로서의 포스트 모더니즘은 앞서 언급한 정보화 사회의 특징과 매우 흡사함을 이제 분명히 짐작할 수 있게 된다. 즉 포스트 모더니즘은 획일성보다는 다양성을, 이성의 보편적 기능보다는 해체를, 권위보다는 탈권위를, 미래 사회에 대한 낙관보다는 지속가능한 발전을 강조한다는 측면에서 정보화 사회의 특징과 일맥상통하고 있는 것이다.[6]

그러나 모더니즘과 포스트 모더니즘의 특징을 이런 식으로 유형화하여 비교하게 되면 각각의 특성들이 갖는 현실성과 역사성이 간과되며, 정보화 사회의 문화적 양식은 곧 포스트 모더니즘이라는 단순한 등식에 매몰되게 된다. 다시 말하자면 산업화＝모더니즘, 정보화＝포스트 모더니즘이라는 단순한 도식에 빠져서는 안 된다는 것이다. 이제 이 둘의 관계를 몇 가지 문화적 예들을 통해 살펴보기로 한다.

먼저 현대 사회를 정보화 사회로 규정하고 있는 몇몇 논자들 중 일부는 정보화 사회의 문화적 특징은 포스트 모던한 것이며, 이는 소비 행태의 변화에서 뚜렷하게 나타난다고 말한다. 예컨대 산업사회의 소비는 행위자들의 필요에 의해 이루어졌지만(목이 말라 음료수를 사먹는다든

6. 포스트 모더니즘을 이전 사회와는 질적으로 다른 정보화 사회의 문화적 특징이라고 주장하는 대표적인 논자로는 Poster(1994)를 들 수 있다. 그러나 제임슨(Jameson)은 포스트 모더니즘을 자본주의 본질적인 논리를 여전히 담고 있는 후기 자본주의의 문화적 논리로 파악한다(Jameson의 주요 주장에 대해서는 인태정(1996)을 참고하시오).

지, 배가 고파 음식을 사먹는 경우를 생각하면 될 것이다) 정보화 사회에서의 소비성격은 빠른 속도로 바뀌고 있다는 것이다. 특히 이러한 소비 패턴의 변화를 주도하는 계층은 청소년들로서, 이들은 특히 대중매체를 통해 알려진 상품의 소비를 이전의 필요에 따른 소비가 아니라, 그 상품이 지니고 있는 상징 또는 그 상품광고에 등장한 스타의 이미지를 소비한다는 것이다. 소위 "이미지가 내러티브를 지배"(Dominic : 1998 : 555)하는 셈이다.

예컨대 오래 전 우유 탄산음료가 인기를 끌고 있을 때, 중국의 유명한 영화배우였던 왕조현이 광고에 등장하여 이 제품의 소비시장을 석권했던 것이 '암바사'였는데, 경쟁사에서 주윤발을 등장시켜 시장 판도를 역전시켰던 제품이 '밀키스'였다. 이 제품의 주된 소비층은 소녀 및 젊은 여성들이었다. 우유 탄산음료가 갖는 부드러운 이미지를 강조하여 주윤발의 미소와 제품에 키스하던 장면은 많은 여성 소비자들에게 일종의 집단 최면효과로 작용하여 판매가 급성장하게 되었다. 이러한 소비양상을 두고 이는 전통적인 소비성격과는 달리 소비자들이 자신의 필요에 따라 소비하는 것이 아니라, 제품이 갖고 있는 이미지나 상징을 소비하게 되었다고 포스트 모던 문화론자들은 주장했다.

그러나 이러한 주장은 현상에 대한 훌륭한 묘사는 될 수 있을 지 모르지만 소비의 본질을 설명해 주기에는 부족한 점이 있다. 왜냐하면 소비자가 필요에 의해 소비를 하든 이미지나 기호를 위해 소비를 하든 상품의 보다 많은 판매를 통해 이윤을 더 많이 확보하려는 자본의 논리는 여전히 근대주의적이기 때문이다. 그러므로 상징 소비로서의 밀키스는 주윤발의 우유같이 부드러운 키스(Milkiss)가 아니라, 근대적 이성으로 무장한 생산자가 은밀히 보내는 '밀'(密) 키스인 것이다.[7]

분명 현재의 정보화 사회는 이전의 문화가 갖지 못했던 새로운 성격들을 갖고 있지만, 이러한 새로운 문화(포스트 모던한 문화)는 이전과 질적으로 전혀 상이한 것이 아니라 근대성의 논리가 더욱 세련되고 철저하게 관철되고 있는 것으로 보아야 한다. 그러므로 포스트 모던적 문화연구는 자본주의가 안고 있는 근본적인 모순을 우회하는 탈주이며, 이러한 문화에 대한 저항적인 독해자, 그리고 비판적인 거리를 두고 있는 수용자들의 낙관적인 역할만을 은연중 강조하는 '문화적 민중주의' (cultural populism)에 불과하다(신병현, 2000을 참조)는 비판을 받는다. 기든스(Giddens, 1991)와 하버마스(Harbermas, 1987)는 포스트 모던적 현상을 각각 '급진화된 근대성' (radicalized modernity)과 '일상생활의 식민지화' 로 표현하고 있다. 그러므로 정보화 사회 하의 포스트 모더니즘적 문화는 '성찰되어야 할 근대성' 인 것이다.

정보화 사회는 여전히 자본주의 사회이며, 새로운 문화적 양상들이 매일매일 등장하지만 그것의 사회적 속성 역시 여전히 보다 근본적이다. 그러므로 우리는 정보화 사회 하의 문화적 특징을 포스트 모더니즘으로 등치시켜서는 곤란하다. 그러나 문화는 항상 '부상하는 속성' (emergent property)을 갖고 있으므로 정보화 사회에서 새로운 문화적 특성으로 나타나고 있는 바람직한 특성들마저도 폐기되어서는 곤란하다.

---

7. "… 사실 영화제작자는 영화 스크린에 번쩍거리며 나오는 이름을 가진 사람이 아니다. 그 사람은 영화가 만들어지고 있는 사회의 제도적 장치를 움직이는 일반화한 논리를 단지 실천하는 대리인에 불과하다. 영화라는 상품의 제작자는 궁극적으로 한 역사적 시기에 존재하는 일단의 재산소유관계인 것이다"(Guback, 1985 ; Schiller, 1998 : 577에서 재인용).

특히 이러한 긍정적인 양상들은 '네트'(Net)상에서 또는 '가상공간'(cyber-space)에서 집중적으로 부상하고 있다.

앞서 언급한 탈권위화, 다양성, 그리고 쌍방향성 등의 특징들은 분명 산업사회의 논리와는 큰 차이가 있는 새로운 문화적 요소들이다. 일상생활 속에서는 여전히 경제적 · 정치적 · 상징적 자본을 보다 많이 갖고 있는 사람들의 언술이 지배적인 것이 현실이지만 지금 가상공간 속에서는 '해방적 담론'을 지향하는 새로운 가치들이 자리를 잡아가고 있다. 프라이버시의 침해와 검열의 문제점이 여전히 상존하고 있지만 이는 분명 행위의 새로운 준거틀로 자리 잡아 나가고 있는 중이다. 전자 민주주의의 점진적 성장, 권위에 주눅들지 않고 사회적으로 민감하고 첨예한 쟁점에 대한 집합적이고 집중적인 대응 논리의 전개, 기존의 텍스트적 관행을 뛰어넘는 콘텍스트적 구성 등은 향후 보다 급속히 진전될 정보화 사회가 요구하는 바람직한 문화적 특징들이다.

3. 결론 : 정보화 사회 하의 문화적 대응들

백욱인(1996)은 정보화 사회의 디지털 문화가 가져야 할 주요한 내용으로 공동체 문화, 나눔의 문화, 그리고 대항문화 등으로 제시한 바 있다. 먼저 공동체 문화에 대해 살펴보도록 한다. 전통적인 의미에서 공동체의 형성에는 세 가지 조건이 필요하다. 그것은 공동체 성원들 간의 상호작용과 이들을 묶어주는 공통된 가치, 그리고 지리적 토착성이 그것이다. 그러나 이러한 요건들은 새로운 문화가 끊임없이 태동하고 부상하는 가상공간 내의 공동체를 설명하기에는 한계가 있다.

가상공동체 내의 구성원들 간의 상호작용은 일 대 다가 아니라 다 대 다의 특성을 보이고 있고, 이들을 묶어주는 공통된 가치는 탈권위와 연대를 전제한 개인주의라는 면에서 전통적인 공동체 구성 조건의 첫째, 둘째를 차별성 있게 충족시키고 있다. 그러나 지리적 토착성이라는 공동체 구성 조건은 전혀 새롭게 인식되어야 한다. 가상공동체 내의 구성원들은 지리적 · 시간적 경계를 자유롭게 넘나들면서 쌍방향적 상호작용을 하고 있다.

이 공동체 내에는 권위주의적 위계질서도 존재하지 않으며, 아무리 그럴싸한 문제 제기가 있다 하더라도 구성원들은 '존명!' (尊命)을 외치지 않는다. 오히려 끊임없는 토론과 쌍방향적 의사소통을 통해 가상공동체를 활성화시키고 있다. 가상공간이 갖는 이러한 공동체성이 현실의 공동체에도 확산된다면 민주주의적 문화가 착근하게 되는 중요한 동인이 될 것이다.

둘째, 나눔의 문화는 독점에 반대하는 새로운 가치체계이다. PC 통신망이나 인터넷의 공개 자료실이 대표적인 예가 될 것이다. 누구나 자유롭게 사용할 수 있는 품격 높은 소프트웨어들은 정보화 사회가 가져올 또 다른 불평등 현상을 지양해 줄 수 있는 새로운 문화활동이다.

최근 전 세계적으로 큰 반향을 불러온 대안적 운영체제인 리눅스의 등장이 이를 웅변해 준다. 마이크로 소프트사가 세계적으로 석권하고 있는 운영체제인 윈도우 체제에 대응하기 위해 '카피 레프트' 적 정신을 가지고 공개된 이 프로그램은 수많은 수요자들에 의해 끊임없이 그 내용이 개선되고 있고, 이 운영체제에 걸맞는 다양한 소프트웨어들도 속속 등장하고 있다. 정보화 사회의 새로운 문화적 가치로 손꼽는 정보에의 보편적 접근성이 독점 대자본에 의해 부당하게 왜곡되는 정보의 종속성[8]을 타파하고자 하는 이러한 움직임은 '가상공간 내의 새로운 사회운동'이라 불러도 좋을 것이다. 이는 자본과 국가에 의해 이미 상당 정도 진행되고 있는 '네트워크의 엔클로저' (이상락, 1999 : 311)나 사이버 스페이스상의 '자본의 본원적 축적'의 문제점들을 제어하는 데 현재로서는 가장 기본적인 대안으로 되고 있다.

그러나 나눔의 문화가 훼손당하지 않기 위해서는 '무임승차자'의 방관은 경계되어야 한다. 물론 무임승차자가 지니는 긍정적인 측면도 분명히 있다. 왜냐하면 이들은 새로운 소프트웨어의 확산을 담당하는 전도사의 기능을 수행하고 있기 때문이다. 그러나 이러한 기능만으로 그쳐서는 곤란하다. 카피 레프트적 정신으로 공개된 프로그램들이 상용화되었을 때, 이를 구매해 주고 개발자들의 의욕과 열정을 밑으로부터 지원해 주어야 할 중요한 책무가 있기 때문이다.

끝으로 대항문화의 내용에 대해 살펴보도록 한다. 대항문화(counter-culture)는 기성의 지배적인 문화가 갖는 차별성, 위계성 등의 문제점이 노출될 때마다 항상 있어왔던 밑으로부터의 문화운동이다. 최근 국내에서도 시행하려다 사실상 포기된 '전자주민카드'의 도입에 대해 '정

8. MIT가 수행한 한 연구의 추산에 따르면 웹 사이트가 상업적으로 사용되는 비중은 1993년 4.6%에서 1996년 50%로 수직상승하고 있다. 그리고 Network Wizard의 1996년 1월의 조사에 의하면 인터넷과 연결된 9백 4십만 인터넷 도메인 중에서 회사를 상징하는 'com'은 가장 비중이 큰 도메인이 되었으며, 이는 학교를 나타내는 'edu'나 정부부문을 나타내는 'gov'보다 훨씬 많다고 추정하고 있다(Golding, 1996).

보통신 검열 철폐를 위한 시민연대'의 활동이 대표적인 사례가 될 수 있을 것이다.

그러나 이상에서 제시된 정보화 사회 하에서의 새로운 문화적 대응방식들은 앞서 언급한 '문화적 민중주의'로 귀결될 수 있다. 왜냐하면 이러한 대응방식들이 갖는 장점들에도 불구하고 이것은 국가와 자본에 의해 압도당하고 있는 시민사회의 본질적인 문제를 우회할 수 있기 때문이다. 임영일(1998 : 50-58)은 현실공간에서 벌어지고 있는 다양한 계급투쟁의 영역을 그람시의 논의를 빌려 '정치사회'라는 개념으로 제시한 바 있다. 이 정치사회는 "시민사회에서의 계급관계 변화가 지속적으로 투입되는 영역"이기도 하며, "국가의 역할과 기능이 시민사회의 다양한 계급조직 및 노동-자본 관계를 변형·통합해내는 영역"이기도하다.

필자는 이러한 정치사회의 영역이 '가상공간' 내에도 이미 펼쳐져 있다고 생각한다. 다음의 〈그림 1〉은 가상공간상의 국가-시민사회-정치사회를 나타내고 있고[〈그림 1〉은 임영일(1998 : 54에서 원용한 것임], 이 그림에서 역상으로 표현된 '정치사회'는 앞서 밝힌 바처럼 가상공간 내에서 진행되고 있는 다양한 계급투쟁의 영역이다. 이 영역상에서 진행되고 있고 진행될 수 있는 다양한 운동방식을 속성공간의 유형으로 제시한 것이 〈그림 2〉이다.

〈그림 1〉 사이버스 페이스상의 국가-시민사회-정치사회

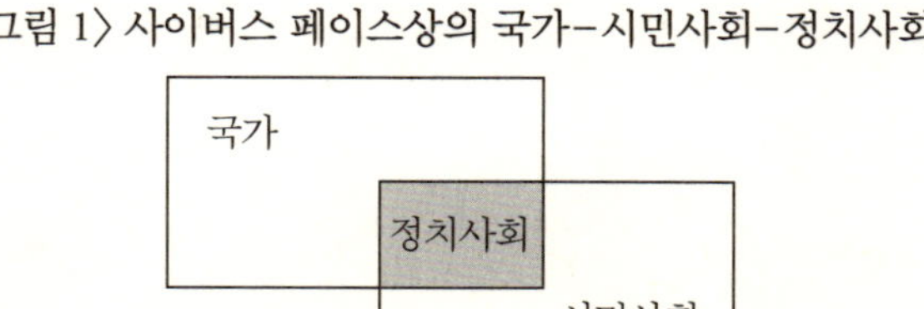

〈그림 2〉 사이버 스페이스상의 정치사회에서의 문화적 대응유형

자본주의 체제 수용 정도 / 운동방식	체제유지적	자유주의적	사민주의적	변혁적
positive	(1)			
negative		(2)		
reflexive			(3)	
radical				(4)

〈그림 2〉의 내용을 간단히 설명하면 다음과 같다. 먼저 가상공간 내에서 진행되고 있는 여러 운동들의 성격을 '자본주의 체제의 수용 정도'에 따라 체제유지적-자유주의적-사민주의적-변혁적 운동으로 스펙트럼화시켰고, 이들 각각에 따른 '운동방식'을 포지티브-네가티브-성찰적-근본적 운동방식을 지표로 삼아 사이버 공간상의 운동유형을 제시해 보았다. 자본주의 체제의 수 용정도와 운동방식이 일치하는 유형들은 각각 (1), (2), (3), (4)로 표현되어 있다.

필자가 파악한 바로는 (1)의 운동과 가장 가까운 대표적인 것은 자유기업원(cfe@cfe.org)을 들 수 있고, (2)의 대표적인 유형은 다양한 안티 사이트(예컨대 딴지일보, 안티 조선 등), (3)의 유형으로는 앞서 언급한 '문화 민중주의적 입장'을 견지하고 있는 단체들이 될 것이다[신병현(2000)은 이들의 대표적인 단체로 '서사연 연구자 집단'과 '문화과학'을 들고 있다]. 끝으로 자본주의 체제의 모순에 대한 변혁적인 대안을 모색하고, 이를 위한 운동방식으로써 근본적인 입장을 갖고 있는 (4)의 유형은 다양한 변혁적 운동단체들에서 찾아볼 수 있을 것이다.

그림들에서 제시된 운동의 유형들에 대한 연구는 향후 보다 깊이 탐색되어야 할 과제로 남겨둔다. 그러나 지금까지 살펴보았듯이 가상공간 내에서의 운동도 실제 공간에서와 마찬가지로 국가와 자본에서부터 비롯되는 문제점들을 극복하려는 운동이 중심이 되어야 한다는 점을 강조해 둔다.

참고문헌

강상현. 1996, 『뉴 미디어 패러독스 : 정보통신 혁명과 한국 사회』, 서울 : 한나래.

김연종. 1998, 「이데올로기, 헤게모니, 문화자본」, 정재철 엮음, 『문화연구이론』, 서울 : 한나래, 31-55쪽.

백욱인. 1996, 「네트와 디지털 문화」, http://plaza4.snut.ac.kr/~wipaik/essay5.html.

아산사회복지사업재단. 1996, 제7회 사회윤리 심포지움, 『정보사회와 사회윤리』.

신병현. 2000, 「문화연구와 문화정치 : 노동자 문화와 노동자 문화운동과의 방향탐색을 위하여」, 한국노동이론정책연구소, 『현장에서 미래를』, 제54호 : 148-187쪽.

이광석. 1996, 「정보공간(Information Space)에 기반한 초국적기업의 재생산전략 연구 : 공간의 정치경제학을 중심으로」, 중앙대학교 대학원 석사학위 논문.

이상락. 1999, 『정보시대의 노동전략 : 슘페터 추종자의 자본전략을 넘어서』, 서울 : 갈무리.

이성철. 1997, 「정보화 사회와 프라이버시」, 부산여자대학교 사회과학연구소, 『사회과학연구』, 창간호 : 81-94쪽.

이성철 · 이윤희 · 고영삼. 2000, 『정보화 환경변화에 따른 민간부문 프라이버시 보호대책』, 정보통신 학술 연구과제 자유종합 99-08, 정보통신부.

인태정. 1996, 「Postmodernism에서 Fredric Jameson의 위상」, 부산대학교 대학원 사회학과 석사학위 논문.

임영일. 1998, 『한국의 노동운동과 계급정치(1987-1995) : 변화를 위한 투쟁, 협상을 위한 투쟁』, 마산 : 경남대학교 출판부.

윤석민. 1998, 「정보화 시대의 문화정책」, 언론학회-사회학회 공동 세미나, 『정보화 시대의 매체정책과 문화정책』, 323-347쪽.

원용진. 1997, 『대중문화의 패러다임』, 서울 : 한나래.

Althusser, L. 1971, "Ideology and ideological state apparatuses", *Lenin and Philosophy*, Monthly Review Press.

Braverman, H. 1974, *Labor and Monopoly Capital : The Degradation of Work in the 20th Century*, N. Y. : Monthly Review Press. [이한주 · 강남훈 옮김(1987), 『노동과 독점자본 : 20세기에서의 노동의 쇠퇴』, 서울 : 까치].

Dominic, S. 1998, 「포스트모더니즘과 대중문화」, 강현두 엮음, 『현대사회와 대중문화』, 서울 : 나남출판, 553-573쪽.

Giddens, A. 1990, *The Consequences of Modernity*, Stanford Univ. Press. [이윤희 · 이현희 옮김(1991), 『포스트 모더니티』, 서울 : 민영사].

Golding, P. 1996, "World Wide Wedge : division and contradiction in the global information infrastructure", *Monthly Review*, July-August v. 48 n. 3.

Harbermas, J. 1987, *The Theory of Communicative Action*, Vol. 2, Cambridge : Polity.

Harvey, D. 1989, *The Condition of Postmodernity : An Enquiry into the Origins of Cultural Change*, [구동회 · 박영민 옮김(1994), 『포스트 모더니티의 조건』, 서울 : 한울].

Jameson, F. 1998, 「포스트모던과 소비사회」, 강현두 엮음, 『현대사회와 대중문화』, 서울 : 나남출판, 191-208쪽.

Negri, A. 1994, 윤수종 옮김, 『맑스를 넘어선 맑스』, 서울 : 새길.

Poster, M. 1990, *The Mode of Information : Poststructuralism and Social Context*, [김성기 옮김(1994), 『뉴 미디어의 철학』, 서울 : 민음사].

Schiller, H. 1998, 「문화의 기업화와 사유화」, 강현두 엮음, 『현대사회와 대중문화』, 서울 : 나남출판, 575-592쪽.

Turner, Jonathan H. 1991, *The Structure of Sociological Theory*, 5th edn. Belmont, CA : Wadsworth Publishing Company.

Webster, F. 1995, *Theories of the Information Society*, London : Routledge. [조동기 옮김(1997), 『정보사회이론』, 서울 : 사회비평사].

Witheford, N. 1994, "Autonomist Marxism and the information society", *Capital &*

Class, Spring, pp. 85–125.

6

연대와 실천은 어떻게 가능한가 : 노동사회교육원 제2기 졸업생 해외연수기

1. 첫째 날 : 출발 그리고 프랑크푸르트 도착

(2001년 9월 29일, 토)

다들 유럽은 초행길들이었다. 아침 9시 김해공항에서 김포공항으로 가는 국내선(아시아나)을 타기 위해 7시까지 국내선 출발장소에 모이기로 했다. 예비모임 때 미리 약속을 해둔 터였다. '국내선 탑승인데 2시간씩이나 일찍 모일 필요가 어디 있냐'는 생각도 들었지만 앞으로도 일찍 모일 것을 권한다. 특히 외국으로 나갈 때에는 … . 왜냐하면 늦게 모여 돌발상황에 대비하는 것보다는 훨씬 여유가 있었기 때문이다. 9월 11일에 발생한 미국 테러 때문에 검색이 한층 강화되어 탑승까지의 시간이 평소 국내선 탑승 때보다 30분 정도는 더 걸렸고, 우리가 여행사로부터 예매한 비행기 할인권이 추석 연휴 성수기에는 할인이 되지 않는다는 갑작스런 항공사 직원의 말 때문에 옥신각신하는 등의 상황이 발생했기 때문이다.

김포공항에 도착하여 다시 독일의 프랑크푸르트로 가기 위해서는 최근 문을 연 인천 국제공항으로 이동해야 했다. 김포에서 인천 국제공항까지는 리무진 버스(1인당 6,000원)로 약 40분 정도의 시간이 소요되었다. 프랑크푸르트로의 출발 시간은 오후 2시 15분이었기 때문에 공항 내에서 아침 겸 점심을 해결해야 했다. 참고로 공항 내 식당의 음식값은 만만한 것이 아니었다. 우리 일행이 각자 먹은 비빔밥 값은 6,000원, 김치 볶음밥은 물경 9,000원이었다. 다른 메뉴의 값은 소개하지 않겠다. 김밥 싸와서 공터에서 즐겁게 먹는 것이 훨씬 낫겠다는 생각이 들었다.

국제선 탑승은 출국 심사 등에 시간이 많이 걸리므로 서둘러 점심을 마치고 1시간 30분 정도의 여유를 두고 출국심사를 마친 후 출국장에 들어섰다[출국심사를 위해서는 여권과 출입국심사서의 작성 · 제출 등이 필요하고, 미리 공항 이용권(1인당 2만 5천 원)을 끊어두어야 한다]. 출국장에서 반드시 확인할 점은 우리가 탈 비행기의 번호와(물론 행선지도) 탑승구(흔히 Gate라 한다) 번호이다. 탑승 장소는 국내외를 막론하고 수시로 바뀔 수 있기 때문에(이번의 경우에는 없었지만) 안내방송에 항상 귀를 기울이고 있어야 한다. 출국장 내에서 필요한 물품들은 면세점에서 살 수가 있다(담배의 경우 면세점을 이용하면 훨씬 싸다).

드디어 프랑크푸르트행 루프트한자(LH 719)에 몸들을 실었다. 비행시간은 약 11시간 정도였다. 오랜 시간 동안 비행기를 타야 하므로 읽을거리를 준비하고 슬리퍼형 샌들을 준비하는 것도 좋을 것이다. 우리 일행들은 독일과 프랑스 노조들에 관한 자료들을 공부(?)하면서 지루한 시간들을 달랬다. 독일의 프랑크푸르트 공항에 내린 것은 9월 29일 토요일 오후 6시 30분경이었다. 연착은 없었다. 이제 우리의 짐들을 찾아야 할 시간이다. 안내표지를 따라 아무리 나서도 짐 찾는 곳이 보이지 않는다. 인솔자로 나선 필자는 당연히 긴장이 될 수밖에 없었다. 표지판에 짐과 관련된 내용이라고는 '배기지 클레임' (Baggage Claim)밖에 없었다. 나중에 안 사실이지만 이 표지판이 짐을 찾는 장소를 의미하는 것이었다. 그러나 어쩌랴. 그건 나중 일인 걸. '클레임' 이라 하면 물건에 하자가 생긴 것을 의미한다는 것, 또는 하자의 시정을 요구하는 것 정도로만 알고 있던 필자에게는 '만약 우리가 짐을 찾지 못했을 때 찾아가는 장소' 라는 생각만이 앞섰기 때문에 기나긴 출국장을 나서는 동안 혼자 애만 태우고 있었다. 아는 것이 병이었다.

드디어 입국 심사장 앞. 심사부터 받고 짐을 찾는 것이 순서인데도 앞서 말한 사정 때문에 심사원에게 대뜸 '짐 찾는 곳이 어디냐' 고 물었다. 그러나 이 친구는 '옆 심사대로 가라' 고만 하는 것이 아닌가? 위를 쳐다보니 이곳은 유럽연합 국민들만 심사를 받는 곳(EU-Nations Only)이었다. 옆으로(Non EU-Nations) 가서 의외로 간단한 심사를 받고 나오니 짐들은 우리를 기다리며 빙빙 돌고 있었다. 나도 덩달아 돌고 있었다.

저녁 7시경 입국장을 빠져 나오니 박장현 선생님이 기다리고 계셨다. 우리들의 흑기사(!)였다. 박 선생님은 독일에서의 우리 일정을 위해 통역과 가이드를 맡아주신 분이다. 현재 브레멘 대학에서 석사학위 논문을 마무리하고 계신데 우리들을 위해 창원과 대전만큼의 거리에 떨어져 있는 브레멘에서 일찌감치 나서서 기다리고 계셨던 것이다. 박 선생님과 함께 지하철로 숙소(메르카토르 호텔)로 이동하여(약 40분 정도 소요) 짐을 풀고 터키인이 주인인 식당에서 독일에서의 첫 저녁식사를 했다. 물론 생맥주 한 잔(?)도 곁들이면서 … .

2. 둘째 날 : 하이델베르크, 그리고 뤼데스하임

(2001년 9월 30일, 일)

여독과 시차 때문에 다들 몸은 천 근 만 근이었지만 일정을 위해 모두 일찍 일어났다. 그러나 딴 방에서는 더 일찍 일어난 동지들도 있었다. 새벽 3시 30분에!(우리나라는 아침 8시 30분이다.) 이번 연수 동안 음식 때문에 크게 고생한 사람들은 없었다. 더구나 아침마다 컵라면 11개를 항상 준비해 주셨던 호텔의 여사장이신 이씨 아줌마(Frau Lee)의 배려 때문에 쓰린 속을 훌륭히 다스릴 수 있었다.

일요일이라 공식적인 연수 일정이 진행될 수 없었기 때문에 인근 관광지들을 둘러보기로 했다. 다시 올 날을 기약할 수 없어 통상 이틀이 걸린다는 두 곳의 관광 일정을 하루 만에 해치우기로 했다. '짧게 보는 경치가 아름답다' 라는 말을 변명 삼으면서 … .

아침 9시 15분, 프랑크푸르트 중앙역에서 하이델베르크로 향하는 기차에 올랐다. 독일의 기차표에 대해 잠깐 얘기를 해야겠다. 기차표 값은 사람들이 필요할 때마다 그때그때 표를 끊으면 우리나라보다 훨씬 비싸다고 한다. 그래서 현지 사정에 익숙한 박 선생님께서 그룹 티켓을 끊으셨는데, 5명이 한 조가 되어 사용할 수 있는 일일용 기차표 삯은 40마르크(2만 4천 원 정도) 정도였다. 이 표는 전철, 지하철, 그리고 버스로 환승할 때에도 사용할 수 있다. 그리고 독일의 기차역이나 지하철역 등에는 개찰구 같은 것이 특별히 없다. 그래서 마음만 먹으면 얼마든지 무임승차가 가능하다. 그러나 검표원에게 적발될 시에는 창피는 기본이고 우리 돈으로 5-6만 원 정도나 되는 벌금을 물어야 한다. 스스로 통제하여 즐거운 여행이 되라는 뜻일 게다. 기차칸 내에는 '승차권을 부탁합니다' (Die Fahrkarten bitte!/Tickets Please!)라는 표지판만 붙어 있을 뿐이었다. 그런데 박 선생님에 따르면 간혹 모르는 사람이 다가와 그룹 티켓이냐고 묻곤 자신의 경비를 아끼기 위해 '여석이 있으면 검표원이 왔을 때 일행이라고 해달라'는 부탁을 하곤 한단다(가령 5명이 한 조가 되어 끊을 수 있는 그룹 티켓의 경우 일행이 4명뿐이라도 5명분의 그룹티켓을 끊어야 하므로 한 자리가 남게 된다). '일상생활의 산별정신'이라는 생각이 잠시 들었다. 그러나 낯선 곳에서의 이러한 부탁은 거절하는 것이 좋다.

참고로 독일의 기차나 전철, 그리고 버스 등의 출입문은 운전자가 직접 열어주는 우리나라의 경우와는 달리 승객들이 직접 문에 부착되어 있는 버튼을 누르거나 손잡이를 돌려야 한다. 많은 사람들이 함께 내릴 때에는 누군가가 버튼을 이미 눌러 문을 연 경우이다. 만약 혼자 내리려고 서 있는데 문이 안 열릴 때 기사에게 소리치지 마시길 바란다. 직접 눌러야 한다. 동아대학교의 강신준 교수는 이런 식의 독일의 약속된 문화를 '가만히 앉아 있으면 죽는다'라고 표현하셨고, 경남대학교의 김종덕 교수는 '일상생활의 맥도날드화'라고 말씀하실 것 같다. 각설하고 … .

프랑크푸르트 중앙역에서 하이델베르크로 가는 직행열차가 마침 없어서 갈아타야만 했다. 우리가 갈아타야 할 역은 만하임(Mannheim)으로 중앙역에서 약 1시간 정도 걸리는 곳이었다. 이곳에서 하이델베르크까지는 20-30분 정도 소요된다.

하이델베르크는 12세기 초에야 기록에 나타난다는 지역이며, 네카 강과 라인 강의 합류점에 가까운 해발고도 116m에 위치한 아름다운 곳이었다(인구 14만 명 정도). 특히 네카 강에 그림자를 드리우고 있는 하이델베르크 성은 중세 시대에 수많은 전쟁들을 겪으면서 황폐화되었으나 제2차 세계대전의 광풍 속에서는 파괴를 면해 풍찬노숙의 모습을 그대로 간직하고 있었다. 하이델베르크 성의 관람료는 1인당 4마르크(약 2,400원 정도)이나 골목길 어딘가에 있는(찾아들 보시길) 번호가 일일이 쓰여져 있는 돌계단으로 가게 되면(부산 용두산공원의 194계단보다 많음) 공짜로 성 전체를 관람할 수 있다. 우리는 돈을 주고 구경하고 공짜길로 내려왔다. 이번에는 몰랐던 것이 병이었다.

하이델베르크 성만큼이나 볼거리가 많은 곳은 적색 사암으로 된(당연히 이국적인) 건물이 좁게 늘어서 있는 구시가지이다. 광장이며 교회, 그리고 나름대로만(!) 이해할 수 있는 조각품들과 거리의 카페들이 눈길을 끈다. 구시가지 길을 따라 5분 정도 내려오면 '옛 다리'라고 불리는 칼 테오도르 다리를 만나게 된다. 다리의 3분의 1 즈음에서 방금 보고 내려온 하이델베르크 성을 올려다 보니 몽환적인 느낌이 들 정도였다. 이 위치에서 모두 출석증명용 사진을 한 방씩 박았다. 출석만 증명하고 교실을 빠져나오듯이 우리는 다음 목적지로 급히 발길을 돌려야 했다. 시간이 촉박했기 때문에 하이델베르크 역 광장에서 우리나라에서도 잘 먹지 않는 맥도날드 햄버거로 점심을 때우고 캔 맥주 몇 병과 함께 라인 강변에 있는 빙엔[Bingen(Rhein)] 역으로 향했다.

라인 강과 건너편 언덕의 포도밭은 가을 햇볕에 부서지고 있었다. 오른쪽 대각선 너머 강 언덕에 자리한 뤼데스하임(Rüdesheim) 마을로 가기 위해 승용차도 태울 수 있는 동력 나룻배를 탔다. 뤼데스하임은 (느낌은 전혀 다르지만) 우리나라 순천의 낙안읍성 마을쯤으로 생각해도 좋을 독일의 전통 민속마을이다. 마을의 주산품은 포도주였고, 뒷동산의 포도밭에서 내려다보는 라인 강과 마을들, 그리고 강 건너편의 풍경들은 엽서 그 자체였다. 노천식당에서 독일식 돼지 족발과 소시지, 그리고 맥주 한 잔으로 저녁을 해결했다. 악단들의 연주는 덤이었다.

3. 셋째 날 : 독일금속노조(IG Metall)

(2001년 10월 1일, 월)

오전 10시 프랑크푸르트 시내에 있는 독일금속노조 본부에서 독일의 산별노조 운영과 노동문제 전반에 관한 토론을 하기로 예정되어 있었다. 지하철을 내려 본부를 찾기까지(꽤 많은 비가 내리고 있었다. 유럽 여행시에는 반드시 휴대용 우산을 준비해 가는 것이 좋다) 다리 품을 많이 팔았지만 약속된 시간에 도착할 수 있었다. 우리 일행을 맞아준 분은 클라우디아 라만(C. Rahman)이라는 독일금속노조의 국제협력(아시아) 담당자였다. 회의장에는 커피와 여러 종류의 음료수들, 그리고 우리들에게 보다 손쉽게 자료설명을 하기 위한 프로젝터와 노트북 컴퓨터 등이 마련되어 있었다. 정성 어린 배려였고 따뜻한 맞이였다.

간단히 자기소개들을 한 후 곧바로 회의를 시작했다. "발제는 간단히 하고 토론에 집중하자"는 라만의 말이었다. 독일금속노조(이하 '메탈'로 약칭함)의 현황에 관한 설명이 이어졌다.

메탈 산하에는 자동차, 철강, 전자 · 전기, 수공업, 서비스 부문들이 망라되어 있고, 최근 섬유 · 의복(1998년), 목재 · 플라스틱 부문(2000

년)이 흡수 · 통합되었다고 한다. 조합원의 주력은 철강부문이고, 이 결과 생산직 조합원이 사무직 조합원보다 많다. 원칙적으로는 모든 사람들이 조합원이 될 수 있지만 현실적으로는 단협시 곤란한 일들이 발생할 수 있기 때문에 경영진에 속한 사람들이나 의사결정권을 지닌 사람들은 조합원이 될 수 없다.

메탈의 현재(2001년 7월) 조합원 수는 약 270만 명이며(여성 조합원은 약 20% 정도), 이 속에는 약 100만 명 정도의 실업자들이 포함되어 있다. 이 실업자 항목에는 우리나라에서의 전형적인 실직자들뿐만 아니라 조기 정년자, 은퇴자, 학생, 공익근무요원, 그리고 기타 등이 모두 포함되어 있다. 조합원으로는 개별적으로 가입하게 되고 탈퇴도 자유롭다(유니온 숍). 그리고 메탈의 조합원 중 약 12%는 외국인 노동자들(독일을 제외한 유럽연합국 소속의 노동자와 기타 외국 노동자 포함)이다. 최근 조합원 수가 감소하고 있는 추세라서 상근자의 감축(참고로 메탈 본부에만 약 600명 정도의 상근자들이 있다), 프로그램 운영 제약 등의 문제들이 조금씩 발생하고 있다고 한다.

라만의 설명에 따르면 조합원 수의 감소에는 여러 원인들이 작용하고 있는데 잠깐 살펴보도록 하자. 무엇보다 조합원들의 고령화로 은퇴자들이 많아지고 있기 때문이다. 은퇴자들 중에는 앞서도 보았듯이 조합원으로 남는 사람도 있지만 많은 사람들이 탈퇴한다고 한다(연금으로 생활). 둘째는 산업구조의 변화이다. 이 결과 전통적인 생산직이 감소하게 되었으며, 최근 부상하고 있는 정보산업 노동자들은 개인적인 사고방식이 높기 때문에 상대적으로 노조에 가입하는 비중이 낮다. 셋째는 동 · 서독의 통일을 들 수 있다. 통일 직후 동독의 금속노동자들이 대거 조합원으로 참여했으나 곧이어 동독의 많은 기업들이 폐쇄됨으로써 금속노동자들의 실업률이 높아졌고, 이 실업자들의 조합원 탈퇴가 잇따랐다고 한다.

갑자기 의문이 들었다. '산별노조의 기본 정신 중 하나가 이들 실업자들을 아우르는 것인데 왜 조합원 탈퇴가 발생하는 것일까? 돈이 없어서?' 라만은 솔직했다. 실업자들에게는 조합비를 최소로만 받기 때문에[약 5마르크(3천 원 정도) 돈이 없어서 조합원 탈퇴를 하는 것은 아니라는 것이다. 노조가 일자리를 지켜주지 못했을 경우 실망감 때문에 탈퇴를 하거나, 50세 이상의 고령 조합원들(주력 조합원임) 이 실직할 경우 재취업의 가능성이 낮기 때문에 노조에 대한 동기부여가 낮아져서 이 결과 탈퇴를 하게 된다는 것이다. 메탈에서는 이러한 문제점들을 해결하기 위해 지구 모임을 통해 지구의 비상근 임원인 '명예직' 들이 실업자들과 계속 접촉을 하고 있으나 쉬운 일이 아니라고 한다. 그리고 고용구조의 변화에 따른 노조의 적절한 프로그램 개발이 부족했다고 토로했다. 잠재적인 조합원들에게 매력적일 수 있는 프로그램의 개발을 추진 중이라고 덧붙였다.

넷째, 신참 노동자들의 조합원으로의 가입 저조가 원인이 된다. 이들의 미가입에는 노조만의 문제가 아니라 여러 요인들이 복합적으로 작용하고 있다. 무엇보다 이들 신참 노동자들이 갖고 있는 개인주의적 성향 때문에 노조와 같은 단체에 가입을 해서 자아정체성을 실현하려는 의지가 약하다는 것이다. 이는 자원주의(自願主義)적인 평가처럼 들렸다. 라만이 덧붙였다. 즉 독일의 가족관계의 변화 때문에 신참 노동자들의 가입률이 낮아지고 있다는 것이다. 예컨대 이전에는 부모가 금속노동자이면 자녀들도 금속노동자가 될 가능성이 높았으나 최근에는 부모의 직업들이 자주 바뀌면서 자녀 세대에 금속노동자로서의 계급적 정체성이 재생산되지 않기 때문이라는 것이다. 또한 이들을 대상으로 한 노조의 사업이 그동안 미미했다고 한다.

한편, 메탈은 독일노총(DGB)의 회원이며 국제연맹(금속, 섬유, 목재 · 플라스틱) 회원이기도하다. 주요 임무는 소속 노동자들의 대표로 사용자들과 협상을 하는 것이다. 이외에도 사업장평의회(통역을 맡으신 박장현 선생님은 '종업원평의회로 번역되어야 하나 종업원이라는 말이 싫어서 사업장평의회라고 한다' 라고 나중에 말을 해주었다. 나도 끄덕거렸다) 지원, 총회 개최시 조합원들과의 대화(각 지부의 개별 조합원 상담도 진행하고 있음), 개인적 · 집단적 법률 분쟁시 무료 지원 등을 하고 있다. 또한 파업시 지원금을 제공하거나 조합원에게 돌발적인 상황이 발생했을 때(예컨대 사망 등) 재정적인 지원을 하기도 한다. 그리고 조합원들에 대해서 다양한 홍보활동도 하고 있는데, 예를 들면 조합원 수보다 많은 약 300만 부의 홍보잡지를 발행하고 있다. 최근 흡수된 노조들에 대해서는 부록을 따로 만들어 배포한다. 한편, 전국에 7개의 연수원을 확보하여 상근자들과 처음으로 선출된 사업장평의원들, 그리고 경영감독회의 노동자 대표 등을 교육시키고 있다.

또한 메탈은 연금법, 의보법 개정에 영향력을 행사하는 등 사회보장제도의 개선에 강력한 개입을 하고 있다. 재정은 전적으로 조합비(실수령 임금의 1%)로 충당하고 있으며, 정치적 · 종교적 · 재정적인 독립성을 유지하고 있다. 이러한 사회적 보장제도에 대한 압력과 개입 이외에 사업장 수준에서의 복지문제에 대한 질문이 이어졌다. 함께 간 동지들 중에는 산업안전보건에 관한 관심들이 많았다.

독일의 산안법은 매우 체계적으로 잘 정리가 되어 있어 노조와 경영진들이 새로이 조정할 문제들은 잘 발생하지 않는다고 한다. 노조는 이러한 법들이 현장에 잘 적용되고 있는지 감시하고 예방하는 일들에 집중하고 있다. 라만의 설명에 따르면 산업안전보건에 관한 사항은 각 사업장의 '직능조합'에서 담당을 하고 있다고 한다. 여기서의 직능조합이란 영국 등의 배타적 숙련공조합(craft union)을 의미하는 것이 아니라, 사용자와 노조가 함께 만든 것으로서 단체협약을 위한 기구는 아니며, 산업안전 부문만을 다루는 기구를 의미한다. 직능조합의 운영 재정은 전적으로 사용자가 부담한다. 쉽게 말한다면 우리의 산재보험금에 해당하는 돈을 사용자들이 전적으로 부담하고, 이 돈을 관리하는 조직을 직능조합이라고 생각하면 된다. 산재발생이 많아지면 보험금도 많아질 테고, 이 결과 사용자의 부담이 늘어나게 되므로 산재를 줄이고 보험금을 줄일 수 있도록 유도하는 체제라고 생각하면 좋을 듯하다. 재정의 규모는 고용자의 수와 직능의 위험도 정도 등에 따라 정해진다. 메탈내에도 산안건강 부서가 있어 이들 직능조합과 협력하는 문제를 담당하고 있다.

우리에게도 큰 관심이 될 수밖에 없는 노동과 정치와의 관계에 대해 알아보았다. 앞서도 잠깐 언급했지만 메탈은 정치로부터 독립성을 유지하고 있다. 그러나 독립성을 유지하고 있다는 것은 정치를 외면한다는 말은 아니다. 메탈의 경우 슈뢰더가 총리로 있는 SPD를 지원하고 있으나 이해관계가 항상 일치하고 있는 것은 아니다. 예컨대 정치정당은 선거에서의 승리가 목적이기 때문에 조합원들뿐만 아니라 여타 구성원들의 이해(자본가의 이해)까지 생각해야 하므로 어떤 경우에는 노조의 이해와 상충할 때도 있다. 그러므로 노조는 일정 거리를 두어야만 정권에 비판적인 견제가 가능하고, 노조 본연의 사업에 충실할 수 있다는 설명이었다. 그리고 제2차 세계대전 후 지금까지 노조가 먼저 노동문제를 자주적으로 해결해 나간 경험들이 있기 때문에 새삼스럽게 정당의 도움을 받을 필요가 없다는 것이었다.

이번 연수기간 내내 살림살이로 고생이 많았던 교육원의 허현주 실장이 메탈 내의 여성 조합원들의 상태와 문제점들에 대한 소개를 주문했다. 메탈의 주력이 금속산업인 탓에 여성 조합원의 수는 20% 정도이며, 이들 대다수는 섬유산업이나 사무 · 행정직이 대부분을 차지하고 있다. 메탈의 여성 상근자들은 20% 정도이며, 중앙본부 임원 10명 중 2명이 여성이나 지부로 내려갈수록 여성의 비중이 떨어진다고 한다.

우리나라의 민주노총이나 민주노동당처럼 여성 인력 할당제를 통해 여성 조합원 비중인 20%만큼 배정하려고 노력하고는 있으나 막상 일을 맡아줄 여성 당사자들을 발견하기가 쉽지 않다는 설명이었다. 왜냐하면 법률적 평등은 존재하나 현실적으로는 여전히 불만족스런 상태이기 때문이라는 것이다. 예컨대 가족이 있는 여성 상근자들의 경우 육아나 가사 등으로 인해 이중고를 겪고 있고, 노조 관련 활동들이 대개 저녁에 이루어지기 때문에 여성들의 활동이 상대적으로 제약을 받을 수밖에 없다(반면, 공공노조나 섬유노조는 상대적으로 여성들의 활동이 용이하다고 한다). 한편, 메탈 내에는 '여성위원회'가 설치되어 있어 여성 지원 프로그램의 개발을 위해 지속적으로 노력하고 있다고 한다.

2002년 1월 1일부터 유럽연합은 예컨대 공동 화폐인 유로화의 사용 등 실질적인 연합활동에 들어가게 된다. 상품의 가격에는 이미 유로화와 마르크화, 그리고 프랑스의 경우에는 프랑화가 함께 표시되어 있다. 유럽의 경우 내수시장의 비중이 훨씬 크기 때문에 달러화와 충분히 경쟁할 수 있는 좋은 조건들이 구비되어 있다고 희망 섞인 관측들을 주위에서 많이 하고들 있었다. 우리의 관심은 유럽통합과 노동운동 지형의 변화 가능성이었다. 메탈의 경우 유럽연합 내의 '유럽위원회'에 참여하여 각국의 노동 정보들을 수집하여 산하에 배포하고 있다고 한다. 그러나 직접적인 영향력의 행사 등은 현재로서는 힘들고, 유럽노조연맹을 통한 로비 정도에 그치고 있다고 한다. 라만은 통일화폐의 도입이 가져올 측면에 대해 다음과 같이 말하였다. 첫째, 경제 관련 통계들이 명확해져 각국의 임금 수준을 투명하게 알 수 있게 되고 각국의 노동조건의 차이를 손쉽게 알 수 있게 될 것이다. 둘째, 이 결과 각국의 노동조건의 평준화 문제가 민감한 사안으로 제기될 것이라는 것이다.

그러나 이러한 유럽통합과 세계화의 진전에 대한 노동운동의 대응은 매우 힘든 상황이라는 것이다. 예컨대 메탈과 제3세계 노조와는 정보 교환조차 힘든 사정이며, 몇몇 국가와는 사안별로 상대편의 관심에 따라 연대하고 있는 정도라고 말했다. 즉 한국의 경우는 산별노조에 대한 정보 교환, 세미나 등을 할 수 있고, 중국과 베트남의 경우는 시장경제가 미칠 영향력에 대한 논의를 한다든지, 동유럽의 경우에는 노조건설과 관련된 문제나 단협에 대한 정보제공이나 상담을 하고 있다고 한다. 그리고 일본과는 사회의 고령화 문제에 따른 사회보장 문제에 관한 정보 교환과 토론 등이 이루어지고 있다고 한다. 최근 유럽연합 내에 사용자가 비용을 전액 부담하는 '유럽종업원평의회'가 생겨 향후의 작업을 제도적으로 진행할 수 있는 기반이 생겼다고 덧붙였다. 한편, 진보진영(범좌파)과의 연대사업이 최근 쟁점으로 되고는 있으나 대규모 상설기구는 아직 없으며, 사안별 협조관계는 많다고 한다(예컨대 NGO와의 연대나 ILO 헌장 실천 문제 등).

끝으로 민족과 노동자계급 간의 문제에 대한 질문이 있었다. 민족통일과 노동문제는 우리에게도 중요한 사안이기 때문이었다. 독일의 경우 통일 당시 노조에서는 당연히 '민족'이 먼저다라는 생각을 하고 있었다고 한다. 그러나 통일 이후 여러 가지 일들이 발생하면서 노동운동 진영 내에서 통일 후의 문제점들에 대한 사전 준비가 부족했음을 토로하였다. 무엇보다 오랜 기간 동안의 분단으로 인한 동서독 노동자들 간 사고방식상의 차이가 현재의 문제를 가져오게 되었다고 진단한다. 예를 들면 통일전의 동독 노동자들은 완전 고용상태로 실업문제가 없었으며, 근무시간 중에도 자신의 개인적인 일을 눈치껏 볼 수 있는 비교적 여유가 있는 노동과정상의 특징이 있었으나 통일 후 이런 행동을 하는 노동자들은 해고를 당하게 되었고, 이러한 관행의 차이에 대해 항의하는 동독 노동자들의 문제 제기가 잇따르고 있다고 한다. 그리고 통일 후 동독지역의 실업률(지방에 따라서는 20%가 넘는 곳도 있음)이 높아지고 사회적 기반시설이 미약한 동독지역에 서독의 많은 자금이 투입되면서 서독인의 불만 등이 증가하고 있기 때문에 이러한 것들이 노조의 사업에 부담이 되고 있다고 한다. 그러나 라만은 이러한 문제점들이 산재해 있으나 '통일은 좋은 것' 이라는 말을 잊지 않았다.

10시부터 시작된 토론이 오후 1시 가까이 이어지고 있었다. 구내식당이 문을 닫을지 모르기 때문에 오전 토론은 이쯤에서 끝내고 식사 후 다시 오후 일정을 진행하자는 라만의 말이었다. 라만이 자신의 비용을 들여 우리 일행들에게 풍성한 점심을 대접하였다. 강신준 교수는 메탈의 국제부 직원들의 태도를 "친절과 충심으로 협조를 아끼지 않는 몸가짐"이라고 어느 글에서인가 쓴 바가 있다.

오후 2시에 다시 회의장에 모였다. 오후 일정을 우리와 함께 진행할 사람은 라인하르트 키일(R. Kiel) 씨였다(물론 라만도 함께). 그는 바이에른 지구 협약지원 담당자이다. 먼저 메탈의 조직구조에 대한 간단한 설명이 있었다.

영남노동운동연구소에서 발간한 「독일금속노조의 이해」에 메탈의 조직구조에 대한 상세한 설명들이 있지만 간단히 소개하도록 한다.

① **전국대의원대회**(Gewerkschaftstag) : 우리의 조합원 총회에 해당한다.

② **중앙위원회**(Beirat) : 조합원 3천 명당 1명의 위원이 선출되며, 1년에 3회 이상 중앙위원회 를 개최하며, 전국대의원대회 이전에 주요 사항들을 결정한다.

③ **중앙집행위원회**(Vorstand) : 중집위의 임원들은 4년마다 열리는 정기총회에서 선출되며, 메탈 내에는 현재 10명의 상집(위원장 1명, 부위원장 1명 포함)과 31명의 비상집이 있다(연구소의 책자에는 25명으로 되어 있으나 최근 변화되었음). 상집은 본부 내의 부서장들이며, 비상집들은 지부위원, 사업장평의회 소속자 등 여러 곳의 사람들로 구성되어 있다. 주요 임무는 총회의 의결사항들을 집행하는 것이다. 중앙위원회에서 결정할 수 있는 사안들은 단협의 해지 여부, 단협과정에서 발생할 수 있는 파업 찬반 투표의 결정 등이다. 그러나 이러한 결정들을 내리기까지에는 여러 차원에서 의견을 수합한 후 결정을 내리는 것이 관례이다.

④ **감독위원회**(Kontrollausschuss) : 전국대의원대회에서 4년마다 7명씩을 선출한다. 메탈 내의 일체의 다른 직을 겸직할 수 없고, 회계감사와 규약과 전국대의원대회 및 중앙위원회의 결의가 중앙집행위원회에서 잘 준수되고 제대로 집행되는지 감시한다.

⑤ **지구본부**(Bezirk) : 현재 7개의 지구본부가 있다(연구소의 책자에는 1993년 현재 9개로 되어 있으나 조합원의 축소 등 때문에 줄어들었음. 이에 따라 지역사무소도 1993년의 175개에서 현재 160개 정도로 줄어들었음에 유의할 것). 중앙집행위원회에서 지구본부장을 임명하며, 이들 지구본부장들은 중앙이 요구하는 사업을 집행한다. 지구의 상근자들(여기서는 '서기'라고 부른다)도 중앙집행위원회에서 임명한다. 지구의 상근자들은 전문분과(예컨대 청년, 협약, 금속, 섬유분과 등)별로 조직되어 있다.

⑥ **지역사무소**(Verwaltungs-stellen) : 지역대의원회대회를 통해 전국대의원대회에 보낼 대의원을 선출하고 안건을 상정한다. 한편, 지역집행부 요원들은 지역대의원대회 대의원들의 간접선거에 의해 선출되며, 이들은 중앙집행위원회의 인준을 받아야 한다. 독일의 경우 우리식의 기업별 노조가 없기 때문에 지역사무소는 현장과의 최근접 조직으로서의 중요성을 갖고 있다. 예컨대 조합원의 개인적 고충사항이나 사업장평의회의 문제 등이 이 차원에서 집중되고 해결된다. 또한 단협사항도 중요하게 다루어지는데, 지역차원에서 조합원들의 토론을 조직하고 의견들을 취합하여 위로 의견을 올리게 된다.

다소 길게 소개되었지만 우리의 민주노총이나 민주노동당의 조직들처럼 민주적인 체계로 짜여져 있음을 알 수 있을 것이다. 독일금속노조의 조직에 대한 설명이 있고 난 후 키일 씨는 메탈의 단체협약 과정에 대해 설명해 주었다. 키일 씨는 보쉬(Bosch)와 기아문제 때문에 한국을 방문한 적이 있는 단체협약 분야의 전문가였다.

독일의 단체협약은 1949년에 제정된 「단체협약법」에서부터 기인한다. 이에 따르면 단체협약은 노동조합과 사용자 단체 혹은 개별 사용자 간에 '자율적으로' 이루어진다. 여기서 '자율적'이라 함은 첫째, 국가의 공권력 투입 금지. 둘째, 노조는 필요시 쟁의를 할 수 있다. 셋째, 사업장평의회는 협약의 권한을 가진다는 의미라고 한다.

단체협약의 구체적인 과정을 잠깐 살펴보자. 협약을 맺는 당사자들은 독일노총(DGB)이 아니라 8개의 산별노조가 각기 자기 부문에서 협상을 진행하고, 사용자 단체도 협상영역이 이들 8개의 산별노조와 거의 일치되어 있다. 「노동쟁의법」의 규정에 의거, 협약체결은 형식적으로 7개의 지구본부에서 이루어지나 실제 내용은 모든 지구에 걸쳐 동일하도록(즉 지구별 차이가 나지 않도록) 중앙본부에서 조정하고 있다.

산별협약이건 사업장협약(단사협약이라는 표현을 쓰고 있음)이건 주요 내용은 임금과 노동시간, 그리고 노동조건 등이다. 단체협약의 유효범위는 당연히 노조와 조합원, 그리고 사용자와 사용자 단체에 걸쳐있다. 협약의 유효기간 동안에는 평화의무를 엄격히 지켜야 하고, 협약체결 이후에는 개별적이건 노조 차원에서건 협약의 내용에서 일탈을 할 수 없다. 현재 이러한 단체협약의 내용들은 서독의 경우 75% 정도, 동독의 경우는 약 30% 정도가 적용을 받고 있다고 한다. 동독의 경우 협약의 적용 정도가 낮은 이유는 많은 사용자들이 사용자 단체에 가입하고 있지 않으며(심지어 탈퇴도 하고 있음), 또한 동독은 통일 전 단협에 대한 경험이 없었고, 통일 후에는 단협에 대한 사용자들의 저항이 높기 때문이다. 그리고 아직 동독의 노동자들 사이에는 '노동권리는 쟁취되어야 한다'는 의식이 낮기 때문이라고 한다.

이러한 사정들 때문에 통일 이후 서독의 노동기준을 동독에 적용하는 문제가 아직 해결되지 않고 있다. 예컨대 현재 주당 노동시간의 경우 서독은 35시간이지만 동독은 38시간이며, 임금(시급)은 서독의 경우는 28마르크이나 동독은 24마르크이다. 메탈에서는 노동조건의 균등화 문제에 심혈을 기울이고 있는 중이라고 덧붙였다.

고용문제에 대한 메탈의 전략은 크게 둘로 나누어 볼 수 있다. 하나는 노동시간 단축 전략이고, 다른 하나는 임금 수준의 향상 전략이다. 먼저 노동시간 단축을 위해 메탈에서는 1980년대의 주당 40시간에서 현재의 35시간으로 노동시간을 단축함으로써 약 30만 명분의 일자리를 창출할 수 있었다고 한다. 그리고 임금 수준의 향상을 위해서는 내수시장의 강화를 통한 일자리 창출을 통해 전체적으로 임금을 상승시키는 전략을 택해왔다고 한다. 이러한 메탈의 전략에 대해 사용자들은 강하게 반발하면서 나름의 논리를 제기하고 있는데, 즉 노동비용을 절감할수록 경쟁력이 높아지게 되고, 그 결과 고용이 더욱 확대될 수 있을 것이라는 논리이다. 그러나 메탈에서는 이는 독일의 현실과 맞지 않는 논리라고 구체적인 증거를 들이대며 맞서고 있다. 예컨대 현재 동독의 경우 노동비용은 절감되었으나 사용자들이 말하는 것처럼 일자리가 늘어나고 있는 것이 아니라 오히려 줄어들고 있고, 서독의 경우에는 노동비용이 상승하고 있으나 일자리도 늘어나고 경쟁력도 보다 강화되고 있다는 것이다.

노동쟁의와 파업권에 대한 질문이 이어졌다. 노동쟁의권은 당연히 인정되지만 쟁의에 대한 법률적 규정은 없고, 판례법에 따른다고 한다. 파업조건은 노조의 규약에 따라 조합원 75% 이상의 찬성이 있을 때에만 파업이 진행될 수 있다. 파업시 메탈로부터 지급 받는 금액은 임금의 75% 정도라고 한다. 현재 두 가지 유형의 파업이 있는데, 대규모 파업과 작은 파업이 그것이다. 대규모 파업은 '강요하기 위한 파업'으로 찬반 투표를 거쳐야 하며, 파업시 파업지원금을 지불해야 한다. 그리고 작은 파업은 '경고(지원) 파업'으로 찬반 투표가 없어도 되며, 파업지원금은 없다. 또한 사용자들을 압박하는 강제력이 약하다.

대규모 파업의 가장 최근 사례는 1984년의 금속산업 파업을 들 수 있다. 이 파업은 윤활유 등을 제조하는 자동차 산업의 하청사업장을 타겟으로 하여 약 3만 명이 참여한 것이었다. 파업 이후 5만 명 정도가 일거리가 없게 되었고, 파업규모가 커지면서 사용자들은 직장폐쇄를 단행하였다. 이 결과 메탈에서는 약 50만 명에 대한 파업지원금을 지급해야 했다. 이 파업은 6주가 지나서야 타결될 수 있었다(이 결과 주당 노동시간 38.5시간으로 타결됨).

질문이 나왔다. IMF 하의 한국적 상황을 잠깐 얘기하면서 파업조건을 조합원 찬성 75%로 묶어두는 것보다는 상급단체나 노조의 상황판단에 맡겨두는 것이 오히려 더 기동성이 있을 것 아니냐는 질문이었다. 키일 씨의 대답이다. 민주주의가 위협을 받게 될 상황이라면 75%의 기준은 지키지 않아도 될 것이다. 그러나 제2차 세계대전 후 이러한 일은 아직 한 번도 없었다. 그리고 75%의 찬성을 얻게 되는 파업은 경제적으로 큰 사안일 때 한하며, 경험에 의하면 75% 이상의 찬성이 없으면 파업의 지속성도 없고 성공적이지도 못했다는 것이다. 그래서 오히려 자신의 생각으로는 이 기준이 80%나 90%로 강화되었으면 한다는 것이었다. 준비된 파업, 계획성 있는 파업이었던 것이다.

끝으로 현재의 독일협약체제에 대한 일부 정치권과 사용자 단체, 그리고 여론 등에서 공격하고 있는 점들에 대해서 논의들이 있었다. 무엇보다 이들은 산별협약체제가 세계화 시대에 걸맞지 않는 것이며, 모든 사업장에 협약의 내용이 동일하게 적용되는 것에 대한 문제 제기가 많다는 것이다. 예를 들면 직업훈련을 마치고 처음 기능공으로 입사한 노동자의 시급인 28마르크가 '기준임금'인데, 협약에 따르면 최하임금은 이 기준임금의 84%이며, 최고는 134%이다. 사용자들은 최하임금이 더 낮아져야 한다고 주장하고 있다. 그래서 산별 차원보다는 사업장 형편에 맞게 하자는 주장이 거세다고 한다. 그러나 산별협약체제가 약화되면 산별노조체제가 그 즉시 와해되므로 이에 대한 노조들의 강력한 투쟁이 있다고 말하였다.

그리고 현재 진행되고 있는 2002년도 임금협상의 사례를 소개해주었다. 메탈에서는 내년도의 임금인상률을 7.3%로 정해두고 있다 (물가 상승률 2%+재분배 효과 3%+생산성 향상률 2.3%=7.3%). 그런데 회사 사정이 비교적 좋은 아우디, 베엠베, 벤츠 등의 조합원들은 12%를 요구하고 있고, 사정이 힘든 중소 사업장의 경우는 1-2%만 올라도 만족이다라는 견해들을 나타내고 있다. 그러나 메탈에서는 사업장 규모에 관계없이 최종 요구는 7-8%로 조정하여 모두가 동일하게 임금인상률을 적용받게 할 방침이라고 했고, 이것이 독일금속노조의 전통이라고 말했다.

"우리는 독일금속노조의 산별체제가 지닌 장점을 더욱 확대·개선·유지시킬 것이다." 키일 씨는 이 말을 남기고 바이에른 지구의 협약을 지원하러 가야 한다면서 자리에서 일어섰다. 키일 씨와 메탈 본부 앞에서 예의 사진을 또 한 방 박고 다음을 기약하는 굳은 악수들을 나누었다. 오후 4시였다.

5시간에 걸친 토론으로 모두들 지쳐 있었다. 더구나 내일의 일정도 만만치 않았기 때문에 일찍 숙소로 돌아가기로 했다. 숙소에 도착한 후 저녁식사 후 함께 먹을 음식거리들을 장만하였다. 오늘 저녁은 한국식당에서 해결하기로 했다. 지척에 있는 한국식당을 2시간 가까이 걸려 겨우 찾았다. 고생과정은 생략한다. 된장찌개와 김치찌개는 각각 35-40 마르크 정도였다. 추석이라고 식당 주인인 조선족 아줌마가 송편이랑 갈비를 덤으로 내주었다.

숙소에서 독일 소주(Doornkaath)와 맥주의 힘을 빌려 잤다.

4. 넷째 날 : 노조신임자회, 사업장평의회, 그리고 노동 아카데미

(2001년 10월 2일, 화)

오늘의 일정은 사업장 방문과 프랑크푸르트 대학교 내에 있는 노동 아카데미를 방문하는 것이다. 메탈의 라만은 우리들을 위해 관광버스를 대절해 주었다. 아침 9시까지 호텔 앞에 차를 대기시키고 자기도 동행하겠다고 했다. 오늘밤 늦게 우리들은 프랑스로 이동해야 했기 때문에 모두들 짐을 꾸려 차에 올랐다. 아침 9시 30분경에 도착한 곳은 지멘스(Siemens VDO) 공장이었다.

지멘스는 속도계, 잠금장치, 전자제어장치 등 자동차 부품을 만드는 곳이었고, 여기서 만들어진 제품들은 모기업뿐만 아니라 세계 각지로 납품이 된다고 한다. 우리나라의 쌍용에는 도난방지장치가 납품되고 있다. 현재 전체 종업원은 1,800명 정도이며, 이 중 메탈 산하 조합원은 400명 정도이다(생산직=300명, 사무직=100명. 메탈 이외의 노조는 이 사업장에 들어올 수 없음). 고용구조를 보면 파트타임이 40명 정도이고, 용역이 80명 정도이며, 3개월에서 2년 이하인 한시고용자들이 200명 가량 포함되어 있다. 이들 한시고용자들의 경우 기한이 끝난 후 80-90%는 상시고용으로 전환된다고 한다. 견습공도 50-60명 정도 있다. 정규직과 비정규직 간의 충돌은 없다고 한다. 왜냐하면 모든 노동조건이 동일하기 때문이다. 다만 비정규직은 노동시간이 적어 정규직에 비해 임금이 적을 뿐이다.

공장 앞에 도착하니 지멘스의 노조신임자회 회장인 프룁리히(H. P. Frohlich) 씨가 마중을 나와 있었다. 그는 무척 젊어 보였고, 왼쪽 귀에는 피어싱을 하고 있었다. 평의회와 함께 사용하고 있는 듯한 신임자회 사무실의 회의실로 들어가 간단히 인사를 나누고 일정에 들어갔다. 함께 참여한 또 한 사람은 사업장평의회 부의장인 그라이너(Greiner) 씨였다.

잘 알다시피 사업장평의회와 노조신임자회는 기업과 공장단위에서 노동자의 이해를 대변하는 기구이다. 사업장평의회의 위원들은 전체 종업원들에 의해 선출되며, 노조신임자는 노조 조합원들에 의해서만 선출된다는 점에서 기본적인 차이가 있다. 우리가 방문한 지멘스의 경우 대부분의 사업장평의회 위원들이 노조신임자회에서 추천한 사람들이기 때문에 두 조직간의 사이가 매우 좋다고 한다. 이들 두 조직의 활동에 대한 일체의 제재가 없기 때문에 현장활동을 하기가 좋다고 한다. 그러나 가끔 이들의 활동을 두고 회사 측에서 싫은 내색을 할 때도 있다. 프룁리히 씨 같은 경우 우리를 만나야 했기 때문에 회사로부터 "그럼 네 일은 누가 대신 해야 되느냐?"는 잔소리를 들었다고 한다. 프룁리히 씨는 노조신임자회 회장이기도 하지만 사업장평의회의 비상근자이기도 해서 노동시간의 3분의 1 정도를 면제받아 현장활동을 하고 있다.

먼저 사업장평의회의 활동부터 소개하도록 한다(그라이너 씨의 소개). 현재 지멘스의 사업장평의회에는 15명의 평의원들이 있고, 이 중 3명은 상근(상근자는 평의원 회의에서 결정을 함)을 하고 있다. 2002년 3월로 예정되어 있는 평의원 선거시에는 최근 평의원법이 바뀌어서 17명의 평의원을 선출하고 4명의 상근자를 둘 예정이다. 바뀐 평의회법에는 남녀평등조항을 명시하고, 현장에서 발생하는 외국인 노동자들에 대한 적대행위를 법으로 해결할 수 있는 권한까지 담겨 있다.

평의회의 임무는 크게 사용자와의 협의와 공동결정으로 나눌 수 있다. 사용자 측의 요구가 있을 시 평의회는 초과근무 방법이나 노동시간 모델 등에 대해 매주 1번 회의실에 모여 토론을 통해 의견을 모으거나, 노동시간 및 잔업 등에 대해서는 공동결정을 하는 권한을 가지고 있다. 이처럼 사안에 따라 협의권과 공동결정권이 있지만 이러한 사안들이 아니라 하더라도 사용자들은 평의회의 의견을 현실적으로 무시할 수 없다. 이외에도 정보권이라는 것이 있다. 보다 구체적으로 살펴보면 협의권은 회사의 투자계획이나 사업장 내의 큰 변화가 있을 시 적용되고, (절대적) 공동결정권은 평의회의 동의가 있어야 하는 채용, 35시간 작업시간의 배치 문제, 잔업계획, 그리고 휴가계획의 편성 문제 등에 적용된다. 한편, 정보권은 공동결정권과 협의권에 해당되지 않는, 이름 그대로 정보만 듣는 권리를 말한다. 협의권을 공동결정권으로 바꾸고 정보권을 협의권으로 상향조정하는 등의 방법은 법률적으로만 가능하다. 메탈에서는 이를 위해 노력하고 있다고 한다. 그리고 간혹 노조의 대표들이 평의회를 방문할 때 사용자들이 이를 막는 사업장들도 간혹 있으나 이럴 경우 평의회의 강력한 저항을 받게 된다고 한다.

평의원의 임기는 4년이며 연임도 가능하다. 임기가 끝나 원직에 복직할 경우 1년 동안의 재교육 시간을 받을 수 있다. 그라이너 씨의 경우 현재 평의원으로 선출된 것이 세 번째(12년간)인데, 가령 자신이 원직 복직할 경우에는 2년간의 재교육 시간을 받을 수 있다고 한다. 평의원의 선거시에 사업장 내의 각 세력들이 독자적인 입후보를 내게 되는데, 현재 지멘스는 4 세력에서 후보가 나와 있다. 재미 있는 것은 파트타임 노동자들에게 정규직과 마찬가지로 평의원 선거권을 동등하게 부여하고 있다는 점이며, 3개월 이상 투입된 용역 노동자들은 지멘스에서의 평의회 선거권과 용역 모회사에서의 평의원 선거권을 모두 가진다는 점이다(산별의 '통 큰 단결' 정신이다).

평의원의 구성비는 생산직과 사무직 구성비에 꼭 맞출 필요는 없으나 여성 할당제는 적용하고 있다. 내년의 선거에서는 17명의 평의원 중에서 6명의 여성을 선출해야 하며, 현재 5명의 청소년을 대표하는 평의원이 있다. 평의원회 내의 비조합원들이 사용자의 편에 서서 그들의 이해를 도모할 수도 있지 않느냐는 질문에 그런 생각은 할 수 있겠으나 그런 적은 한 번도 없었다는 대답이었다.

평의회에서는 법으로 규정된 사업장 총회를 1년에 4차례 열고 있는데, 이 사업장의 경우 4번 중 1번을 노조신임자회에서 사용할 수 있도록 사측에 요구하는 등 법으로 정해진 것보다 훨씬 유연하게 평의회를 운영하고 있었다. 원래 노조신임자회의 활동은(즉 노조 일은) 퇴근 후에 하도록 되어 있고, 평의원회의 일은 근무시간 중에 가능하나 두 조직이 같은 일을 하는 경우가 많기 때문에 노조 일을 하면서 평의원회 일을 하는 경우가 많다. 이럴 경우 사용자들이 "노조 일이냐, 평의원회 일이냐" 하면서 임금을 깍으려고 하기도 하고 일의 명세서 작성을 요구하기도 한다.

다음으로 노조신임자회에 대해 살펴보도록 한다. 지멘스의 경우 조합원 400명 중 50명이 노조신임자회에 속해 있다. 조합원 10명당 1명이 노조신임자인 셈이다. 지멘스의 경우 신임자 중 가장 적극적인 사람이 평의원으로 선출되는 경우가 많다고 한다. 신임자회의가 필요할 경우 매 교대시간에 맞추어 현안을 논의한다고 한다(지멘스는 3교대제이므로 회의도 3번을 하게 된다). 만약 신임자들이 모두 모여야 할 경우에는 가장 유리한 시간(오후 2시-3시)에 전체 모임을 갖기도 한다. 노조신임자회에서는 프랑크푸르트 지구에 5명의 대의원을 파견하고 있다. 노조신임자회의 주요 업무는 조합원의 고충을 위로 전달하고 사업장 내의 정책을 개발하는 데 있다고 한다.

노조원과 비노조원의 차이점은 조합비의 납부 여부밖에 없다. 모든 노동조건은 동일하며, 만약 비조합원들에게 협약 이하의 노동조건이 제시된다면 이들은 즉시 조합원으로 가입을 하게 될 것이기 때문에 사용자들도 현 상태의 유지를 위해, 즉 노조의 역량 강화를 스스로 돕지 않기 위해 당연히 문제를 제기하지 않는다. 간혹 노조원들이 비노조원들에 대한 동등한 처우에 대해 불만을 할 때가 있으나 이는 전적으로 개인적인 문제일 뿐이라고 한다.

지금까지 살펴본 바처럼 현장 내의 신임자들이나 평의원들은 협약내용이 현장에서 제대로 집행되고 있는지 점검하고 관리하는 일들을 하고 있기 때문에 현장활동과 관련된 불필요한 스트레스는 받지 않는다. 더구나 노조 관련 일이나 협약 관련 일들의 처리는 상급조직에서 해결하고 있기 때문이다.

끝으로 현장 내의 일반 조합원들이 갖고 있는 정치의식의 수준에 대해 물어보았다. 프륄리히 씨는 많은 일들이 산별노조나 전국 차원,

그리고 정치적으로 해결되는 경우가 많고, 이러한 해결방식에 대해 그동안 조합원들의 평가가 긍정적이었다고 답했다. 그러나 1990년대에 접어들어 세계화와 통일 등의 문제가 수반되면서 상황이 조금씩 달라지고 있다고 한다. 앞서 메탈에서도 설명하였듯이 통일 후 경제사정이 나빠지면서 여론이나 매스컴에 의한 이데올로기적 포섭이 광범위하게 진행되고 있고, 이 결과 약한 노조(예컨대 화학노조)의 경우 영향을 많이 받고 있다고 한다.

그리고 임금문제 등 경제적 현안에 대해서는 조합원들의 참여가 매우 높은 편이나, 노동과 자본의 모순 등에 대해 논의할라치면 이들을 '빨간 양말'이라고 비난하기 때문에 이러한 문제들에 대해서는 매우 조심스럽게 정책을 개진할 수밖에 없다고 토로했다.

프뢸리히 씨는 자신의 개인적인 의견이라면서 독일의 법 테두리가 노조활동에 장애가 되는 것은 아니지만 독일 노조는 너무 준법적이라고 했다. 1984년의 35시간 쟁취 투쟁 이후 이렇다 할 만한 큰 투쟁이 없는 등 노조가 투쟁을 적게 하는 것 같아서 불만이라고 말했다.

회의가 끝난 후 우리 일행이 준비해 간 선물을 주자 이들은 1984년의 35시간 투쟁시에 내걸었다는 플래카드와 지멘스의 배지, 그리고 현재 진행되고 있는 사업장평의회 후보 알림용 볼펜을 한 자루씩 주었다. 더구나 현장견학을 시켜준 후 접빈객의 예도 잊지 않았다. 푸짐한 점심을 대접받고 정문까지의 환송을 받으며 다시 버스에 올랐다. 프랑크푸르트 대학 내에 있는 노동 아카데미를 방문하기 위해서였다.

함께 간 창원대학교 노동대학원생이자 노동사회교육원 2기 졸업생인 양솔규 군과 임동선 군은 프랑크푸르트 대학의 '사회조사연구소'를 볼 수 있었으면 좋겠다고 말했다. 우리를 내려준 버스는 떠나버리고 라만도 노동 아카데미는 처음 방문하는 모양이었다. 마중 나올 노동 아카데미 담당자를 기다리고 있는 동안 박장현 선생님이 길 건너편의 4층 단독 건물을 가리키며 “저게 사회조사연구소 같은데?” 하는 것이 아닌가? 사회조사연구소는 유럽의 비판적 사회과학이 태동한 곳이며, 우리나라도 방문한 적이 있는 하버마스와 그의 동료들이었던 발터 벤야민, 허버트 마르쿠제, 그리고 일 세대였던 호르크하이머와 아도르노 등이 머리를 맞대었던 곳이다. 훗날 나치의 박해를 피해 일부는 미국으로 건너갔지만 … 나를 포함한 먹물들만 그 앞에서 한 방 박았다.

프랑크푸르트 대학(학생 수는 3만-3만 5천 명 정도)은 1900년대 초 지역의 금융자본가들이 중심이 되어 세운 대학이다. 1918년의 혁명 과정을 거치면서 좌파 세력들의 사회적 기반이 확대되자 이들은 당시 프로이센 정부가 대학의 재정을 담당하게 만들고 대학을 더욱 확대 · 발전하도록 하였다. 이 무렵의 대학 진학률은 1% 정도였는데, 노동 아카데미의 설립자였던 토마스가 대학 진학 희망자 중 30%를 민중 층에서 진학하도록 만들자는 제안을 하였다. 이것이 노동 아카데미(Academie de Arbeit)의 출발이었다.

노동 아카데미는 1921년에 설립되었으나 히틀러 집권기 동안 폐쇄되었다가 1947년에 재개되어 지금에 이르고 있다. 매년 40명 가량의 학생들이 입학하여 10개월 동안(5월에서 다음해 3월까지) 약 1,000시간의 교육을 받게 된다(일반 대학생들의 8-9학기에 해당하는 분량이라고 한다). 주당 의무 수강시간은 24-28시간이다. 현재는 39명이 교육을 받고 있고, 모두 기숙사 생활을 한다.

교육생들은 독일 전역의 모든 노조에서 파견되며, 일부 사회단체나 사회보장기구 등에서도 오기도 하지만 대개는 노조간부로 성장하려는 사람들이라고 한다(한국인도 4명 정도가 다녀갔다고 한다). 수강생들의 일반적인 선발은 지구 노조에서 추천한 자를 중앙본부에서 인준하여 노동 아카데미에 입학추천을 의뢰하는 과정을 밟고 있다(이 선발절차를 보면 지역이나 중앙에서 신뢰를 받고 있는 사람들이 추천되고 있음을 알 수 있다). 노동 아카데미에서는 매년 1월경 4-5일에 걸쳐 선발심사를 한다고 한다. 대개 추천된 사람의 수는 100명 정도인데, 이 중에서 40명 정도를 선발하여 교육하고 있다.

수강생들의 대부분은 20대 후반이며, 이들은 대개 노조신임자회나 사업장평의회 활동을 했거나 하고 있다. 노동 아카데미의 교육목표는 졸업생들이 독립적으로 현안을 분석하고 의사결정 능력을 갖추도록 하는 데 있다. 진학 동기는 크게 세 가지로 나뉘는데, 첫째는 공부를 더 하고 싶어서이고, 둘째는 현장경험을 더욱 심화시키기 위해서이며, 셋째는 사회 · 정치적 참여능력을 높이기 위해서이다. 수료자의 50-60%는 노조활동가로, 나머지는 원직장으로 복귀한다고 한다.

수강과목을 살펴보면 노동운동사와 노동철학은 기본 필수과목이며, 정치 · 법률, 사회, 그리고 경제 등 크게 3과목으로 나누어져 있다(선택 과목은 없음). 이들 3과목에는 각각 300시간 정도가 배치되어 있다. 이외에도 자발적으로 연구팀을 만들어서 공부를 하고 있다. 노동 아카데미에는 3명의 전임 대학교수와 기타 많은 강사들이 출강을 하고 있다. 창원의 노동사회교육원에 대해 소개하였더니 매우 놀라는 것 같았다. 생각해 보라. 열악한 환경에서 일주일에 두 시간씩 12주를 한 학기로 하여 4학기를 마쳐야만 졸업하게 되고, 그 중간 중간의 특강과 회원 교양강좌, 그리고 연수기간을 합치면 결코 만만한 수업시간이 아닐 것이다. 그리고 전임 대학교수가 2명이며(소장, 부소장), 매 학기 정기적으로 강의해 주시는 강사분들만 따져도 5-6명이지 않은가?

노동 아카데미의 운영에 대해 잠깐 살펴보기로 하자. 운영위원회의 구성은 헤센 주정부, 노조, 그리고 노동 아카데미의 교원과 학생대표들로 이루어진다. 이 운영위원회(1년에 2회 정도 개최)에서는 학사일정, 교과목, 그리고 예산 등을 결정하게 된다. 이 외에 각 노조의 교육 담당자들이 연간 2-3회 정도 모여 노동 아카데미의 현안들에 대해 논의를 하고 있다.

재정은 노조와 국가로부터 지원된다. 각 노조에서는 연간 수억원이 넘는 돈을 장학금으로 지급하고 있으며, 헤센 주정부에서는 예산항목에 노동 아카데미의 재정을 반영해 두고 교원들의 임금이나 외부 강사료, 그리고 시설비용 등을 지원해주고 있다(정확한 금액은 얘기하지 않았지만 연간 수십억 원에 이른다고 한다). 현재의 건물은 독일노총(DGB)과 헤센 주정부가 공동 소유주라고 한다.

특히 노조가 노동 아카데미에 대해 막대한 재정적인 지원을 해주는 것은 노동자들의 교육을 위해 노동 아카데미가 절실히 필요하다는 것을 노조 스스로가 인정하고 있는 증거라고 교육 담당자(프릿징 씨)는 말했다. 그리고 독일의 노조들은 교육의 자주성과 학문의 자유를 존중하고 있기 때문에 노동 아카데미에 대해 일체의 간섭이나 이념적 요구를 해온 적이 없다고 한다.

끝으로 프릿징 씨는 노동 아카데미를 졸업하여 현직에서 활동하고 있는 대표적인 인물로 독일금속노조의 제2위원장인 피터 유르겐스, 노동부장관, 헤센 주 DGB 위원장, 헤센 주의회 사민당 원내총무 등을 손꼽았다. 그리고 매년 40명의 졸업생 중 약 15명 정도가 메탈 소속 조합원이라고 한다. “교육이 힘이다”, “교육이 권력이다”라는 구호로 시작된 노동 아카데미의 결실 중 하나라는 것이다. 잠시 생각해 보았다. 노동사회교육원이 배출한 인물들은? 참으로 많았다. 금속노조위원장, 민주노동당 창원을 지구당 부위원장, 금속노조 경남2지부 부지부장 및 조직부장, 노조 지부장, 그리고 수많은 현장활동가들 … 우리도 아쉬울 게 없었지만 속으로는 노조의 든든한 지원을 받는 노동 아카데미가 무척 부러웠던 것은 사실이다.

노동 아카데미 현관에서 프릿징 씨와 라만, 그리고 우리 모두 기념촬영을 하고 독일에서의 모든 공식적인 일정을 마무리했다. 라만은 우리에게 '앞으로 교육원과 영남노동운동연구소, 그리고 독일금속노조 간에 공식적이고도 지속적인 교류를 하자'고 말했다. 1기 때부터 우리가 보여준 성실성과 열의의 결과였다. 파리로 떠나는 기차는 밤 11시 45분이었기 때문에 많은 시간이 남았다. 간 밤에 못다 먹은 병맥주가 6병 있었다. 대학 구내의 벤치에 앉아 한 잔씩 하고 프랑크푸르트 중앙역으로 향했다.

역의 보관함에 짐을 넣고(2마르크) 시내관광을 나섰다. 로마 시대때의 건축물이 남아 있는 마을과 시내의 광장들을 둘러보고 백화점에서 간단한 선물들을 산 후 저녁을 먹었다. 오늘 저녁은 중국 요리다. 양이 얼마나 될지 짐작을 할 수 없어 이것 저것 11인분을 시켰더니 왕 서방(?) 입이 찢어진다. 엄청난 양이었다. 그러나 걱정할 것은 없었다. 우리들에겐 양솔규 군이 있었기 때문이다. 45도의 빼갈 한 병을 비우니 라만과, 키일, 그라이너, 프륄리히, 그리고 프릿징의 얼굴들이 떠올랐다. 동지들이었다.

파리로의 출발을 앞두고 역 안의 식당에서 독일에서의 마지막 생맥주를 시켰다. 각자 지니고 있던 동전들을 모두 거두어 맥주 값을 치렀다. 고생하신 박장현 선생님께 감사의 말씀을 드리고 국내에 오시면 이 원수(?)를 꼭 갚겠다고 말했다. 파리로 출발할 기차가 기다리고 있었다. 야간 침대열차는 한 방에 6명이 잘 수 있다. 국경을 넘어가는 열차이므로 승무원에게 우리 기차표와 여권을 맡기고 각자의 침실로 올라갔다. 영남노동운동연구소의 김영희 사무국장으로부터 나중에 들어서 안 사실이지만, 프랑크푸르트 중앙역에는 약간의 요금만 내면 손발과 머리도 감을 수 있는 곳이 있는데도 불구하고 하루 종일 돌아다닌 몸을 씻지도 않고 탔기 때문에 실내는 여러 다양한 냄새들로 진동을 하고 있었다. 이미 아래 칸의 동지들은 잠에 빠져 탱크 소리를 내고 있었고 … 도저히 맨 정신으로는 잘 수가 없다는 핑계거리가 생겼다. 맨 위 칸에 함께 탄 홍여표 금속노조 경남2지부 부지부장도 같은 심정이었던 모양이다. 사두었던 독일 소주를 오징어(!)와 함께 2병이나 마시고 기절(?)을 하였다.

5. 다섯째 날 : 나는 파리의 택시 운전사, 그리고 SUD

(2001년 10월 3일, 수)

기차는 밤을 도와 달려 파리 동역에 도착했다. 아침 7시 50분이었다. 무거운 짐들과 몸을 이끌고 나서자 플래트폼 저 끝에 트렌치 코트를 입고 우산을 앞으로 단정히 짚고 계신 홍세화 선생님이 우리를 기다리고 계셨다. 우리나라의 현대사를 만난 것이다. 잘 알다시피 홍세화 선생님은 『나는 파리의 택시 운전사』, 『세느 강은 좌우를 나누고 한강은 남

북을 가른다』 등의 책뿐만 아니라, 한국 사회의 여러 문제에 적극적으로 개입하고 계신 분이다. 민주노총의 기관지인 『노동과 세계』에도 계속 글을 올리고 계시며, 귀국을 하게 되면 민주노동당의 평당원으로 활동하실 거라고 한다.

교육원의 임영일 소장께서 우리들의 연수를 앞두고 민주노총에 문의하여 홍 선생님의 연락처를 받고, 몇 차례에 걸쳐 편지교환을 한 결과 프랑스에서의 첫날 일정을 도와주시기로 한 것이었다. 홍 선생님의 첫 느낌은 외유내강 그것이었다. 따뜻한 눈길과 나직나직한 말소리에는 어떤 강단이 들어 있었다. 원래 잡혀있던 파리에서의 첫 날 일정은 오전에 쉬드[(SUD), 프랑스의 비대표 노조, 연대(Solidarity), 단결(Unite), 민주주의(Democracy)의 약자이다]를 방문하는 것이었지만 우리들의 상태를 고려하여 오후 2시로 방문일정을 미리 바꾸어 두셨다. 그리고 숙소에 연락하여 아침을 준비해 놓도록 해두셨던 것이다. 세심한 배려였다.

지하철역에서 3일간 이용할 수 있는 티켓을 끊고(독일처럼 그룹 티켓이 아닌 1인용 티켓이며, 버스로도 환승이 가능하다. 표를 구입한 후 구입날짜와 서명 등을 기록해 두어야 한다) 조선족 아줌마가 운영하고 있는 우리의 숙소로 이동했다[약 30분 정도 소요. 역 이름은 라플라스(Laplace)이다]. 선생님과 함께 김치찌개로 아침을 먹고 간단히 샤워를 한 후 오후에 방문하게 될 쉬드와 프랑스의 노총들에 대한 설명을 들었다.

오전시 간은 선생님과 함께 세느 강가에 있는 노틀담 사원과 쁘띠뽕(세느 강에 걸쳐 있는 다리 중 가장 작은 다리라는 말임. 여기서 바라보는 노틀담의 풍경이 가장 아름답다고 한다. 선생님과 이 위치에서 모두 한 방씩 박았다), 그리고 공원묘지를 둘러볼 수 있었다. 선생님께서 우리들에게 "노틀담이 무슨 뜻인지 아느냐"고 물으셨지만 당연히 아무도 대답할 수 없었다. 선생님께서도 파리에 처음 왔을 때 노틀담이 무슨 담벼락 이름인 줄 알았다고 했다. 농담으로 하신 말씀인데 한참 뒤에야 웃었다. 노틀담은 '우리들의 성스러운 어머니', 즉 마리아라는 뜻을 지니고 있다고 한다.

선생님은 모든 풍경에 대해 일방적으로 설명하지 않으셨다. 항상 질문을 먼저 하셨던 것이다. 그러나 우리는 아무 말도 하지 않았다(몰랐으므로). 선생님의 질문. "노틀담의 건축양식은?" 이번에는 대답해드릴 수가 있었다. 우리의 양솔규군이 "고딕 양식이요" 하자 맞다고 하시면서 "건축기법의 특징이 무엇이냐"고 다시 질문하셨다. "돌들을 밑에서부터 안쪽으로 기울여 쌓아가면서 돔과 첨탑을 만든 것 같다"라고 말씀을 드렸더니 흡족하신 표정이었다. 노틀담 사원은 관광지로만 공개되고 있는 것이 아니라 지금도 예배를 드리고 있다고 한다. 실제 안으로 들어가 보니 맨 안쪽에서는 경건한 기도들을 하고 있는 모습들을 볼 수 있었다. 스테인드 글라스와 예배용 촛불, 그리고 성인들과 잔 다르크의 동상 등이 우리들의 옷깃을 여미게 만들었다.

선생님께서 파리에 오게 되면 반드시 들러야 할 곳이 있다고 말씀하셨다. 파리 동구지역에 있는 묘원이다. 여기에는 50만 기에 가까운 묘지들이 있다. 이브 몽땅, 짐 모리슨 등 유명 예술인들과 노동운동가들의 묘지들이 산재해 있었다. 마치 아름다운 공원처럼 조성되어 있었고, 묘지들은 하나같이 예술품들 같았다. 묘원 입구에는 하늘로 치솟은 마로니에가 줄지어 서 있었다. 동숭동 전 서울대학교 문리대 교정의 마로니에를 떠올리며 '지금도 마로니에는 피고 있겠지 …' 노래를 되뇌이면서 향수와 망명의 한을 달랬다는 선생님의 글이 생각났다.

고즈넉한 묘원 길을 따라 선생님이 우리를 안내한 곳은 '무명전사의 벽'이었다. 파리 꼬뮨 시절 좌파들이 정부군에 쫓겨 최후의 항전을 벌이다 대부분의 사람들이 죽고 140여 명이 붙들려간 곳이다. '아무도 미워하지 않는 자의 죽음'이었고, '꽃도 십자가도 없는 무덤'이었다. 꽃은 준비하지 못했지만 우리 식대로 담배 한 대에 불을 붙여두니 '산 자여 따르라'는 목소리가 들리는 듯했다. 이 무명전사의 벽 바로 맞은 편에는 마르크스의 딸 로라와 그의 남편인 폴 라파르그의 무덤이 있다. 폴 라파르그의 『게으를 수 있는 권리』는 우리나라에도 소개되어 있다.

쉬드와 약속한 시간이 가까워지고 있었다. 선생님께서는 우리들에게 '케밥'이라는 음식을 소개하고 싶어하셨으나 식당을 찾지 못해 유럽에서의 두 번째 맥도날드를 먹을 수밖에 없었다. 쉬드의 허름한 건물과 상근자들에 대한 첫 느낌은 우리의 초창기 전노협 시절을 보는 듯했다. 자욱한 담배 연기와 어디론가 연락을 바쁘게 취하고 있는 사람들, 쉴 새 없이 돌아가는 복사기 소리, 그리고 건물 입구에 붙은 세계 각국의 노조에서 보내온 포스터들(우리나라 대우의 것도 있었다) … .

프랑스의 노동조합은 독일과는 다른 독특한 성격을 지니고 있는데, 다원주의적인 노조(10여 개의 복수 노조총연맹)의 존재와 정치정당과의 관계유지 및 이에 따른 이념적인 다양성 등을 들 수 있다. 이를 두고 홍 선생님은 "독일의 노조는 강하다. 그러나 강한 만큼 잘 움직이지 못한다. 그러나 프랑스는 1995년의 파업이 보여주듯 정반대이다. 노조의 문화가 다른 것이다"라고 말씀하셨다. 현재 10여 개의 전국적 규모의 총연맹 중 5개의 총연맹 만이 대표 노조로 법에 명시되어 있다[노동총연합 : CGT), 프랑스민주노동연합(CFDT), 프랑스관리직연합(CGC), 프랑스기독교노동자연합(CFTC), 노동총연합-노동자의 힘(CGT-FO 등이 그것이다]. 대표 노조로 인정되는 기준은 회원 수, 회비 징수율, 가입의 자유, 사용자로부터의 독립성, 노조의 활동과 활동 연수 등이다. 이들 대표 노조에게는 단체교섭에 임할 권리가 주어진다(보다 구체적인 내용은 이종한 선생의 글을 참조하길 바란다). 프랑스 노동조합의 일반적인 조직체계를 간단히 그림으로 설명하면 다음과 같다.

법－(대표성 부여)→총연맹－(대표성 부여)→상위노조－(지명)→대의원→단위기업

상위노조에서 대의원을 지명하며 단위기업, 즉 한 사업장 내에서는 원칙적으로 대의원을 지명할 수 없다(500명 이상의 사업장에서는 기술자나 관리직을 대상으로 따로 노조 대의원을 지명할 수 있다고 한다). 그리고 한 사업장 내에는 법으로 인정된 다수의 총연맹 대표 노조들이 공존할 경우 이들 모두는 앞서 말한 바처럼 교섭권리를 가진다. 사업장 내에 노동자들을 대표하는 조직들이 있지만[노조지부(대표 노조만 설치할 수 있음), 종업원대표제도, 그리고 기업운영위원회 등], 사업장 내에서는 적극적인 노조활동가의 역할이 중요시되고 있다. 그리고 기업단위를 벗어나서는 지역별, 산별 차원에서 공식적인 노조활동이 이루어지고 있다. 그러나 독일의 노조신임자회나 사업장평의회와 비교해 볼 때 현장활동가의 운신의 폭이 상대적으로 좁은 것이 아니냐는 생각이 들었다.

우리가 찾은 쉬드는 비대표 노조이다. 쉬드는 1980년대 좌파 정부가 자유주의적 정책을 펼치고 있을 때 프랑스민주노동연합(CFDT)이 정부의 이러한 우경화 정책(예컨대 민영화)에 영합한 것에 반대한 사람들에 의해 조직된 것이다(1988년). 우편 노조와 프랑스 텔레콤 노조가 쉬드의 주요 부문을 이루고 있다. 홍 선생님에 따르면 쉬드 내에는 자유주의적 좌파들이 많고, 이 결과 의사결정 사항들이 빠르게 진행되는 등 유연성이 높다고 한다. 우리 일행을 맞아준 분은 우편 노조 부문을 담당하고 있고, 대우노동자들이 김우중 대우그룹 회장의 체포를 위해 프랑스에 갔을 때 물심양면으로 도와준 베를벤느 안젤리와, 텔레콤 부문과 비정규직 노동자를 담당하고 있는 세실 꽁따아였다. 참고로 우편노조의 경우 비정규직의 규모는 25-30% 정도이며, 텔레콤은 10% 정도이다. 파업조건에 비정규직 문제를 상정해 놓고는 있으나 이들을 정규직으로 전환하기에는 현실적인 어려움이 많다고 한다.

쉬드는 1995년의 대파업(민영화 반대, 사회보장축소 반대, 신자유주의 반대 등이 주요 내용이었음. 이때도 CFDT는 정부 편을 들었다고 한다) 이후 연대활동에 집중하고 있는데, CFDT나 CGT 등과는 달리 다른 독립 노조들과 수평적인 연대를 하고 있다고 말했다(횡적 유대와 자주성의 원칙). 이 밖에도 여성운동(여성문제만큼은 5개의 대표 노조와 함께 협의를 하고 있다고 한다)이나 노동허가증이 없는 이주노동자의 보호(쉬드에서 이들과 후견인 관계를 맺는다), 세계화 반대운동 등도 병행하고 있는데, 현재 프랑스에서 가장 강력한 시민단체인 아탁(ATTAC : 프랑스를 방문한 대우자동차 노조원들에게 실질적인 도움을 준 단체임)과 공조관계를 이루고 있다. 모든 연대활동의 행동 결정은 만장일치제를 통해 이루어진다.

몇몇 사정으로 쉬드의 조직구조와 현장활동 등에 대한 충분한 토론이 전개되지 못한 아쉬움이 남았지만, 프랑스혁명 이후 80년간의 투쟁을 통해 공화주의(특권의 폐지, 자유와 평등의 추구, 그리고 사회정의의 실현이 주된 내용임)를 획득한 역사적인 자부심을 느낄 수 있었다. 안젤리와 꽁따아, 그리고 우리 일행들은 쉬드 건물 앞에서 방문 기념촬영을 하고 다시 만날 것을 기약했다. 홍 선생님은 두 여사분과 포옹과 가벼운 키스를 나누었다. 우리에게도 그렇게 인사들을 나누라고 하셨지만 모두 뒷걸음만 칠 뿐이었다. 나중에 생각하니 무척 아쉬웠다. 오후 4시경이었다. 숙소로 돌아가기엔 너무 이른 시간이라 파리 시내 관광을 하기로 했다. 중심가로 가기 위해 일단 버스를 타고 지하철역으로 이동했다.

"투쟁의 역사 등으로 사회의 모든 부문이 알차게 채워지고 난 상태에서 포스트 모더니즘이든 온갖 이론들이 나올 일이지, 이러한 것들도 없이 온갖 것들이 난무하는 것은 어불성설이다." 버스간에서의 홍 선생님 말씀이었다.

파리의 지하철 역시 독일처럼 승객이 직접 문을 열고 내려야 한다. 홍 선생님은 매주 금요일까지는 집안의 저녁식사를 맡아해야 하기 때문에 오늘 저녁은 우리와 함께 할 수 없고, 내일 저녁 해놓고 우리 숙소로 올 테니 함께 소주 한 잔 하자고 하셨다. 홍 선생님 댁은 우리가 가려고 하는 개선문에서 세 정거장쯤 떨어진 라데팡스 역 근처였으나 우리들을 염려하여 개선문 앞에까지 안내를 하시곤 들어가셨다. "세느 강 관광 유람선을 한 번 타보라"는 말씀과 함께 ⋯ .

개선문은 파리의 드골 광장 중앙에 있다. 드골 광장으로 이어지는 방사상의 길들 옆에 서 있는 건물들은 도로 맞은 편 건물과 닮은 꼴의 정확한 대칭을 이루고 있었다. 개선문 각부(脚部)를 장식한 조각 가운데 F. 뤼드의 '라 마르세예즈(進軍)' (1833-1836)는 특히 유명하다. 아치의 중앙 밑에는 제1차 세계대전의 무명용사 묘비가 세워져 있다. 보석상과 고급 가게들, 그리고 까페들이 늘어선 일직선의 상젤리제 거리를 내려오자 홍 선생님이 일러주신 유람선 선착장이 보인다. 1인당 45프랑(약 9,000원)을 주고 약 1시간 가량, 어둠이 깔리는 세느 강 주위의 화려하고도 요염한 풍광들을 한꺼번에 볼 수 있었다. 불 켜진 에펠탑, 베르사이유 박물관, 오르세 미술관, 또 다시 노틀담, 그리고 다리 위의 정겨운 연인들 … .

저녁식사는 숙소 근처에서 하기로 했다. 늦은 시간이라 문을 연 식당을 쉽게 찾을 수 없었다. 이탈리아인이 경영하는 피자 집으로 갔다. 독일에서의 마지막 식사(중국요리) 때 너무 많은 양을 시킨 것이 생각났고, 우리의 피자랑 크기가 다를지 몰라 10명이 앉아 피자 세 판을 시켰다. 1인당 두 쪽씩밖에 돌아가지 않았다. 이번에는 너무 적게 시킨 것이었다. 함께 간 동지들에게 미안한 마음이 들었다. 이국 땅에서 공부 열심히 하고 고생하고 있는데 먹는 거라도 배불리 먹어야 하는데 나의 쫀쫀함 때문에 주린 배를 움켜잡고 잠 못 들 것을 생각하니 눈물(?)이 앞을 가렸다.

그러나 해결방법은 있었다. 아랍인(오사마 빈 라덴 생각이 들 겨를이 없었다)이 24시간 경영하는 동네 슈퍼가 두 군데나 있었던 것이다. 소시지와 치즈, 포도주, 양주, 그리고 군것질거리 등을 사들고 숙소에서 미진함을 충분히 달랠 수 있었다. 흥에 겨워지자 주인 아줌마가 올라왔다. "그렇게 떠들면 옆집에서 신고 들어와요~".

6. 여섯째 날 : 노동총연합(CGT), 그리고 파리에서의 마지막 탱고(2001년 10월 4일, 목)

파리에서의 마지막 일정인 쎄제떼(CGT)를 방문하는 날이다. 쎄제떼는 조합원의 수가 가장 많은 대표 노조이다(70만 명). 아침 9시 30분 국제부 아태 담당자인 뽈 아몽(Paul Hamon) 씨를 만나 노조의 전반적인 소개를 듣기로 했다. 오늘 우리들에게 통역과 가이드를 담당해 주실 분들은 파리 제10대학에서 정치학 박사학위 논문을 마무리하고 계신 이길호, 김태수 두 분의 선생님이다. 홍 선생님께서 우리들을 위해 아주 단정하고 정확한 두 분을 배치시켜 주셨던 것이다. 논문 마무리를 위한 시간들이 매우 바쁘실텐데도 우리들에게 하나라도 더 프랑스에 대해 알려주려고 애를 쓰셨다. 이 지면을 빌려 다시 한 번 깊은 감사를 드린다.

아몽 씨와 간단한 인사들을 나누고 쎄제떼의 조직체계에 대한 설명을 들었다. 그림으로 살펴보도록 하자.

(1) 노조지부 ⟵ (2) 단위노조 ⟶ (3) 산별연맹 ⟶ (4) 총연맹

(1) 노조지부(section syndicale)는 사업장이나 기업단위의 노조를 말한다(50인 이상의 사업장에 설치). 노조지부는 노조대의원과 노조원으로 구성되어 있으며, 사업장이나 기업단위의 교섭주체이다. 노조대의원들에게는 유급 노동면제 시간이 주어진다.

(2) 단위노조(syndicat)는 기업단위의 노조가 아니라 지역단위에서 동종업종의 노동자들로 구성된다. 모든 의사결정의 기초단위이며, 다수의 노조지부와 개인회원들을 포괄하고 있다. 노조지부의 대의원을 지명한다. 한편, 이 지역단위에서 직종간 연합체가 구성되는데, 이를 '지역연합' (즉 단위노조들의 결집체)이라 부른다. 이 연합들은 지역 규모에 따라 광역(우리의 도에 해당)과 협역(우리의 시 · 군에 해당) 연합으로 나뉜다. 여기서 지역적 투쟁단위가 꾸려지고, 사회적인 사안들에 대해

교섭을 하게 된다.

(3) 산별연맹(federations)은 단체교섭에서 중심적인 역할을 한다.

(4) 총연맹(confederation)은 산별연맹과 지역연합들의 상위조직이다. 쎄제떼 본부에 근무하는 상근자는 200명 정도라고 한다.

노조의 운영 재원은 조합비가 대부분을 차지하고 있다. 조합비는 실수령액의 1%인데, 독일과 달리 일괄공제는 하지 않는다. 마침 이길호 선생님이 가져온 르 몽드 신문에 "노동자들이 현장 등에서 문제가 생길 때만 조합원으로 가입하고, 이 문제가 해결되고 나면 조합원을 탈퇴해 버리는 무임승차자 수가 한 해 동안 1만 명에 이른다. 노조가 한시적 보험의 구실을 하고 있다"는 보도가 있었다. 아몽 씨는 이 문제에 대해 이렇다 할 답변을 하지 않았다. 조합비 이외에도 대기업들에서 기업단위별로 단체협약에 따라 상근자들에게 임금이나 노조활동비를 지급하는 경우가 있으며, 산별 · 지역별 · 기업별 단위에서 행사를 열어 모금을 하거나 찬조를 받아 재정을 충당하기도 한다. 그러나 정부로부터 지원을 받는 것은 전혀 없다고 말했다. 쎄제떼의 본부 건물도 1981년 이후 직접 관리 · 운영하고 있다고 한다.

본부 상근자들의 배경에 대해 질문했다. 상근자는 크게 둘로 나눌 수 있는데, 첫째 전문적으로 회계나 서류업무를 처리하는 행정 담당자들이 있고(약 30% 정도이며, 이 중에는 비노조원도 있다고 한다), 나머지 70%는 노조활동 관련자들이라고 한다. 한편, 상근자들 중에는 일주일 내내 계속 상근을 하는 사람도 있고, 노조지부 일을 하면서 일주일에 2-3번 정도 본부로 나와 상근을 하는 사람들도 있다. 아몽 씨의 경우도 파리에서 300㎞ 정도 떨어진 '앙제'라는 도시의 톰슨 사업장에서 노조활동을 하고 있다고 한다.

앞서 서두에서도 밝혔듯이 전통적으로 프랑스의 노조들은 정당과의 관계가 긴밀한 것이 특징인데, 쎄제떼는 약 20년 전부터 공산당과 일정 거리를 두고 있으며, 독자적인 행보를 걸으려고 한다고 했다. 그러나 좌파 정당들과는 여전히 긴밀한 관계를 유지하고 있다.

최근 프랑스에서 기업단위의 협약이 증가하고 있는 추세인데, 이럴 경우 산별적 원칙이 훼손당하지 않겠느냐는 질문을 던졌더니 아몽 씨는 '농' (영어의 노)을 세 번씩이나 연발하면서 절대 그렇지 않다라고 말했다. 많은 연구자들이 이 부분을 계속 지적하고 있는데, 이번에도 아몽 씨는 별다른 설명을 하지 않았다. 현장노조들의 파업 중심의 활동을 지나치게 믿고 있는 것은 아닐까라는 생각이 들었다.

노동자 교육 시스템에 대해 설명을 부탁드렸다. 쎄제떼의 경우 파리 근교에 강의실과 기숙사를 갖춘 교육센터를 운영하고 있으며, 평조합원은 1년에 12일, 간부들은 18일간의 교육을 받을 수 있다고 한다. 이 모든 것은 법으로 정해진 의무사항이며, 노조는 한 달 전에 통보해 줄 의무가 있고, 사용자는 1번에 한해 이를 연기시킬 수 있다. 교육내용으로는 노동법 관련 교육이 가장 일반적이며, 직위나 부서, 그리고 임무와 역할에 관한 교육도 이루어지며, 국제문제나 WTO 등의 특수한 사안에 대해서도 교육을 한다. 본부 차원에서 발행하는 소식지는 2종인데 하나는 공식 기관지인 『피플』이며, 한 달에 2번 발행한다. 그리고 주간지인 『새로운 노동자의 생활』은 일반시민들도 보는 유료 소식지이다(1부에 5프랑이며 주당 7-8만 부를 발행함). 이 외에도 여러 사안들이 논의되었으나 독일에서의 기타 사안들과 큰 차이를 느끼지 않았기 때문에 따로 정리는 하지 않겠다.

이제 유럽에서의 모든 공식적인 일정이 끝났다. 해방감보다는 숙제를 많이 받은 학생의 느낌이었다. 연대와 실천은 일상성과 역사성의 상호작용을 통해 생겨난다. 일상성이 죽어버리면 실천을 꿈꿀 수 없고, 역사성을 견지하지 못하면 파벌과 종파주의로 귀결되어 연대는 사라지고 만다. 프랑스로부터는 연대의 일상성을, 독일로부터는 실천의 역사성이 갖는 중요성을 배웠다면 지나친 이분법일까?

참고문헌

강신준. 1999, 「독일에서 보내는 소식」, 영남노동운동연구소, 『연대와 실천』, 2월호.

박장현. 1997, 「교육휴가 참가기」, 영남노동운동연구소, 『연대와 실천』, 1월호.

이종한. 2001, 「프랑스 단체교섭체계」, 영남노동운동연구소, 『연대와 실천』, 8월호.

영남노동운동연구소 편역. 1994, 『독일 금속노조의 이해』, 영남노동운동연구소.

영남노동운동연구소 산별노조연구분과 편. 1995, 『산별노조 100문 100답』, 영남노동운동연구소.

조효래. 1996, 「프랑스 노사관계의 구조와 최근의 변화」, 영남노동운동연구소, 『연대와 실천』, 10월호.

Goetschy, Janine. 2001, 「프랑스 : 개혁의 한계(1), (2)」, 영남노동운동연구소, 『연대와 실천』, 8월호, 9월호.

7

산업공동화 이데올로기 비판과 노동운동

1. 머리말 : 문제 제기

그람시(Gramsci)는 대중매체를 지배계급의 생각을 일방적으로 전달하는 통로라기보다는 경쟁하는 사회세력 간의 경쟁영역(즉 '정치사회'의 영역)으로 묘사한다(Curran, 1999 : 471). 과거 파시즘적 정치체제 시대의 각종 매체가 지녔던 지배계급 일방의 의사소통과는 달리, 현재 우리가 경험하고 있는 다양한 매체들의 등장과 이들의 목소리들을 보노라면 그람시의 진단은 타당하다. 그러나 이러한 경쟁은 쌍방의 우위를 가늠할 수 없는 이념형적 경쟁상태가 아니라, 지배적 헤게모니를 장악하고 있는 집단의 현상 유지력과 이를 돌파하려는 열위의 세력 간의 경쟁상태를 의미한다. 이러한 점에서 현재 확산 중인 산업공동화 담론은 좋은 예가 될 것이다. 주지하다시피 쟁점적인 담론에 있어서의 헤게모니 장악의 핵심은 지배집단이 사회의 일반적인 경향(예컨대 권력, 부, 명예 등)에 관한 지배력을 포기하지 않으면서 여타 집단들에게도 자신들의 관심이 합리적인 것이고 불편부당한 것이라고 느끼도록 사회화시키는 것이다. 따라서 이 과정에는 대화(dialectic)가 아니라 수사학(rhetoric)이 필수적이다.

이러한 점은 그간에 나타났던 일련의 사회적 쟁점들(예컨대 민영화, 고임금 노동귀족, 노조공화국, 노동자 자결 사태 등)에 대한 논의들에서도 찾아볼 수 있다. 이 점에서 재벌언론 및 언론재벌들의 의제설정 능력(agenda setting power)은 "용어가 산출하는 권력효과"(Poster, 1994 : 51)를 적절히 구사하고 있는 셈이다. 이 글의 키워드인 산업공동화, 제조업공동화, 해외이전 등의 논의에서도 이와 비슷한 양상이 전개되고 있다. 이들은 산업공동화의 엄격한 의미에 대해서는 상대적으로 관심이 적고, 다만 이 쟁점을 노사관계, 국가경쟁력, 비정규직, 그리고 노동조합 등의 문제에 대한 압박 개념으로 사용하고 있을 뿐이다. 이러한 점은 일부 국책연구기관이나 자본의 연구기관 글에서도 확인된다.[1]

그러나 이러한 상황들에 놓이게 된 데는 보수정당과 정부, 그리고 자본의 공세뿐만 아니라 그간의 노동운동 진영이 안고 있던 문제점

---

1. 이 글에서 사용되고 있는 산업공동화(hollowing out)라는 개념은 엄밀한 의미에서 과학적 용어라고 보기에는 힘들다. 이 용어는 대개 경제의 부정적인 현상을 묘사하기 위해 일부 대중매체와 경제계에서 선호되어 왔던 것이다(안현호 외, 2005 : 2-3). 이러한 용법은 이데올로기적인 성격이 강하며, 단어 자체가 지닌 선정적이고 부정적인 특징 때문에 공포감 등의 부작용을 유발(하병기, 2005)한다(산업 또는 제조업 공동화를 둘러싼 이론적 논의들에 대해서는 정명기(2005)를 참고할 것). 그러나 이 글의 주요 논점이 이러한 용법의 문제점들을 지적하는 것이기 때문에 산업공동화를 키워드로 사용하겠다. 산업공동화의 보다 중립적인 또는 분석적인 표현은 제조업의 해외이전 또는 진출, 그리고 제조업의 해외투자 등이 될 것이다.

들도 일정 정도 작용했음을 부인할 수 없다. 즉 노동운동이 반드시 견지하고 있어야 할 대자본, 대국가의 과제를 은연중에 방기하고 내부 분열로 오해될 수 있는 사안 또는 빌미를 제공하거나, 노동계의 바람직하지 못한 일부 사례들의 발생 등이 노동의 목소리들을 더욱 잠복할 수밖에 없게 만든 점들이 그것이라 할 것이다. 그리고 노동자계급의 역량 형성은 양적인 비중이나 조직률 등의 객관적 측면뿐만 아니라 계급지배의 이데올로기적 형성 측면도 중요(조돈문, 2004 : 18)하나 그동안 이에 대한 관심과 강조가 상대적으로 적었던 것도 사실이다.

이러한 문제의식 하에 이 글에서는 먼저 (1) 산업공동화의 현실을 소략하게 검토하고, (2) 객관성으로 포장된 편향된 산업공동화 담론의 유포 상황(정규-비정규 편차 확대, 정규직-노동조합 책임론, 강성 노사관계 등)을 살펴보고, (3) 이에 대한 노동의 대응방안에 대해 토론하는 것을 연구목적으로 삼는다.

2. 산업공동화의 현실

산업공동화를 둘러싼 논의들의 정확성 여부 또는 편향성의 정도를 알아보기 위해 먼저 현재까지 진행된 산업공동화의 현실을 구체적인 통계자료들을 통해 살펴볼 필요가 있다. 산업공동화의 진전 정도를 살펴볼 수 있는 지표에는 여러 가지가 있다. 제조업의 생산 추이, 국내생산 중 제조업이 차지하는 비중, 해외직접투자 확대로 인한 제조업의 활성화 여부, 노동집약적 산업에서 기술집약적 산업으로의 이동, 생산적 서비스업의 증가, 그리고 수요 대비 생산 대응능력 감퇴 여부 등이 그것이다. 이러한 지표들을 중심으로 한국 제조업의 공동화 실태를 살펴본 연구결과들에 따르면(노광표 외, 2004 ; 산업자원부, 2003) 현재까지 제조업의 공동화라고 부를 만한 실증적인 결과는 뚜렷하게 나타나지 않는다는 것이다.[2]

그러나 이러한 연구결과들 중에서 유의해서 살펴보아야 할 점들이 있다. 첫째, 이들 연구들이 활용하고 있는 자료들은 과거부터 현재까지 해당 지표들의 총량적 지표만을 보여줄 뿐, 향후 공동화가 가져올 결과들에 대해서는 경고 내지 소략한 결론만을 제시하고 있을 뿐이다(허민영, 2004). 둘째, 그러나 이들 연구들은 공통적으로 공동화와 고용의 내용 변화에 대해서는 정책적 대응이 필요하다는 점을 강조하고 있다. 예컨대 GDP 중 제조업 비중과 부가가치 노동생산성은 줄어들지 않았지만 제조업의 고용 비중은 크게 줄었다는 점 등이 그것이다(소위 '고용 없는 성장', 박래정 외, 2004). 그러므로 산업공동화 논의에서는 양적 측면과 관계적 측면이 함께 고려되어야 한다. 즉 제조업 공동화의 본질을 구체적으로 파악하기 위해서는 총량적 지표의 분석뿐만 아니라, 생산조직의 변화나 해외직접투자의 확대가 고용조건에 미칠 노동관계의 변화 측면까지 파악할 필요가 있다.

이상과 같은 문제의식 하에 현재까지 진행되고 있는 제조업 공

2. 그러나 삼성경제연구소(2003), 이지평(2004) 등은 제조업의 해외생산 증가, 주요 제품의 해외생산 비중 상승, 제조업 분야의 창업부진, 그리고 외국인의 제조업 투자 감소 등의 지표를 통해 제조업공동화가 우리 경제에 심각한 위협이 되고 있다고 진단한다.

〈표 1〉 자본의 유통정식

(단위 : 건, 천 불)

	투자건수	투자금액	투자금액 비중(%)
Total	25,407	54,117,926	100
농림어업	511	502,580	0.9
광업	196	3,179,389	6.0
제조업	15,476	29,022,873	53.6
건설업	464	907,863	1.7
도소매업	3,754	11,780,972	21,8
운수창고업	447	357,174	0.7
통신업	189	1,561,355	2.9
금융보험업	30	18,721	0.04
숙박음식점업	1,291	1,307,999	2,5
서비스업	2,853	4,354,804	8.1
부동산업	188	1,121,173	2.1
기타	8	3,023	0.01

자료 : 한국수출입은행 해외투자 통계
* 1980년은 1968년부터 1980년까지의 누적치임

〈표 2〉 기업규모별 투자건수, 투자금액(전산업, 1980-2005. 5)

(단위 : 건, 천 불)

	투자건수	투자금액
Total	25,407 (100.0)	54,117,926 (100.0)
기 타	7,571 (29.8)	1,842,270 (3.4)
대기업	3,121 (12.3)	38,801,594 (71.7)
중소기업	14,715 (57.9)	13,474,062 (24.9)

자료 : 한국수출입은행 해외투자 통계
* 1980년은 1968년부터 1980년까지의 누적치임

동화의 현실을 먼저 양적 지표들의 내용을 중심으로 살펴보도록 한다.

앞의 〈표 1〉은 1980년부터 2005년 5월까지의 업종별 해외투자 건수와 투자금액의 추이를 보여주는 것이다. 이에 따르면 2005년 현재 총 해외투자 건수는 25,407건이며 총 투자금액은 약 541억 달러를 상회하고 있다. 이 중에서도 제조업의 투자 건수와 투자금액 비중(53.6%)이 가장 높고 그 다음이 도소매업(21.8%)과 서비스업종(8.1%)이다. 즉 제조업이 해외투자 건수와 투자금액 모두에서 중심을 차지하고 있음을 알 수 있다.

한편, 이를 기업규모별로 살펴보면(앞의 〈표 2〉 참조) 같은 기간 동안 전체적으로 보면 투자건수 면에서는 중소기업이 대기업 및 기타 기업을 상회하고 있으나(전체 투자건수의 57.9%를 차지) 투자금액 면에서는 대기업이 주도하고 있음을 볼 수 있다(전체 투자금액의 71.7%를 차지). 그러므로 앞의 〈표 1〉과 〈표 2〉가 보여주는 바는 대기업 중심으로 해외투자 비중이 집중되고 있다는 점이다. 그러나 이 자료들은 전산업을 대상으로 조사한 것이고, 1980년부터 2005년 5월까지의 누적된 수치들이다. 그러므로 지금 문제가 되고 있는 제조업, 그리고 그 중에서도 중소 제조업의 해외투자 실태를 파악하기 위해서는 또 다른 자료가 필요하다(〈표 3〉을 참조).

다음의 〈표 3〉은 2003년 9월까지 산업자원부에 신고된 해외투자 금액과 비중의 추이를 보여준다. 이에 따르면 2002년부터 대기업과 중소기업의 해외투자 금액과 비중의 격차가 급격히 좁아지기 시작한 이래 2003년 이후에는 중소기업의 해외투자 금액과 비중이 오히려 대기업을 넘어서게 된다. 이는 중소기업의 해외투자가 2003년 이후 본격화되고 있으며, 이 결과 이들 업종에서의 고용문제가 심각한 문제로 등장하고 있

〈표 3〉 제조업 규모별 해외투자 금액과 비중

(단위 : 백만 불, %)

구분	'90	'95	'00	'01	'02	'03. 1-9
전체	485	2,049	1,430	3,749	1,540	1,033
대기업	368 (75.9)	1,530 (74.7)	945 (66.1)	3,117 (84.7)	745 (48.4)	377 (36.5)
중소기업	117 (24.1)	508 (24.8)	445 (31.1)	578 (15.4)	704 (45.7)	596 (57.6)
기타	-	11 (0.5)	40 (2.8)	54 (1.4)	91 (5.9)	61 (5.9)

자료 : 산업자원부(2003).

음을 보여주는 것이다. 이는 중소기업의 해외진출 사유가 대기업에 비해 인건비 등 비용절감이 최우선 사유를 차지하고 있는 데서도 확인된다 [최우선 해외진출 사유인 비용절감이 중소기업=51.2%, 대기업=37.0% 임. 산업자원부(2003)].

한편, 같은 조사에 따라 2000년 이후 제조업의 해외투자가 국내 고용에 미친 효과를 살펴보면 업종별로 뚜렷한 차이를 보이고 있다. 즉 전체적으로는 제조업의 해외투자가 국내의 고용확대로 이어진 것은 18.8%에 불과하고, 축소(27%) 및 고용 중단(1.7%)이 모두 28.7%로 집계되고 있다.[3] 이를 업종별로 보면 수송기계, 전자통신의 경우는 고용의 확대가 각각 37.5%와 22.2%로 고용확대 비중이 평균보다 상회하고 있으나

3. 김원태 등(1997)에 따르면 1988년부터 1995년까지(즉 IMF 이전에만도) 해외 투자에 따라 약 19만명의 일자리가 감소되었다(금속노조 산업공동화 연구팀, 2004 : 54-55에서 재인용).

〈그림 1〉 2000년 이후 업종별 해외투자가 국내 고용에 미친 영향

(단위 : %)

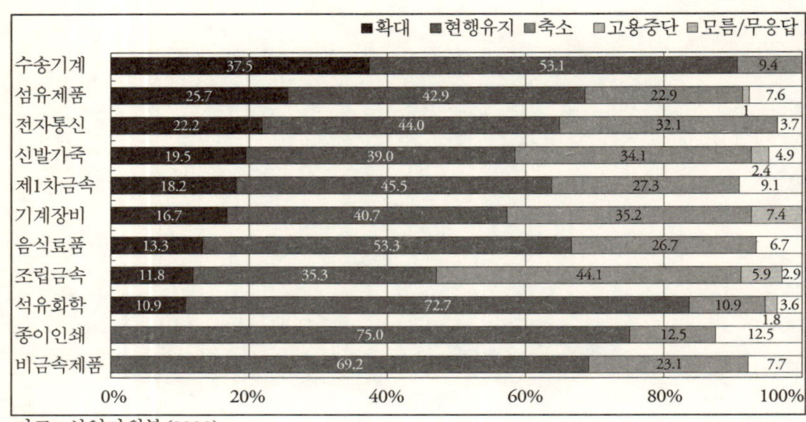

자료 : 산업자원부(2003)

전통적인 제조업종인 조립금속, 기계장비, 신발가죽 등의 업종은 고용의 축소 또는 중단 비중이 각각 50.0%, 42.6%, 그리고 36.5%로 나타난다(위의 〈그림 1〉 참조).

이상에서 현재 진행 중인 제조업의 해외이전 및 진출, 즉 산업공동화로 명명되는 실태의 주요 내용들을 간단히 살펴보았다. 이의 의미들을 간략히 요약하면 다음과 같다. 첫째, 전산업의 해외투자 건수와 금액의 비중이 1990년 이후 2005년까지 지속적으로 증가하고 있다. 둘째, 이러한 증가가 산업공동화라고 부를 만큼 경제적 공황문제인지는 연구자들 간에 이견이 있다. 즉 국제경쟁력 상실로 인한 산업구조의 공백, 또는 신산업의 부재와 산업고도화의 실패에 따른 국내 산업기반의 붕괴이냐, 아니면 해외진출로 눈을 돌릴 수밖에 없는 한계산업들의 해외이전이나 비용절감 등을 위한 기업들의 해외진출 증가현상을 두고 이를 선정적으로 확산시키고 있느냐 등에 대해서는 의견이 엇갈리고 있다. 그러나 현

재까지의 상황을 볼 때 한국의 산업공동화 현상은 아직 심각한 것은 아니나 이에 대한 대책들이 필요하다는 점에서는 논의들이 일치하고 있다. 셋째, 이러한 대책들 중 가장 중요한 점은 제조업 중 특히 중소 제조업의 해외이전 및 투자에 따른 노동문제, 즉 고용문제이다. 그러므로 넷째, 산업공동화에 따른 사회적 문제는 자본과 노동 간의 고통분담의 차원이라기보다는 노동자계급의 고통전담 내용이 상대적으로 많음을 시사하고 있다. 그럼에도 불구하고 자본과 일부 언론들은 산업공동화의 주된 원인이 노동계에 있음을 적시하고, 이 결과 생기고 있는 문제점들을 노동운동 진영에 전가시키고 있다. 이러한 주장의 문제점들에 대한 비판은 다음 장에서 살펴보게 될 것이다.

3. 산업공동화 이데올로기의 사회적 공세 및 비판

1) 이데올로기의 기능

이데올로기가 갖고 있는 기능이란 어떤 것인가? 무엇보다 그것은 사회적 생산관계를 재생산하는 것이다. 사회적 생산관계를 재생산한다 함은 생산관계에서의 기술적 성격(또는 노동의 성격)과 위치(작업장 내에서의 지위 등)만을 규정하는 것이 아니라, 일터를 벗어난 삶터에서의 삶의 조건과 질(사회적 불평등)을 규정하고 재생산한다는 것을 의미한다. 즉 이렇게 구축되는 이데올로기들을 통해 생산과 비생산의 모든 영역에서 전방위적으로 포섭된 노동력을 요구하고 있는 것이다. 이런 의미에서 자본은 기술적으로 이용가능한 노동력이 사회 · 정치적으로도 순응되지 않는 한, 모든 자본에 대해서 온전한 노동력이 될 수 없음을 끊임없이 상기시켜 준다(Hall, 1999 : 43). 그러므로 우리가 재생산의 문제를 노동력 재생산과 생존의 차원으로만 한정해서 생각할 경우, 현실의 생활조건에서 생겨나는 여러 가지 사회문제와 실제 노동력 재생산에서 갈수록 그 중요성이 증대하는 문화와 이데올로기 및 생활영역에서의 재생산의 의미를 놓쳐버릴 우려가 있다(백욱인, 1994 : 47).

한편, 지배계급들은 일터와 삶터에서의 총체적인 영향력 행사를 위해 생산의 정치 또는 계급정치의 기제들을 구사한다. 이 글과 관련되는 가장 대표적인 것이 곧 교육, 언론, 그리고 각종 매체 등의 사회구성요소들(그람시의 용법으로 말하자면 이러한 것들은 일종의 집합적인 유기적 지식인들이다)을 통한 이데올로기의 과학화(?)이다. 그러므로 이데올로기적 효과는 개인의 심리적 차원에서의 메시지 수용만이 아니라 사회관계의 재생산이라는 구조적 차원의 문제(강명구, 1989 : 306)이기도 한 것이다. 그러나 이 이데올로기를 가상의, 허위의, 근거 없는 의식이라는 의미로 해석한다면 그것은 오류이다. 이 가상은 현실성을 지니며, 그러므로 실재하는 가상이다. 사회 위에서 권력을 행사하는 집단들은 이러한 형태로 구체적인 이데올로기를 구축한다(Haug, 1995b : 164).

이 글에서 필자는 문화적인 것과 이데올로기적인 것의 구분을 애써 하지 않겠다. 연구자들 간에는 이 둘의 변별성 또는 연관성에 대해 복잡한 논쟁들을 하고 있으나[4] 이를 구체적으로 소개하는 것은 불필요하다. 이 둘은 관계적이다. 다만 문화적인 것의 내용은 비교적 긴 시간을 갖고 사람들이 일상생활에서 큰 느낌을 갖지 않도록 세련되게, 부드럽게 진행되는 것이라고 한다면, 이데올로기는 비교적 단시간 내에 집중적으로 영향을 끼쳐 구성원들로 하여금 포섭 · 동결 · 문화화되도록 하는 특징을 지닌 것이라는 것 정도만 지적해 둔다. 그러므로 전자는 비교적 한시적 안정성을 띠고 있으나 후자는 경쟁적이거나 갈등적인 요소를 갖고 있는 셈이 된다. 예컨대 산업공동화를 둘러싼 일상적인 담론들의 유포 상황들을 보면 지배계급의 관점에서는 이것이 하나의 문화적인 것으로 되어 있는 듯하고(헤게모니를 확보한 지배계급의 문화요소), 노동자계급 등에게는 어떤 일정한 대응들이 필요한 이데올로기적인 것으로 작동하고 있는 듯이 보인다. 그러므로 이러한 일상적인 경험에서도 보듯이 문화적인 것과 이데올로기적인 것의 개념은 분석적으로 나누어져 있는 것이 아니라 오히려 사회적 관계들의 성격을 지칭하는 것이다. 즉 동일한 현상이 한 계급의 관점에서는 문화적인 것으로 기능하기도 하고, 다른 계급의 관점에서는 이데올로기적인 것으로 작용하기도 한다는 점이다(Haug, 1995a : 128). 현재 논란 중인 산업공동화 담론이 이에 걸맞는 예가 될 것이다.

그러나 노동계급의 입장에서 볼 때 지배집단이 유포하는 '산업공동화'라는 부정적인 담론들의 확산은 대중들로 하여금 위기의식에 사로잡히게 만든다[빔 벤더스의 표현대로라면 '불안은 영혼을 잠식한다' (?)]. 이 결과 노동자계급을 포함한 대중들은 산업공동화 의제가 문제가 있는 듯이 보이기는 하지만 그 내용 파악과 대응에 있어서는 갑갑할 수밖에 없는 상황이 생기는 것이다. 그람시의 말처럼 대중집단은 이에 대해 '느

4. 이에 대해서는 이성철(2003)을 참고할 것.

끼기는 하지만' 항상 알거나 이해하는 것은 아니다. 반면, 전통적인 지식인 집단의 일부는(그렇지만 영향력은 강한) 이러한 의제들이 노동자계급에게 미칠 영향들에 대해 '알지만' 애써 이해하려고도 느끼려고도 하지 않을 뿐더러(Giroux, 2001 : 358), 오히려 반대중적인 담론을 생산하고 있다. 그것의 대표적인 예가 정규직의 과도한 임금인상 요구로 인한 기업의 해외진출, 이 결과 파생되는 산업공동화와 비정규직 노동자들의 생활상태 하락 등의 주장이며, 또한 국내 노사관계의 악화가 산업공동화를 촉발시킨 주된 요인이라는 논조들이 그것이다.

이하에서는 이러한 논의들이 안고 있는 문제점들에 대해 살펴보게 될 것이다.

2) 산업공동화 이데올로기의 사회적 공세 및 비판

산업공동화 이데올로기의 사회적 공세의 의미를 살펴보기 위해서는 먼저 '이데올로기의 물질성'이라는 개념을 살펴볼 필요가 있다. 이데올로기가 물질성을 갖는다는 말은 어떤 의미일까? 예컨대 매일경제신문이 2002년 11월 26일부터 총 11편에 걸쳐 기획 · 연재한 '노조공화국' 기획기사가 대표적이다.[5] 이 기사는 대한상공회의소로부터 약 1억원의 협찬금을 받아 노조매도성 기사를 실었다는 비판을 받아왔다. 이에 대해 매일경제의 한 경제부장은 "노사관계를 다루는 기사를 쓰는 데 있

5. 매일경제의 이러한 기획기사에 대한 비판은 박장현(2003)을 참고할 것.

어서 경총에게 돈을 받았다면 문제가 될 수 있지만 대한상공회의소는 다르다고 생각한다"고 이해하기 힘든 입장을 밝히기도 했다. 그러나 이러한 입장 표명은 오히려 노동계나 여러 사회단체들로부터 거센 저항과 비판을 받았다. 우리 속담에 "돈 가는 데 마음 간다"는 말이 있다. 이것은 곧 특정한 글들이나 발언들이 물질성을 갖는다는 것을 의미한다. 그러므로 이데올로기의 물질성이란 특정한 의미를 갖는 어떤 주체를 산출하는 경제력을 의미하는 것이기도 하다(강명구, 1989 : 294).

일찍이 그람시(Gramsci, 1992 : 261)는 지배계급의 이데올로기 구조의 실질적인 조직화 방식에 대해 갈파한 바 있다. 그는 지배계급의 이론적-이데올로기적 전선을 지탱하고 방어하며 심화 · 발전시키기 위해 동원되는 물질의 조직화 방식에 대한 연구가 필요함을 역설한 바 있는데, 이러한 이데올로기 조직화 방식 중 가장 중요하고 역동적인 부분이 바로 언론이라는 것이다. 이러한 언론들은 관련 연구자들의 객관적(?) 연구결과의 인용, 관련 기관이나 인사들의 폭넓은 인터뷰 등을 통해 자신들의 담론들(즉 기사들)이 공정하게 생산된다고 생각하기 때문에 그들 나름대로 현실의 진단과 해법을 서슴없이 제의한다. 이러한 태도들은 산업공동화 의제에 있어서도 똑같이 나타난다.

이하에서는 이러한 문제의식 하에 먼저 산업공동화와 비정규직의 확산, 그리고 중소기업과의 관련성에 대한 담론들에 대해 살펴볼 것이다. 그러나 먼저 밝혀둘 것이 있다. 이 글에서 인용되는 몇몇 언론기사 등이 필자의 개인적 취향이나 편견에 따라 취사선택되고 활용되고 있기 때문에 대표성의 오류가 있다고 지적할 수 있을 것이다. 그러나 여기서 인용 · 소개되는 기사들은 단편적인 것이거나 예외적인 것이 아니다. 한국노동사회연구소(2006)의 '2005년 일간신문 사설을 통해 본 노동운동'

을 보면 노동운동에 대한 긍정적인 사설보다는 부정적인 사설의 비중이 훨씬 높게 나타난다. 이들 사설에서 사용된 대표적인 부정적 단어들은 '대기업 정규직 노동자', '고액임금', '억대 연봉', '귀족노조', '노동권력', '배부른 노조' 등이었다. 신문사별로 보면 전체 노동 관련 사설 중 이들의 비중이 조선일보 31.6%, 국민일보 28.9%, 한국경제 26.9%, 중앙일보 20.7%의 순으로 나타난다.

(1) 먼저 산업공동화와 정규직-비정규직노동자 간의 관련성 등에 대해 살펴보도록 한다. 조선일보(2004. 5. 7)에 실린 한 경제학자의 글이 대표적이다.

> 우리나라에서 비정규직의 확대는 경영합리화 내지 수익창출을 위해 기업들이 선택한 결과이다. (이는) 기업이 취할 수 있는 합리적인 선택이다. 정규직 고용의 유연성이 제고되고 임금인상이 자제되지 않으면서 비정규직에 대한 보호 내지 활용에 대한 규제가 강화된다면 우리나라의 산업공동화 현상은 가속화될 것이고 우리사회의 또 다른 현안인 청년실업 문제의 해결도 그만큼 어려워진다. 정규직 고용안정이나 처우개선에 대한 요구는 자제하지 않으면서 국제적 기준에서 과도한 정규직에 기준하여 비정규직의 처우개선을 요구하는 것은 기업의 존립기반 자체를 잠식하는 것이다.

이 칼럼은 우선 경제학 교수가 기고했다는 점에서 일견 객관성과 공정성을 띠고 있는 듯이 보인다. 무엇보다 비정규직의 확대가 기업의 경영합리화 내지 수익창출을 위해 기업들이 선택한 결과라는 말은 맞다. 그런데 이 글은 매우 선동적이다. 먼저 정규직의 고용 유연성이 제고되어야 한다고 하는데, 도대체 지금보다 얼마나 더 제고되어야 하는가? 발표 기관마다 차이는 있지만 전체 노동자의 과반수 이상이 비정규직 노동자인 현 상황에서 얼마나 더 유연성이 제고되어야 하는가? 이러한 비정규직 비율은 전 세계적으로도 유례가 없는 것이다. 그러므로 국제적 기준에서도 과도한 정규직 비중이 아닌 것이다. 차라리 모든 노동자를 비정규직으로 하자라고 말하고 싶은 것일까?

둘째, 정규직 노동자들의 임금인상 자제를 들고 있다. 이들의 임금인상 자제가 비정규직의 처우나 경영환경의 개선을 가져올 것이라 진단한다. 그러나 이는 정규직의 노동시간 및 노동강도, 그리고 기본급의 비중이 현저히 낮은 임금구조 등을 고려하지 않은 주장일 뿐만 아니라, 중소기업 노동자나 비정규직 노동자의 임금인상 또는 인하의 주체가 정규직 노동자라는 말은 경제학의 기초도 망각한 주장이 아닐 수 없다. 가장 대표적인 것이 2003년 현대자동차 임단협 타결 이후의 일부 언론의 보도내용이었다. 조선일보 등의 '연봉 5천만 원의 노동귀족 운운' 등이 그것이다. 그러나 이러한 보도에 대해 지난 2005년 10월 19일 서울고법 민사 14부는 "조선일보사는 원고(현대자동차노조)에게 1,000만 원을 지급하라"고 판결했다.[6]

셋째, 정규직의 고용 유연성 제고, 임금인상 자제, 비정규직의 활

6. 재판부는 판결문에서 "피고는 2003년도 단체협약에 따라 현대자동차 근로자들이 연간 165일 내지 177일의 휴일을 누리면서 연봉 5,000만 원을 받게 됐다고 보도했으나, 실제로 협약에 따르면 평균 근속 연수 14.4년인 생산직 근로자가 1년 중 63일만 쉬고 하루 10시간씩 일해야 4,827만원을 받게 된다"고 밝혔다.

용에 대한 규제(A라고 하자) 등이 산업공동화 현상을 가속화(B라고 하자) 할 것이라는 주장이다. 과연 산업공동화 또는 기업의 해외진출이 위에서 언급한 요인들이 가장 중요하게 작용했을까? 아래의 〈표 7〉과 〈그림 2〉를 보면 기업의 해외진출 사유 중 1위를 차지하는 것이 '인건비 등의 비용절감' (48.5%)이다. 그러므로 일견 A와 B의 관계가 긍정적인 상관관계를 띠고 있는 듯이 보인다. 그러나 앞서도 살펴보았듯이 2003년 이후 해외진출 건수나 비중 면에서 중소기업이 대기업의 그것을 넘어서고 있다. 이들 중소기업들은 국내에서도 이미 고용유연성이 높았고, 임금인상 자제를 할래야 할 수 없었으며, 비정규직 활용도는 이미 높았었다. 그리고 다음에 살펴보겠지만 이들 중소기업의 노동조합 조직율은 아주 낮기 때문에 노사관계의 악화 때문에 이들 기업의 해외진출 비중이 높아졌다라고 하는 것도 통계적 엄정성을 지닌 주장이라 보기 힘들다. A와 B 간의 인과관계보다 앞서 존재할 다른 중요한 요인들을 과감하게 생략하는 용감함(?)을 보이는 것이라 할 수 있다. 이의 전형을 보여주는 또 다른 기사를 소개한다.

> 대기업 노조가 내 몫만 챙기는 사이 죽어나는 것은 중소 하청업체들이다. 워낙 많은 것을 요구해 지불능력에 한계가 있는 대기업들이 임금인상분을 협력업체에 떠넘기기 때문이다. 이는 결국 대기업과 중소기업의 임금격차를 더욱 벌어지게 만들고 고용시장에도 악영향을 미친다. 대기업 근로자들이 고임금을 받으면서 배를 불리는 사이 중소업체 근로자들은 박봉에 허덕이는 것이다(한국경제, 2004. 1. 16).

(2) 위의 기사는 앞서의 기사와 비교해 볼 때 매우 솔직하다. 왜

냐하면 적어도 아카데미즘을 빙자한 것은 아니기 때문이다. 그렇지만 건강한 저널리즘을 견지하지 못하고 있다는 점에서는 공통점을 지닌다. 앞서 기사에 대한 평가에서도 잠깐 언급했지만, 대기업 노조나 정규직 노동자들의 내 몫 챙기기 때문에 중소기업 노동자나 비정규직 노동자들이 박봉에 허덕이는 것일까에 대해 다시 한 번 구체적으로 살펴볼 필요가 있다. 먼저 위 기사의 문제점에 대해 짚어보자. 첫째, 필자가 평소부터 궁금하게 생각해 오던 것이지만 정말 기사를 이렇게 써도 되는가 하는 의문이다. 즉 기사의 사실 여부를 떠나 대자보 수준도 되지 못하는 기사작성 능력(소위 '찌라시' 수준)을 보여주는 것이 버젓이 통용되는 생산 및 유통구조가 의심스럽다는 것이다. 작심하고 따져보면 분석을 못할 바도 아니지만 이 글의 논의 주제가 아닐 뿐더러 이에 투입할 필자의 시간이 없다.

둘째, 이 기사에 나타난 '대기업 노조가 내 몫만 챙기는 사이 죽어나는 것은 중소 하청업체들이다'라는 주장은 본말을 전도한 것이다. 이는 대기업과 협력관계에 있는 중소 하청업체들의 관계를 살펴보면 알 수 있다. 먼저 중소 하청업체에 대한 대기업의 입장을 소개한다. 모기업의 경우 부서의 명칭은 약간씩 다르나 대개 외주부품개발부 등을 두고 있다. 이곳에서 대기업의 중소기업 관리방식들이 개발 · 집행되고 있다. 이들 부서 관계자들의 말에 따르면, 미국 등의 국제 원청기업과의 관계에 비하면 국내의 모기업과 중소기업간의 관계는 가해자-피해자 관계가 아니라 오히려 신뢰의 관계라고 역설한다. 국내 모기업이 매해 납품단가를 평균 3%씩 깍는 것(Cost Reduction : CR, 단가감소, 단가인하 등으로 불린다)은 역설적으로 이 과정에서 중소기업의 경쟁력이 제고되는 것이며, 모기업의 이러한 단가인하에 응해 납품을 할 실력이면 어느 곳에라도 부품을 납품할 수 있는 능력이 생기는 것, 즉 중소기업의 경쟁력이 높아지는 것이라고 말한다. 그러므로 CR은 부정적이기보다는 대기업-중소기업 간의 공생의 의미가 더 많다는 것이다.

그런데 아래의 〈표 4〉와 〈표 5〉는 이러한 '사회적 바람직성'이 사실을 정확히 반영한 것이 아님을 보여준다. 먼저 〈표 4〉를 보면 2000년 이후 수급기업(즉 하청기업)의 비중이 매해 다소 줄어들고 있으나 2003년 현재 여전히 그 비중이 64% 정도를 차지하고 있다. 이는 중소기업 전 산업의 비중을 나타낸 것이어서 같은 기간 동안의 중소기업의 휴폐업 및 도산 등의 요인을 고려하면 수급기업의 비중이 해마다 조금씩 줄어들고 있다라고 단언하기 힘들다. 반면, 핵심 산업 중 하나인 자동차 산업의 경우 부품업체의 복사발주율(발주의 이원화 또는 다원화 비중)과 복수발주율(하나의 부품기업에 대해 기술적 연관성이 있는 몇 개의 부품을 묶어서 발주하도록 하는 비중)은 해마다 크게 증가하고 있다.

〈표 4〉 수탁 · 위탁 거래 형태별 구성비 추이

(단위 : %)

	위탁기업	최종하청기업(A)	중간기업(B)	수위탁거래없음	수급기업(A+B)
'00	6.4	43.4	23.0	27.2	66.4
'01	6.1	44.1	22.1	27.7	66.2
'02	5.16	43.8	20.1	31.0	63.9

자료 : 중소기업청(2003), 『2002년 기준 중소기업 실태조사보고』

그리고 〈표 5〉를 보면 모기업과의 거래시 하청기업들이 경험하는 최대 애로사항들은 납품단가 인하 〉 불규칙 발주 〉 납기단축 및 촉박 등으로 나타나고 있다. 특히 납품단가 인하는 '위탁기업과 원가산정시

〈표 5〉 수급기업의 모기업 거래시 애로사항 (복수응답)

(단위 ; %)

	2001	2002	2003
지나친 품질 수준 요구	38.5	37.7	35.4
물품 수령증 교부 장기화	4.2	4.1	3.0
납품단가 인하	80.2	71.5	70.3
납품대금결제기일 장기화	24.6	31.2	32.1
불규칙 발주(수시발주)	53.9	53.6	46.3
납기단축, 촉박	47.1	39.7	40.8
거래선 변경 시도	12.5	16.5	17.1
어음 할인료 미지급	18.3	13.5	12.8
최저가 입찰제로 인한 채산성 악화	17.3	13.4	14.9
위탁기업과 원가산정시 상충	18.0	13.7	13.8

자료 : 중소기업청 · 중소기업중앙회, 『중소기업실태조사보고』, 각 연도.

상충', 그리고 '최저가 입찰제로 인한 채산성 악화' 등의 요인과 밀접히 연동된 것이기 때문에, 위의 기사처럼 중소기업이 죽어나는 것은 대기업 노동조합 때문이 아니라는 것을 알 수 있다. 오히려 위에서 설명한 복사 및 복수발주 비중의 증대는 여러 선행연구들이 지적하고 있듯이, 특히 노조가 강하거나 노사관계가 불안정한 기업에 적용되어 물량감소와 거래선 전환의 무기로 사용되어 오히려 부품업체 노동조합의 노사화합운동을 종용하는 것으로 나타나기도 한다(홍장표, 2004 ; 전국금속노동조합. 2006).

셋째, 대기업과 중소 하청기업 간의 도급구조 문제가 중소 하청기업의 경영조건과 이들 노동자들의 생활조건을 압박하고 있는 것은, 최근 사회적 쟁점이 되고 있는 '바이-백' (Buy-Back)에서도 찾아볼 수 있다. '역구매' 또는 '역수입'을 뜻하는 바이-백은 부품회사들이 외국 현지 공장에서 싼 값에 부품을 생산, 국내 모기업에 이를 조달하는 시스템을 의미(민주노총 금속산업연맹, 2005)한다. 아래의 〈그림 2〉를 보면 제조업의 해외진출 사유 중 3위를 차지하고 있는 것이 '협력업체의 해외이전' (10.1%)이다. 그리고 〈표 6〉을 보면(모두 바이-백 비중은 아님), 중소 제조업의 국내 역수입 비중이 44.4%에 이르고 있음을 볼 수 있다. 그리고 따로 자료 표는 제시하지 않겠지만, 한국수출입은행(2005)의 중국진출 제조업 현지법인의 매출처별 매출현황에 따르면, 현지법인의 한국 모기업으로의 수출비중(바이-백에 해당)은 전체 제조업의 20%를 상회하고 있다.

〈표 6〉 해외생산제품의 판매시장

구분	중소제조업	규모별		업종별	
		소기업	대기업	경공업	중공업
현지 내수시장	29.6	25.0	33.3	23.5	40.0
국내 역수입	**44.4**	**58.3**	**33.3**	**41.2**	**50.0**
제3국 수출시장	25.9	16.7	33.3	35.4	10.0

자료 : 중소기업협동조합중앙회(2003. 9), 「중소제조업의 생산시설 해외이전에 관한 조사」.

특히 국내에서는 2005년 2월부터 현대 · 기아자동차의 일부 부품업체들에서 바이-백 문제점들이 제기되었다. 이들 부품업체들에 따르면 모기업격인 현대 · 기아자동차에서 부품업체의 중국공장에서 생산한 물품을 역수입하여 현대 · 기아자동차에 공급하라는 바이-백 지침을 받았다고 한다. 주요 내용은 중국에서의 부품생산을 공급물량의 40% 이상으로 확대하고 납품단가를 현재보다 15–70% 대폭 낮추라고 한 것이다(프레시안, 2005. 3. 8). 한편, 현대·기아자동차가 밝힌 중국 바이–백의 확대 이유는 (1) 중국사업의 원활한 전개와 (2) 원가절감 효과이다. 그리고 부품업체가 중국에 생산시설을 두고 있지 않을 경우 2005년 내에 중국공장을 설립할 것을 주문하고 있으며, 이에 따르지 않을 경우 신차 개발시 업체 선정에서 불이익을 주겠다는 내용이 포함되어 있다(노사저널, 2005 : 696호). 그러므로 이러한 바이–백의 여파는 오히려 산업공동화 촉발, 고용불안, 자동차 부품업체의 대규모 구조조정과 도산, 그리고 신종 원하청 불공정 거래 등의 부작용을 양산할 가능성이 높다. 예컨대 국내 생산업체가 해외 현지 부품업체 혹은 외국 부품업체로부터의 글로벌 아웃소싱을 추구할 경우 국내 부품업체는 새로운 위기구조에 빠지게 된다(주무현, 2005 : 2).

이상에서 살펴본 바와 같이 정규직 노동자나 대기업 노조의 자기 몫 챙기기가 중소기업 노동자 및 비정규직 노동자의 생활조건을 어렵게 만드는 주범이라고 보기는 힘들다. 오히려 불합리한 도급구조나 신종 원하청 거래방식 등이 주요 요인이 될 수 있음을 보여주고 있다.

(3) 끝으로 국내의 노사관계 불안정이나 노동운동의 강성화가 산업공동화를 촉진시키고 있다는 주장들에 대해 살펴보도록 한다.

- **노조는 생산성 향상과는 아무 관계없이 임금인상을 주장하고 정치 구호를 파업 이유로 끌어들인다**(조선, 2004. 10. 13).
- **일하기 싫어하는 사회 분위기에 주 5일제 근무, 외국인 고용허가제 등이 겹치면서 생산직 근로자 관리가 상전 모시기보다 더 힘들다**(조

선, 2004. 8. 26).

- **중소기업협동조합중앙회가 2003년 9월 공장을 해외로 이전한 중소 기업들을 대상으로 설문조사한 결과, 산업공동화를 막기 위해 필요한 정부대책으로는 대립적 노사관계 해소 및 노동시장 유연성 제고가 44.5%로 가장 많았다**(조선, 2004. 8. 26).

이 주장들은 매우 설득력이 높고 전염성이 강해서 사정을 잘 모르는 일반국민들의 경우, 산업공동화의 주범을 노동조합 또는 노동운동이라고 인식하고 있을 정도이다. 그러나 노동부의 조사결과(2004년 임금교섭 타결현황)에 따르면, 노조와 임금인상 간의 관계는 오히려 이들 신문들의 주장과는 정반대임을 보여준다. 즉 종업원 100인 이상의 국내 사업장 24%가 2004년 임금을 삭감하거나 동결하였는데, 이 중에서 노동조합이 조직되어있는 사업장들의 임금삭감이나 동결비율이 노조가 없는 사업장들에 비해 높게 나타난다. 이를 구체적으로 보면, 2004년 종업원 100인 이상 국내 사업장 4,370곳의 평균 임금인상률(임금총액기준)은 5.2 %로, 2003년 같은 기간의 인상률(6.4%)보다 1.2% 내려가면서 2000년 이후 가장 낮은 인상률을 기록하고 있다. 특히 이를 노조 유무에 따라 구분해보면 유노조 사업장의 임금인상률(4.7%)이 무노조 사업장의 인상률(5.8%)보다 낮았고, 임금을 동결, 삭감한 사업장 비율도 유노조사업장(27.5%)이 무노조사업장(20.1%)보다 7.4% 높았던 것으로 집계되고 있다(한겨레, 2005. 1. 17).

이제 산업공동화 또는 기업의 해외진출 사유의 일반적인 조사결과들을 보도록 한다(〈표 7〉과 〈그림 2〉). 이 자료들에 의하면 노사관계의 불안정이나 노동운동의 강성화 때문에 산업공동화가 발생하고 있다는

〈표 7〉 업종별 해외진출 사유

업 종	최대 투자사유	다음 투자사유
전자 · 통신	비용절감(42.9)	현지시장 개척(26.0)
수송기계	현지시장 개척(46.7)	비용절감(31.1)
섬유의복	비용절감(77.9)	현지시장 개척(13.7)
석유화학	현지시장 개척(48.4)	비용절감(26.6)
기계장비	비용절감(47.0)	현지시장 개척(27.3)
1차금속	현지시장 개척(60.0)	인력난(20.0)
비금속광물	비용절감(50.0)	현지자원 확보(18.8)
조립금속	비용절감(41.0)	현지시장 개척(30.8)
신발가죽	비용절감(83.6)	인력난(7.3)
종이인쇄	현지시장 개척(44.4)	비용절감(22.2)

자료 : 해외제조업 투자실상 및 실태조사 결과 분석(산업자원부 산업정책과, 2003. 11. 26)

증거는 찾아볼 수 없다. 오히려 인건비 등의 비용절감이나 해외시장개척 등이 최우선 사유로 나타난다. 필자가 한국수출입은행의 조사담당자에게 직접 조사내용을 문의해 본 결과(이 글에서는 내용을 소개하지 않았지만, 아래의 표 및 그림의 결과와 대동소이하다) 노사관계 응답범주는 설문조사에 포함되어 있지도 않을 뿐더러 기타 문항에 노사관계 사항을 응답한 비중도 매우 미미하였다고 한다.

사정이 이러함에도 불구하고 위에서 소개한 기사들이나 일부 글들에서는 이러한 것이 마치 사실인 양 강조하고 있다. 예컨대 김양수(2005 : 69)는 경남지역의 산업공동화 논의에서 "경남의 해외투자 목적이 세계 전체로 보았을 때는 수출촉진이 305건(35%)으로 1위이고, 저임활용이 264건(30.4%)으로 2위, 기타가 195건(22.5%)"으로 3위 등으로

〈그림 2〉 해외진출 사유(종합)

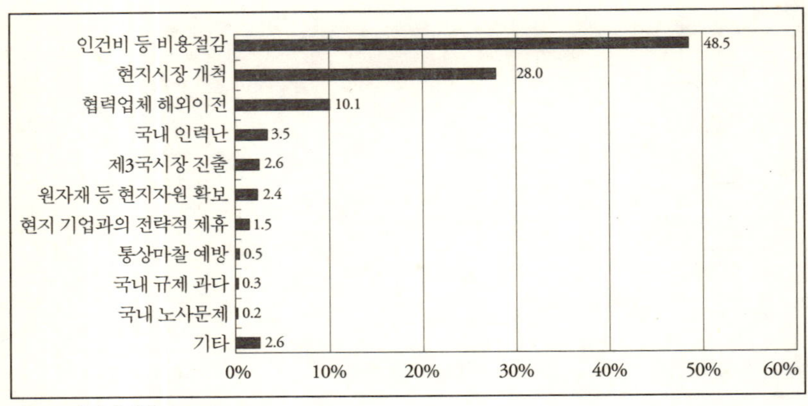

자료 : 산업자원부(2003)

나타났는데, "여기서 '기타'가 시사하는 바는 정확지는 않지만 노사관계의 불안"이 아닐까 추정하고 있다. 그러나 추정에 기반한 이러한 해석 및 주장은 위험하다. 그리고 이러한 주장은 조사방법의 기본에 대한 이해부족에서도 일정 정도 기인한다. 왜냐하면 설문의 응답범주 중 '기타' 범주는 응답 사례가 매우 적거나 제시된 응답범주에서는 기입할 답을 찾지 못하는 등의 다양한 이유들이 포함되어 있기 때문이다. 그러므로 이 조사의 기타 답변의 비중을 두고 이것이 모두 노사관계의 불안이라고 해석을 해버리면 곤란하다. 이는 그가 인용한 동일한 조사의 다른 설문결과에서 확인할 수 있다(김양수, 2005 : 72). 즉 "사업체의 경영과 관련하여 가장 큰 어려움"을 묻는 질문에 응답자들은 자금난(30.4%) 〉 판매난(29. 2%) 〉 인력확보(15.1%)의 순으로 답하고 있기 때문이다(이 세 항목의 전체 응답 비중은 74.7%이다).

한편, 경남도민일보(2003. 12. 25)의 보도에 따르면, 한국산업단지공단이 2003년 11월 중순 창원국가산업단지에 입주한 50인 이상 기업

400여개 사를 대상으로 '해외제조업 투자 실상 및 실태'를 조사한 결과 해외투자의 주요인으로 현지시장 개척(36.6%), 인건비 등 비용절감(35.7%), 모기업의 이전(15.2%) 등이 중요한 것으로 나타난 반면 인력난은 6.4%, 노사문제 · 규제과다는 1.5%로 나타나 위의 주장들과는 다른 결과를 보여주고 있다. 특히 이와 같은 창원국가산업단지 입주업체의 조사결과는 몇 가지 의미가 있다. 첫째, 창원지역은 국내의 대표적인 노동운동 다발지역이자 전투적 노동조합 운동의 기조가 강했던 지역이라는 점이다. 그렇다면 노동운동의 강성화나 노사관계의 불안정이 산업공동화를 초래했어야 된다. 그러나 조사 결과는 그렇지 않음을 보여준다. 둘째, 이 조사는 50인 이상의 기업들을 조사한 것이기 때문에 상당수의 중소기업들이 포함되어 있을 것이다. 아래의 〈표 8〉에서 보는 바처럼 중소기업의 노동조합 조직률은 매우 미미하다(특히 99인 이하 사업장들의 경우를 보라). 그러므로 중소기업의 해외진출이 노동조합 때문이라고 말하는 것은 가공의 요인을 가지고 현재의 결과를 만드는 것이다. "죽은 공명이 살아 있는 사마중달을 물리치는" 일이 노동현장에서도 발생하고 있는 셈이다.

〈표 8〉 사업체 규모별 노동조합 조직사업체 비율(2000-2003년 현재)

(단위 : %)

	5-9인	10-29인	30-99인	100-299인	300-499인	500인 이상
2000년	7.1	14.2	24.4	53.7	75.2	77.6
2001년	7.0	12.4	25.4	54.9	69.0	74.5
2002년	5.7	15.7	22.2	51.8	63.5	78.0
2003년	5.8	14.3	24.8	51.7	68.4	77.0

출처 : 한국노동연구원(2005 : 206), 『2005 KLI 노동통계』.

지금까지 산업공동화 담론을 둘러싼 이데올로기적 공세를 정규-비정규 편차 확대, 정규직-노동조합 책임론, 강성 노사관계 등의 측면에서 살펴보았다. 동일한 자료들을 두고 해석이 정반대로 나타날 수 있다는 사실이 놀랍기도 하고, 산업공동화가 노동책임론이라는 주장이 마치 정설처럼 작동되고 있는 현실을 볼 때, "그 자체로 존재하는 언어는 없으며 언어의 보편성이란 것도 없다. 오직 정치적 다양성 속에서 지배적인 말이 권력을 장악하는 것이 있을 뿐"이라는 맥도넬(Mcdonell, 1992 : 21)의 경구를 음미해 볼 필요가 있을 것이다.

4. 나오는 말

이상의 논의에서 나타난 문제점들을 요약하면서 이를 향후 노동운동의 숙제거리로 삼고자 한다.

첫째, 산업공동화 담론을 더 이상 공황적 의미로 받아들일 필요는 없다. 이는 비용의 절감 등에 따라 이루어지는 해외이전이나 이전이 불가피할 수밖에 없는 한계업종들의 문제를 확대해석할 것 까지는 없다는 의미이다. 단지 중소기업의 경우 해외이전에 따른 고용문제의 심각성이 발등의 불로 떨어져 있기 때문에 이에 대한 대응이 필요하다. 그러므로 산업공동화에 따른 노동자들의 고용위기를 근본적으로 해결할 수 있는 조직체계는 대공장과 중소기업, 정규직과 비정규직이 함께하는 산별노조밖에 없다는 사실이 분명히 견지되어야 한다.

둘째, 산업공동화 현상의 원인과 결과를 보다 명확히 인식해 둘 필요가 있다. 예컨대 기업들의 해외이전이나 그 계획 등으로 인한 노사관계의 갈등 발현은 맞는 말이나, 노사관계의 불안정이나 노동운동의 강성화가 산업 공동화 또는 기업의 해외이전을 직접적으로 가져왔다는 것은 현실적 근거가 없는 주장이다.

셋째, 이미 산업공동화가 진행된 외국의 경우, 노동조합이 적극적으로 개입함으로써 노동자-기업-지역주민들이 바람직한 대안들을 만들어낸 경우들이 많다. 이러한 사례들을 비판적으로 연구 · 검토하는 것들이 필요할 것이다. 이미 양대 노총 및 민주노총 금속산업노동조합연맹(2005) 등의 경우 이에 대한 사업을 벌이고 있고, 대안 마련에 부심하고 있다. 향후 총론과 함께 지역과 사업장 실정에 맞는 현실적인 후속 대안들이 제시되어야 할 것이다.

끝으로 이 글에서 특별히 강조해 두어야 할 점이 있다. 즉 노사관계의 갈등이 자본의 해외이전을 촉진시켰다는 선정적인 주장들은 현실적인 것이 아니지만, 자본의 해외이전 현상은 노동운동의 역량 및 수준과 밀접히 관련되어 있다는 점이다. 실버(Silver, 2005 : 11)에 따르면 노동운동에 대응한 자본의 전략은 네 가지로 요약된다. 즉 공간 재정립(생산의 지리적 재배치), 기술 · 조직 재정립(노동절약기술의 도입, 하청과 임시고용관계의 확대를 포함한 기업조직의 재구조화), 제품 재정립(경쟁과 갈등이 덜한 새로운 생산라인으로의 자본이동), 그리고 금융적 재정립(생산에서 이탈하여 금융과 투기로 향하는 자본이동) 등이 그것이다. 이는 현재 한국노동운동이 안고 있는 당면 과제에 다름 아니다. 노동운동의 과제가 여전히 존재하는 한, 노동운동의 조종(弔鐘)은 울리지 않을 것이다.

참고문헌

강명구. 1989,「담론 구성과 사회계급 : 커뮤니케이션 실천이론을 위하여」,『사회비평』, 제3호, 나남.

김양수. 2005,「경남의 해외투자 이전에 따른 산업공동화와 대응」, 창원지역노동교육협의회 · 경상남도 · 한국노동교육원,『경남지역의 산업공동화와 대책 : 워크숍 자료집』.

금속노조 산업공동화 연구팀. 2004,『공장의 해외진출로 인한 제조업 공동화 현황과 노동조합의 대응』.

『노사저널』. 2005, 696호.

민주노총 금속산업노동조합연맹. 2005,「산업공동화 저지! 원하청불공정거래 근절! 현대 · 기아그룹 BUY-BACK 백지화투쟁 지침」.

박래정 · 양희승. 2004,「제조업 공동화 논란의 허실」, LG주간경제(3. 3).

박장현. 2003,「매경신문은? 신문이 아닐까(1)」, 영남노동운동연구소,『연대와 실천』, 제104호.

백욱인. 1994,「대중 소비생활 구조의 변화」,『경제와 사회』, 봄호.

산업자원부. 2003,『해외 제조업 투자 실상 및 실태조사 결과 분석』.

안현호 · 황선웅 · 남기곤. 2005,「제조업 공동화를 둘러싼 논의와 정책대안 평가」, 한국산업노동학회,『산업노동연구』, 제11권 제2호.

이성철. 2003,「노동자계급과 문화실천 : 이론적 서설」, 한국산업노동학회,『산업노동연구』, 제9권 제2호.

이지평. 2003,「산업공동화 어떻게 대처할 것인가」, LG주간경제(11. 12).

전국금속노동조합. 2005,『금속노조 실태조사 보고서 : 워크샵 자료집』.

정명기. 2005,「대중국 직접투자 확대와 제조업 공동화」, 한국산업노동학회,『산업노동연구』, 제11권 제2호.

조돈문. 2004,『노동계급의 계급형성』, 한울아카데미.

주무현. 2005,「자동차산업 현황과 전망」, 민주노총 전국금속산업노동조합연맹, 한국노총 전국금속노동조합연맹,『산업공동화저지 · 원하청불공정거래 근절 · 현대기아차그룹 BUY BACK 지침 백지화를 위한 양 노총 금속노동자 수련회 자료집』.

중소기업협동조합중앙회. 2003. 9,『중소 제조업의 생산시설 해외이전에 관한 조사』.

중소기업청 · 중소기업중앙회,『중소기업실태조사보고』, 각 연도.

프레시안. 2005. 3. 8,「현대 · 기아차, '최소한 부품 40%, 중국산 공급하라」.

하병기. 2005,「제조업 공동화론의 논의 내용 및 평가」, 산업연구원, Issue Paper 2005-183.

한국노동연구원. 2005,『2005 KLI 노동통계』.

한국수출입은행. 2005,『해외투자통계』, http://www.koreaexim.go.kr.

______. 2005,『우리나라 중국투자 현지법인 경영현황분석』.

小林英夫. 2003, 이지평 옮김,『산업공동화의 극복 : 산업전환기의 일본과 아시아』, LG경제연구원.

Curran, James. 1999,「매스 커뮤니케이션 연구의 신수정주의 : 재평가」, 백선기 옮김,『대중문화와 문화연구』, 한울아카데미.

Gramsci, Antonio. 1992, 조형준 옮김,『그람시와 함께 읽는 문화 : 대중문화, 언어학, 저널리즘』, 새물결.

Giroux, Henry. 2001, 이경숙 옮김,『교사는 지성인이다』, 아침이슬.

Hall, Stuart. 1999,「의미작용, 재현, 이데올로기 : 알튀세르와 후기 구조주의자와의 논쟁」, 백선기 옮김,『대중문화와 문화연구』, 한울아카데미.

Haug, Wolfgang. 1995a,「유물론적 문화이론의 입장과 전망 : 변증법적 논의를 위하여」, 미술비평연구회 대중시각매체연구분과 편,『상품미학과 문화이론』, 눈빛.

______. 1995b,「이데올로기 이론 개요」, 미술비평연구회 대중시각매체연구분과 편,『상품미학과 문화이론』, 눈빛.

Mcdonell, Diane. 1992, 임상훈 옮김, 『담론이란 무엇인가 : 알튀세 입장에서의 푸코, 포스트맑시즘 비판』, 한울.

Poster, Mark. 1994, 김성기 옮김, 『뉴미디어의 철학』, 민음사.

Silver, Beverley. 2005, 백승욱 · 안정옥 · 윤상우 옮김, 『노동의 힘 : 1870년 이후의 노동자운동과 세계화』, 그린비.

Storey, John. 2002, 박만준 옮김, 『대중문화와 문화연구』, 경문사.

8 부마민주항쟁과 도시 빈민

1. 머리말

1979년 10월에 본격적으로 발화된 부마민주항쟁 정신의 역사적 지속성과 현재적 의미를 어떻게 계승하고 발전시킬 수 있을 것인가? 27년이 지나고 있는 이 시점에서 이 항쟁이 지니는 의미를 기념하고 창발시키려는 움직임들의 의미는 무엇인가? 이를 살펴보기 위해서 먼저 1989년(8. 28)의 '부마민주항쟁기념사업회 창립선언문'의 취지를 되돌아 볼 필요가 있다.

이에 따르면 10·16 부마항쟁은 과거로는 동학과 3·1 운동, 4·19 혁명과 맞닿아 있고, 미래로는 1980년 5월 광주항쟁과 1987년 6월 대항쟁과 면면히 이어져 오고 있다고 평가한다. 이보다 1년 앞서 황한식(1988)은 〈부마민중항쟁기념사업회〉의 시급한 발족을 촉구하면서 "기념사업회를 준비한다는 것은 아직도 역사의 반동으로 자리 잡고 있는 반민족 · 반민주 세력에 대항하는 민족민주 운동의 일환"임을 강조하고 있다. 비록 십수 년 전의 자료들이지만 이들이 공통으로 강조하고 있는 항쟁정신의 역사적 계승과 민족민주 운동의 중요성이 이 시점에서도 여전히 중요한 우리 사회의 큰 숙제들로 제시되어 있기 때문일 것이다.

그런데 사소할 것 같지만 일상적으로는 매우 의미 있을 것으로 판단되는 문제점들이 있다. 무엇보다 부마민주항쟁의 용법에 대한 갈래가 여전히 다양하게 유포되어 있다는 점이다. 항쟁 당시 관변언론이나 경찰 등의 문건들에서 설정된 '폭도들에 의한 폭동'이라는 용어에서부터 국민의 정부 이후 정부의 공식적인 명칭인 '민주화 운동', 그리고 다양한 저술들에서 나타나는 '민중항쟁', '도시 하층민 봉기' 등의 사례들이 그것이다. 말은 글과 나아가 얼로 연결되는 것이고, 잘못된 용법들은 이데올로기화되어 사람들을 호명하는 기능이 있기 때문에 사소하지만 매우 중요한 것이라 할 수 있다.

이러한 용법들이 지니고 있는 의미들에 대해 간단히 살펴보도록 한다. 먼저 폭도들에 의한 폭동이라는 내용은 현재 상당 정도 사라진 것이 사실이나 여전히 잔존하고 있다고 생각된다. 특히 한국 사회의 의제설정 능력(agenda setting power)을 장악하고 있는 일부 언론들에서는 부마민주항쟁 등을 직접 언급하는 것은 아니나 최근의 노동운동이나 민주화를 지향하는 다양한 사회운동들에 대해 여전히 '좌파 세력들의 준동'이라는 매우 영향력 있는 저널리즘적 준거를 양산하고 있기 때문이다.

둘째, 부마민주항쟁을 민주화 운동으로 제정한 것은 논란의 여지가 없이 타당한 것이지만 이 항쟁이 지니는 민주화 운동의 보편성과 특수성을 희석시킬 여지가 있다. 특히 항쟁에 직간접적으로 영향을 받지 않은 후속 세대의 경우 이를 일반 민주주의 운동쯤으로 생각하기 쉽기 때문이다. 다시 말하자면 1990년대 이후의 다양한 부문운동(시민사회 운동들)이 지닌 민주화 운동의 성격도 매우 중요한 것이지만, 부마항쟁을 포함한 1970-1980년대의 거대 담론 사회운동이 지닌 역사적 특수성과 이후 신사회 운동과의 맥락 등을 간과할 수 있기 때문이다.

끝으로 '민중항쟁'이나 '도시 하층민 봉기' 등의 규정[1]은 위의 두 용법과는 사뭇 다른 의미를 지니고 있다. 무엇보다 첫 번째 규정과 대척점에 서 있다는 것이고, 한편으로는 민주화 운동의 성격을 수용하면서도 그 운동의 주체에 관한 진지한 고민들이 담겨 있기 때문이다.

이러한 문제의식에 터하여 본글에서 살펴보려고 하는 점들은 다음과 같다. 첫째, 부마민주항쟁의 주체를 도시 빈민이라는 키워드를 중심으로 다시 살펴보게 될 것이다. 여기에서는 사회운동과 도시 빈민과의 역사적 관련성을 일별하게 될 것이고, 도시 빈민의 존재를 여타의 사회적 계급과의 관련성으로 재구성하여 이들이 독립적인 존재가 아니라 일정한 계급적 궤적을 그리는 것으로 파악하게 될 것이다. 그리고 1970-1980년대의 도시 빈민 또는 빈곤문제가 현재에는 어떤 양상으로 발현되고 있으며, 부마민주항쟁의 정신이 부과하고 있는 현재의 새로운 빈곤문제에 대한 대응 과제들에 대해 토론하게 될 것이다.

---

1. 예컨대 〈부마민주항쟁기념사업회〉 부마민주항쟁 십주년 기념사업회(1989)는 항쟁의 주체로 '민중'을, 김 원(2006)은 도시 하층민으로 제시하고 있다.

2. 부마민주항쟁과 도시 빈민

1) 도시 빈민과 저항 : 역사적 관계

서구의 경우 도시 빈민의 저항은 자본주의적 산업화가 본격화되면서 이루어졌다. 이 시기는 각국에 따라 편차가 있지만 대략 18세기 중엽부터 19세기 전반에 걸쳐 있다. 이영석(2003 : 122-142)은 영국 사회의 예를 들면서 이 시기의 주요 저항형태를 둘로 나누고 있다. 즉 경제적 약자들의 행위와 경제적 강자들의 집단적 저항이 그것이다.

전자의 항의는 주로 봉기 또는 폭동(riot)의 형태로 나타나는데, 대표적인 것이 식량폭동과 러다이트 운동이다. 이 저항들의 특징은 집단항의를 통한 가격인하, 고용주에 대한 불만, 실업의 위기와 특권적 지위의 상실에 대한 위기감 등으로 나타났다. 이에 참여한 사람들은 편직공, 직물 마무리공, 그리고 농업노동자들이 대강을 이루고 있다. 그러나 이와 같은 시장경제 이행기 또는 재편기에 일어난 집단항의와는 달리, 후자의 저항은 산업화 초기에 노동시장의 위축을 겪지 않은 직종의 장인과 숙련공 등이 직능별 노동조합을 중심으로 전개한 것이다.

그러나 이 두 운동은 따로 떨어져 있는 것이 아니라 전자의 운동에너지가 후자에 끊임없이 공급되는 저수지의 역할을 하게 된다. 즉 전자 중 자본주의 충격으로 밀려나온 희생자들이 후자의 운동에 결합되고 있기 때문이다. 이러한 점에서 이 시기 운동의 성격은 겉으로는 비합리적인 집단행동 유형인 것처럼 보이나 그 내용을 들여다 보면 계산된 합리적인 선택행위였다는 평가를 받는다.

이러한 서구의 역사적 경험이 1970년대 부마민주항쟁과 도시 빈민과의 관련성에 어떤 함의를 던지고 있는 것일까? 김원(2006 : 5)은 서구 사회 이 시기의 집단저항 성격을 도시봉기(urban riot)로 지칭하면서 이러한 저항은 전근대 사회 농민봉기나 의적행위와 그 궤를 달리하는 것이라고 말한다. 그러나 그는 도시봉기에 대한 그간의 평가가 지나치게 단선적 진화론(또는 과도기 운동)이거나 전통적인 노동운동이나 민족민주화 운동 등에 비해 주변적인 운동으로 치부되는 것에 반대한다. 그는 이러한 인식에 반대하여 부마항쟁은 4·19－광주대단지 계보를 잇는 남한 최후의 도시봉기(같은 글 : 4)라는 것이다.

이상의 논지를 정리하면서 다음 장에서 논의할 주요 쟁점들을 간추려 보기로 한다. 먼저 자본주의적 산업화가 도시 빈민의 역사적 형성을 가져왔다는 점에서는 대부분의 연구자들이 동의를 하고 있다. 그러나 이들 도시 빈민의 내부구성이나 이들의 집단적 저항의 성격 등에서는 관점의 상이함이 나타나고 있다. 다음 장에서는 이러한 점들에 대해 구체적으로 살펴보도록 한다.

2) 부마민주항쟁과 도시 빈민

부마민주항쟁과 도시 빈민을 직접적으로 언급한 글은 찾아보기 어려우나 항쟁 당시 주요 주체, 조직적 지도력 여부, 주요 요구사항, 그리고 항쟁의 평가 등에 대한 선행연구들은 다수 존재한다. 대표적인 것이 유영국(1998), 박철규(1999), 임현진(2003), 김동춘(2004), 그리고 김영곤

(2005) 등이다.

먼저 유영국(1998 : 426)은 시위의 촉발주체는 학생과 청년층들이었으며, 이후 도시 빈민을 중심으로 한 상당수의 중간층 시민까지 포함하는 '광의의 민중들'이 호응 · 참여함으로써 민중주체의 대규모 항쟁으로 발전하였다고 평가한다. 그러므로 부마항쟁의 주체세력을 어느 특정 계급이나 부문으로 파악하는 것은 곤란하며, 중간층 시민에 도시 빈민 중심의 기층민중이 가세한 것으로 보는 '시민항쟁' 보다는, 도시 빈민 중심의 기층민중이 위주가 되고 이에 학생 및 중간층 시민들이 가세한 '민중적' 항쟁으로 보는 것이 실제에 부합할 것이라고 말하고 있다.

박철규(1999 : 189)도 이러한 견해에 동감하고 있다. 그러나 한편으로는(같은 글, 191) 민중항쟁의 평가에 있어서는 다음의 점들이 고려되어야 한다고 말한다. 즉 민중주의에 대한 과도한 경도는 상대적으로 청년 · 학생들의 역할을 폄하할 수 있으며, 항쟁의 점화나 확산과정에서 지나친 계급중심적인 쟁점을 강조하거나 기층민중을 핵심 주체로 설정하는 것은 올바른 변혁전술이라 볼 수 없다는 지적(강정구, 1990 : 182)에 귀를 기울일 필요가 있다라고 말한다.

한편, 임현진(2003 : 337, 342-343)은 자연발생적으로 폭발하여 진행된 부마항쟁의 주체를 학생들의 선도적 역할 아래 노동자, 영세상인, 도시 빈민을 중심으로 한 기층민중에 중간층 시민이 가세한 것으로 보고, 이들의 총체화된 성격을 민중으로 규정하고 있다. 그러나 이러한 민중은 계급적 실체를 가졌던 것이 아니며, 대안적 사회를 전제한 '적대적 계급의식'을 지녔던 것도 아니었다라고 평가한다.

김동춘(2004 : 27) 역시 부마항쟁은 자연발생적이고 폭발적이었으나 비조직적이었고, 학생시위를 출발점으로 하여 일반대중이 결합하는 양상을 보였다고 유사한 평가를 하고 있다. 김영곤(2005 : 188-189)은 노동자를 포함한 민중의 주도성을 강조한다(즉 항쟁의 계급성을 강조하고 있는 듯하다). 즉 시위는 처음에는 학생들이 시작했으나 주도권이 점차 노동자 민중에게 넘어갔다는 것이다. 나아가 부마항정에서는 뚜렷한 조직적 지도부 없이 학생들의 시위가 노동자 민중의 투쟁을 촉발해 항쟁에 나서게 했다는 것이다. 그는 박철규(1989 : 189-190)의 연구결과를 인용하면서 그러한 자신의 주장을 입증하려고 한다. 즉 항쟁 당시 연행 검거된 사람들의 직업분포에서 그 근거를 찾고 있다.[2]

위에서 언급된 유영국과 박철규, 임현진, 그리고 김영곤 등은 항쟁 당시의 주요 1차 자료를 공통적으로 사용하고 있다(연행 및 검거자 분포, 구속자 분포 등). 그러나 항쟁 및 그 주체의 성격에 대해서는 민중주도성에서 계급중심성, 그리고 보다 포괄적인 인식의 주문 등에 이르기까지 다소 상이한 분석과 평가를 내리고 있음을 알 수 있다.

그러나 최근 부마민주항쟁 시기 동안의 항쟁의 주체 및 운동의 성격에 대한 평가들이 새롭게 제기되고 있다. 김원(2006)의 글이 대표적이다. 그의 문제 제기는 타당하다. 왜냐하면 기존 연구들이 착목하지 못한 부분에 대한 새로운 발굴과 강조는 항쟁사의 폭을 더욱 넓혀주기 때문이다.

---

2. 부마항쟁으로 검거 · 연행된 자 가운데 학생은 약 30%였고, 나머지는 영세상인, 영세기업 노동자, 반실업 상태의 노동자, 접객업소 종사자, 도시 빈민계층, 무직자 등 노동자와 도시 빈민이었다(김영곤, 2005 : 189). 그러나 박철규(1989 : 191)는 구속자들의 직업분석에 기초하여 항쟁의 민중성을 강조하는 연구경향은 청년 · 학생들의 역할을 폄하할 수 있는 미필적 고의를 범할 수 있다고 비판한다.

그의 주요한 문제 제기들을 살펴보도록 한다. 첫째, 그는 "초기 학생들의 주도로 반 정도는 자생적이며 반 정도는 의식적이고 계획적으로 이루어진 시위가"(기존 연구들의 자연발생론과 다른 점이다. 필자도 이러한 견해에 동의한다), 이후에는 도시 하층민이 부마항쟁의 주체로 되었으며, 이들 하층민의 내부는 도시 노동자, 도시 빈민, 실업자, 도시 하층 서비스업 종사자 등으로 구성된다고 말한다. 나아가 도시 하층민이 담고 있는 의미는 민중이나 대중 개념으로 환원되지 않는 이질적이고 비균질적인 사회집단 또는 민중이나 계급으로 회수불가능한 주체의 위상을 갖는다고 말한다.

둘째, 그는 부마항쟁에 대한 기존 연구들이 안고 있는 문제점들을 몇 가지 들고 있다(같은 글, 3-4쪽을 참조). 이 중에서 본 논문과 관련 있는 지적을 살펴보도록 한다. "민중 주도성 혹은 도시 하층민의 주도성을 지나치게 강조하는 것이 계급 중심성에 대한 과도한 의미부여를 하는 경우, 역으로 운동에서 유기적 지식인으로 여겨지는 학생이나 지식인의 역할을 강조한다"라고 평가한 부분이다.

이는 위에서 언급된 박철규(1999 : 191)의 부마항쟁 주체론에 대한 평가를 비판하면서 제기된 것이다. 그러나 박철규의 글은 유영국의 그것과 마찬가지로 부마항쟁을 민중적 항쟁으로 규정하고 있다. 다만 필자가 생각하기에는 박철규는 5·18 항쟁과 부마항쟁을 비교하면서, 항쟁의 점화와 확산에서 특정 계급이나 계층의 주도성을 못박아버리게 되면 항쟁의 도도한 흐름에 대한 경직된 편견을 갖게 될 가능성을 경계한 것이라 생각된다.

셋째, 도시 하층민에 대한 운동진영의 무관심 또는 소홀을 지적하고 있다. 그는 이러한 현상을 '도시 하층민의 타자화'라 칭하는데, 지나친 간략화의 위험을 무릅쓰고 그 내용을 요약하면 다음과 같다(같은 글, 23-30쪽을 참조).

1950년대부터 1970년대까지 도시는 하층민의 욕망의 공간이자 대상이었으며, 동시에 자본의 욕망이 실현되는 공간이었다. 그러나 결과는 후자의 완승으로 도시실업과 빈곤으로 귀결되고 말았다. 그러나 당시의 운동진영의 요구는 도시 하층민의 욕구와는 거리가 먼 것이었다. 반면, 박정희 정권은 '조국 근대화'와 '빈곤탈출'이라는 슬로건으로 도시 하층민들을 호명하고 있었다. 이러한 양상을 두고 최근 '독재에 동의하는 대중'이라는 '대중독재론'이 제기되는데, 이는 절반의 진실일 뿐이다. 이러한 일들이 진행되는 동안에도 운동진영의 의제 속에서 도시 하층민은 타자화될 수밖에 없었다. 이러한 것들을 스스로 돌파하려는 최초의 움직임이 1971년의 광주대단지 사건이었으며, 부마항쟁은 이의 연속선상에 있는 남한 최후의 도시봉기이다.

지금까지 부마민주항쟁과 그 주체, 그리고 운동의 성격들에 대해 일별해 보았고, 기존의 연구들에 대한 김원의 의미 있는 지적들을 살펴보았다. 그의 경우 "도시 하층민이 중심이 되어 전개된 도시봉기(부마민중항쟁)를 민중·민주화 운동으로 통합·수렴시켜 해석하려는 경향의 문제점을 지적"한 이유는 첫째, 반독재 민주화, 독재정권 타도, 유신철폐 등의 거대 담론에 묻힌 도시 하층민의 열악한 생활에 당시 운동진영이 적극 결합되지 못한 점을 비판하고, 둘째, 그럼에도 불구하고 도시 하층민들은 독재정권의 호명에 대답하지 않고 오히려 독자적으로 의미 있는 반전의 시도를 꾀했다는 점을 강조하는데 있다고 본다. 필자도 이러한 지적들에 공감한다. 그러나 본글의 주제인 부마민주항쟁과 도시 빈민이라는 의제에 충실하여 몇 가지 의견을 제시하도록 하겠다.

첫째, 위에서 살펴본 대부분의 연구자들은 부마민주항쟁의 성격을 민중항쟁으로 규정하고 있다. 이들의 민중구성에는 도시 빈민과 자영업자, 실업자, 서비스업 종사자, 노동자 등이 포함되어 있다. 김원의 도시하층민의 내부구성과 거의 일치한다. 그럼 도시 하층민과 민중은 일치하는 개념인가? 아니면 상이한 개념인가? 그의 주장처럼(같은 글, 31-33) 민중 개념 등은 근대적인 문제설정이며, 이를 강조하는 것은 여전히 근대적인 틀 속에 갇혀서 허우적대는 것인가? 아니면 민중 개념은 지역, 젠더, 계급 등의 범주에 따라 '과잉 결정' 또는 '중첩적 결정' (over-determination)이 가능한 비대칭적 집단은 될 수 없는 것일까?[3]

이를 살펴보기 전에 먼저 우리 사회의 민중론의 약사를 간단히 검토할 필요가 있다(이성철, 1997 : 13-14). 1970년대 말 소위 '민중사회론' 으로 출발한 한완상의 글(1979)은 비록 본격적인 논문의 형태를 띤 것은 아니었으나 당시 정치/경제적으로 소외되고 배제되었던 민중의 범주를 크게 노동자, 농민, 그리고 도시 빈민으로 제시하였던 적이 있다. 그러나 이는 단순한 유형화와 각 범주에 대한 상태설명에 그친 것이었다.

한편, 1980년대에 들어서는 박현채(1985 ; 1986)에 의해 이들 내부구성간의 상호 관련성에 대한 논문들이 발표되었다. 이 글들에 따르면 민중들의 상태를 단순히 묘사하는 데 그친 것이 아니라 이들을 창출하게 된 사회구조적인 맥락(예컨대 농업부문에 대한 자본주의적 충격 → 농민

3. 김원의 주요 주장들은 반노동적이거나 반민중적인 것이 아니다. 필자가 보기에는 오히려 그 반대이다. 이는 그의 주요 저작들(2003 ; 2005)에서도 확인된다. 다만 그는 이제까지의 노동 또는 민중 논의에서 간과되었거나 소홀시 되어온 여성 노동(자)와 하층민의 주체성을 도드라지게 강조하고 있는 점에서 차별성이 있을 뿐이다.

〈그림〉 도시 빈민에 대한 관련적 인식

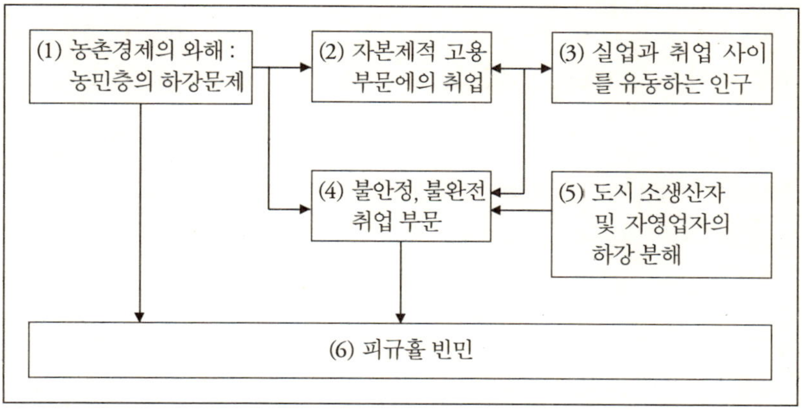

(1) 농촌경제의 와해 : 농민층의 하강문제

(2) 자본제적 고용 부문에의 취업

(3) 실업과 취업 사이를 유동하는 인구

(4) 불안정, 불완전 취업 부문

(5) 도시 소생산자 및 자영업자의 하강 분해

(6) 피규휼 빈민

층 분해 → 급격한 탈농 및 이농 → 도시의 고용부문에의 취업 또는 반주변적 자영업자로의 전직 → 노동자들의 산재 또는 고용조건 악화 등에 따른 낙층/반주변적 자영업자들의 몰락 → 피구휼 빈민의 형성)과 이들의 계급적 궤적(class trajectory)을 추적하는 진일보한 빈곤연구 틀을 제시하였던 것이다. 이를 그림으로 표시하면 다음과 같다.

위의 그림에서 보듯 민중으로 칭하든 도시 하층민으로 명명하든 모두 포괄될 수 있는 틀이라고 할 수 있을 것이다. 김원의 도시 하층민 내부구성인 도시 노동자, 도시 빈민, 실업자, 도시 하층 서비스업 종사자 역시 이 틀 내에서 설명될 수 있을 것이다. 또 위의 그림이 보여주는 바는 노동자계급만의 중심성을 보여주는 것이 아니라 각 부문이 어떻게 연동되면서 빈곤의 궤적을 그리는가 하는 점이다. 이러한 점에서 도시 빈민이나 민중은 어떤 구조(structure)나 범주(category)로 환원될 수 없는 것이다. 현실적으로도 도시 빈민은 노동자를 주 구성원으로 하는 프롤레타리아트 하층으로서의 위치를 지니며, 노동자와 생활공간을 공유하면서 가족 단위로 결합되어 나타나고 있다(정건화, 1987 : 263).

둘째, 도시 하층민들은 민중이나 대중, 그리고 (노동자)계급으로 회수될 수 없다고 하는 주장에 대해 살펴보도록 한다. 김원의 이러한 주장이 갖는 이유들에 대해서는 앞에서 언급한 바와 같다. 그러나 필자는 김원의 주장이 일리 있는 것이지만, 이러한 개념들이 관계적으로 충분히 사유될 수가 있다라고 생각한다. 즉 달리 표현하면 이들 개념들은 도시 하층민처럼 중첩적으로 결정될 수 있는 개념이다. 이는 위의 그림에서도 살펴볼 수 있고 민중 또는 대중, 그리고 (노동자)계급의 역사적 형성이 빈곤화 과정과 맞물려 있기 때문이기도 하다.

잘 알려져 있다시피 서구에서는 아직 노동자계급(working class)의 개념이 정립되기 이전인 자본주의 초기 단계에 프랑스에서 유래한 프롤레타리아트(proletariat)라는 용어가 널리 사용되고 있었다. 프롤레타리아트라는 용어는 부르주아지(bourgeoisie)와 대비되는 용어로 대체로 "가난한 무산자 대중"의 의미를 지니고 있었다. 요컨대 이는 생산수단의 비소유자를 지칭하는 광의의 노동자 개념이었다. 여기에는 초기의 공장노동자들은 물론이고, 농촌에서 축출되어 도시로 이주했지만 공장에서 고용되어 일하지 못하고 행상, 임시노동자, 구걸, 도둑질, 매춘 등 다양한 방식으로 살아가고 있었던 도시 빈민들도 포함되었으며, 땅을 가지지 못하였거나 거의 없어서 품팔이 농업노동자로 살아가고 있었던, 그래서 언제라도 도시로 밀려나갈 처지에 있었던 사람들도 포함되었다. 자본주의적 계급분해의 초기 단계에 형성된 광범위한 노동 빈민(working poor)들이 곧 프롤레타리아트였던 것이다(임영일, 2002).

그리고 영국의 경우 대중과 (노동자)계급 간의 역사적 관련성은 윌리엄스(1988 : 397-400)에서 찾아볼 수 있다. 그에 따르면 '대중'(masses)이라는 개념을 역사적으로 고정시킨 세 가지 사회적 추세는 산업도시로의 인구집결, 공장지대의 노동자의 집단화, 그리고 사회정치적 결집체로서의 노동자계급 대중이 그것이다. 한편, 구해근(2002 : 2장)도 도시 빈곤층 또는 도시 하층민의 형성과정을(이는 필자의 해석이다) 초기 노동의 무력화, 수출지향적 산업화와 노동통제, 노동력의 프롤레타리아트화, 농업부문의 변화, 그리고 산업노동자들의 공간적 집중을 들고 있다.

이들의 논의에서 대중과 노동자계급 간의 역사적 친화력을 쉽게 찾아볼 수 있다. 여기서 이들이 말하는 대중은 대중사회론 등에서 말하는 '원자화된 개인'을 지칭하는 것이 아니다. 오히려 도시화와 산업화 또는 자본주의화가 진행되면서 발생하는 다양한 도시 빈곤계층들(도시 하층민들)을 지칭하는 것으로 해석하는 것이 온당할 것이다.

그러므로 항쟁 당시의(넓게는 자본주의 사회에서의) 도시 빈민은 특수한 사회범주로서의 빈곤층이 아니라, 그들을 포함한 광의의 노동자계급의 계급상황의 문제일 수도 있는 것이다. 그리고 이들은 프롤레타리아트의 핵심층으로서의 '현업의 산업노동자층'과 '그들과 경쟁관계에 내몰릴 수밖에 없는 실업노동자층＝산업예비군'들과 밀접한 연관을 가질 수밖에 없는 것이다(임영일, 1992 : 146). 이는 부마항쟁 당시 도시 하층민 또는 도시 빈민을 포함한 민중으로 표현되는 운동의 주체에 다름 아닌 것이다.

한편, 항쟁주체의 내부구성 중 일정 비중을 차지하는 도시 노동자계급과 민중 또는 대중 간의 관련성을 살펴보자. 왜냐하면 이 글에서 사용하는 노동자계급의 의미를 대중이나 민중 등의 개념과 비교 · 검토하여 그 연관성을 보다 분명하게 제시하는 것이 먼저 필요하다고 생각하기 때문이다.

강현두 등(1999 : 4, 13–14)은 대중과 민중 등의 개념들을 서로 다른 범주들로 볼 것이 아니라 유동적 기표로 이해하는 것이 바람직하다고 지적하면서, 우리가 현재 사용하고 있는 개념의 문화적 의미가 내장되어 있는 사회 · 역사적인 맥락을 먼저 파악하는 것이 중요하다고 강조한다. 따라서 이들은 자본주의 사회 내 대중의 삶의 방식, 의미실천 등은 양적으로나 질적으로 가장 의미 있는 비중을 차지하고 있는 노동자계급의 그것과 직결되어 있기 때문에 대중은 노동계급의 또 다른 이름에 다름 아니라고 말한다.

그리고 박명진(1996 : 12–14)은 그동안 우리 사회에서 민중 개념은 문화 간의 엄격한 구분과 계급사회 내에서의 이념적 기능이 차별화되는 문화도식 위에서만 그 정당성을 누릴 수 있었다고 전제한다. 그러나 곧이어 민중과 대중이라는 대립구도가 합당한 것인지 검토해 볼 것을 제의한다. 그 결과 그녀는 대중의 유형 중 '진솔한 대중'(the genuine popular)이 우리의 민중 개념과 상통될 수 있는 내용을 가진 것으로 본다.

한편, 그람시주의자들의 경우에는 대중사회 자체를 민중의 저항력과 지배계급의 통합력 사이에 벌어지는 투쟁의 장으로 설정하고, 이 공간을 분석하기 위해 '정치사회' 범주를 제시한다. 정치사회 영역은 국가와 자본 그리고 민중 간의 투쟁이 일상화된 곳임을 염두에 둘 때 이들의 대중 개념 역시 노동자계급과 밀접한 관련을 갖고 있음을 알 수 있다(이성철, 2002 : 305–306).

이 문제는 단지 정치적으로 대답될 수 있을 뿐이다. 그러므로 중요한 것은 대중을 '정의'하는 것이 아니라 '만드는' 것이다. 지배 블록에 대항하여 사회세력의 광범한 연대를 이끌어낼 수 있는 '대중'을 구축하고 우세한 문화적 비중과 영향력을 확보함으로써 정치적 중요성을 높이는 것이다(Bennett, 1996 : 269). 왜냐하면 민중의 삶터와 일터는 어떤 주어진 사회적 조건 속에서 대립적인 주체들 간의 개별적인 저항(또는 수용) 및 집단적인 투쟁(또는 통합) 등이 일상적이면서도 역사적으로 형성되고 있는 곳이기 때문에(이성철, 2002 : 298), 이러한 과정에서 대중성의 확보라는 문제는 여타 사회집단뿐만 아니라 노동자계급에게 있어서도 매우 중요한 문제이다.

그러나 이상의 논거들을 통해 대중 또는 민중=노동자계급이라는 등식을 곧바로 도출해서는 곤란하다. 왜냐하면 정치사회 영역에서 작용하고 표현되는 갈등과 긴장이 단 하나의 갈등(즉 노동계급과 부르주아 간의 갈등)만으로 환원될 수 없기 때문이다. 그러나 다시 한 번 강조해 둘 것은 대중 또는 민중, 도시 하층민, 도시 빈민 그리고 노동자계급들은 밀접한 관련을 지니며 '계급적 궤적'을 그리고 있다는 점이다. 이러한 사고는 지나친 민중주의에로의 경도나 계급주의적 환원으로 귀결되지 않을 것이다. 오히려 민중이나 대중 개념을 운동적 관점에서 보다 폭넓게 사용할 수 있는 가능성을 열어둘 것으로 생각한다. 그러므로 필자는 위와 같은 문제의식 하에 부마민주항쟁의 주체를 민중이라고 생각한다. 문제는 또 다시 민중인 것이다.

셋째, 민중이나 계급 등의 개념은 김원의 적절한 지적처럼 근대적인 문제설정이다. 그러나 필자는 이러한 개념의 현재적 사용이 근대적 문제틀 안에서 허우적대고 있는 것만은 아니라고 생각한다. 그동안 전통적인 사회운동들(민주화 운동, 노동운동 등)이 자신들의 의제에만 상대적으로 많은 집중을 한 탓에 이들 의제와 밀접한 관련을 지니고 있는 도시 하층민들에 대한 지원과 역량의 투입을 소홀히 해온 점들은 반성의 계기로 삼아야 할 것이다. 최근 활발해지고 있는 소수자 운동, 여성 노동자와 그 운동에 대한 복원, 그리고 다양한 부문에서 전개되고 있는 새로운 사회운동 등은 이러한 요구에 부응하고 있는 것들이라 할 수 있을 것이다. 이러한 점에서 전통적인 사회운동들과 새로운 것들 간의 접합과 연대의 고민들이 이어져야 할 것이다. 부마민주항쟁도 보다 깊고 넓은 전망을 지니려면 항쟁의 정신을 자양분으로 삼아 이를 앞으로의 과제로 삼아야 할 것이다. 이를 통해 운동의 시너지와 대중성이 보다 확장될 것이기 때문이다.

그러므로 오히려 '죽은' 민중의 시대라고 평가되고 있는 현재의 상황을 되돌아보는 것이 다시 필요할 것이다. 김원의 지적과 더불어 최근 운동에서 왜 '민중' 담론이 사라지고 있는지에 대한 되물음도 필요하다. 민중론이 제기되던 1970-1980년대는 민족민주운동 진영의 근본적인 운동대상은 바람직하지 못한 자본과 정당성 없는 정권(또는 국가)이었다. 이 두 가지 쟁점이 민족민주운동의 과제였던 것이다. 그렇다면 부마항쟁 이후 27년이 흐른 이 시점에서 이 숙제들은 시효를 상실한 것인가? 그렇지 않다면 우리가 이 숙제를 방기하고 있는 것은 아닌가를 되물어 볼 필요가 있는 것이다.

한편, 사정과 과제가 이러하기 때문에 필자는 근대성이라는 문제 틀은 여전히 유효하다고 본다. 잘 알려져 있듯이 근대성은 자본주의 사회의 특징으로 부상한 것이다. 자본주의는 이윤을 국적으로 삼고 있는 사회양식이다. 예컨대 최근 우리사회의 새로운 빈곤 또는 새로운 도시 하층민으로 사회적 쟁점이 되고 있는 것은 무엇인가 생각해 볼 필요가 있다. 여러 사례를 들 수 있겠지만 전체 노동자의 절반 이상을 차지하는 비정규직 노동자가 가장 대표적인 예가 될 것이다. 이들 노동자들은 자본의 다종다기한 유연화 정책의 희생양들이다. 자본은 유연해졌지만 새로운 도시 하층민들은 더욱 고단해진 것이다. 이 와중에도 자본은 근대적 이성을 버렸는가? 아니 오히려 신자유주의라는 역사적 블록을 더욱 공고화시키고 있지 않은가? 김원의 지적도 이와 크게 다르지 않을 것으로 생각한다. 기든스(A. Giddens)의 말처럼 '급진화된 근대성' (radicalized modernity)이 도시 하층민들의 생활세계를 식민지화시키고 있는 것이다.

3. 부마민주항쟁의 현재적 과제

어엿한 청년의 시기로 우뚝 선 부마민주항쟁이 모색해야 할 현재의 과제에 대해 토론해 보고자 한다. 손호철(2006)은 부마항쟁은 단순한 반독재 민주화 운동을 넘어서 "한국사에서 신자유주의에 의해 촉발된 최초의 항쟁이자 최초의 반신자유주의 항쟁"이라고 규정한다. 신자유주의에 대한 다양한 해석들이 많이 있겠으나 필자는 복지부문의 축소, 사회안전망의 개인화, 자본의 유연화, 금융자본으로 포장된 자본의 투기성 확대 등으로 생각할 수 있다고 본다. 이러한 특징들은 곧바로 민중의 삶에 치명적인 영향을 주고 있다. 현재의 이러한 사정은 형식만 약간 달리할 뿐 1979년의 그것과 본질적으로 달라진 것은 없다. 부마민주항쟁의 현재적 연속성이 여전히 유효한 까닭이다.

둘째, 김동춘(2004 : 27)은 부마민주항쟁의 정신을 탈각하고 있는 우리들에게 통렬한 비판을 가하고 있다. 그에 따르면 부마항쟁을 지역주민의 역사적 기억으로 갖고 있지 못하고 있는 점, 강고한 지역주의 정서,

그리고 부산지역의 취약한 사회운동과 노동운동의 현실 등이 그것이다. 이 결과 부산 · 마산 지역은 정치적 민주화의 측면에서도 한국 사회 내의 사각지대에 있지만 사회경제 영역, 특히 노동사회에서의 민주주의의 측면에서도 가장 낙후된 지역이 되어버렸다는 점이다. 이러한 비판은 애정과 열정이 담기지 않고는 할 수 없는 것이다. 이미 〈기념사업회〉에서도 다양한 프로그램들을 전개하고 있지만 문제의 심각성을 철저히 내면화하여 이를 해소할 일상적인 움직임들이 더욱 강화되어야 할 것이다.

셋째, 많은 논자들이 부마민주항쟁의 성격을 자연발생적으로 폭발한 민주항쟁으로 평가하는 경향이 있다. 그러나 자본이 있는 곳에 갈등이 있고 억압이 있는 곳에 저항이 있어온 우리의 민중사를 보면 이러한 평가는 절반의 진실만을 담고 있다고 본다. 오히려 부마민주항쟁의 정신은 이후의 5·18 광주민중항쟁, 1987년 노동자 대투쟁, 노동악법 철폐를 위한 1996-1997년의 제네스트(총파업), 신자유주의의 공세에 맞선 다양한 사회운동의 내용에 반영되어 있다고 본다. 그러므로 부마민주항쟁의 정신은 역사적으로 계승되고 있고 여전히 복류하고 있다는 점이 강조되어야 할 것이다.

넷째, 부마민주항쟁의 정신과 그 운동성을 계속 이어가기 위해서는 새로운 사료의 발굴과 연구들이 병행되어야 한다. 일례로 광주 5 · 18단체에서 입수 · 확보하여 부마민주항쟁기념사업회로 전달된 1980년 육군고등군법회의가 작성한 '군법회의재판기록 부마사건'을 들 수 있다. 이 자료의 분량은 총 7권으로 전체 쪽수는 5,300여 쪽에 달한다. 불행히도 이 자료에는 부산에 해당하는 내용이 불과 1쪽에 불과하다. 그러나 경남대학교의 이은진 교수에 의해 이 자료들의 기본적인 얼개와 내용들이 간추려져 발표되었다("발굴, 국가기록 속의 부마항쟁"). 이 자료만 두고 볼 때 자료보존 연한은 30년, 폐기 연도는 2011년으로 명기되어 있다(경남도민일보, 2006. 5. 2). 이러한 사정에 놓여 있는 많은 자료들이 지금도 어디에선가 우리의 손길을 기다리고 있을 것이다. 매우 시급한 일이 아닐 수 없다. 관련 자료들의 수집과 요구, 그리고 새로운 분석들이 부마민주항쟁의 실질적인 진실에 더욱 다가서게 할 것이다.

참고문헌

강정구. 1990, 「토론」, 한국현대사사료연구소, 『광주5월민중항쟁』, 풀빛.

강현두 · 원용진 · 전규찬. 1999, 『현대 대중문화의 형성』, 서울대학교 출판부.

구해근. 2002, 신광영 옮김, 『한국노동계급의 형성』, 창작과비평사.

김동춘. 2004, 「한국의 민주주의와 노동 : 국가억압과 시장화의 이중주 속의 노동」, (사)부산민주항쟁기념사업회 부설 민주주의사회연구소, 『부마민중항쟁 25주년 기념 학술 심포지움 자료집』, 부마민주항쟁 이후 한국사회의 민주화와 반민주.

김영곤. 2005, 『한국 노동사와 미래 II』, 선인.

김 원. 2003, 「노동 : 노동문제 인식과 담론 비판」, 역사문제연구소, 『역사비평』, 여름호.

______. 2005, 『여공 1970 : 그녀들의 반(反)역사』, 이매진.

______. 2006, 「부마항쟁과 도시 하층민 : '대중독재론' 의 쟁점을 중심으로」, 『정신문화연구』, 제29권 제2호.

박명진. 1996, 「문화연구-새로운 시각의 모색을 위하여」, 박명진 외 편역, 『문화, 일상, 대중 : 문화에 관한 8개의 탐구』, 한나래.

박철규. 1999, 「5 · 18민중항쟁과 부마항쟁」, 학술단체협의회, 『5 · 18은 끝났는가』, 푸른숲.

박현채. 1985, 「민중의 계급적 성격」, 『한국사회계급연구 I』, 한울.

______. 1986, 「한국자본주의와 도시 빈민의 문제」, 『한국경제구조론』, 일월서각.

부마민주항쟁기념사업회 부마민주항쟁 십주년 기념사업회. 1989, 『부마민주항쟁 10주년 기념자료집』.

손호철. 2006, 「부마민주항쟁과 신자유주의」, (사)부산민주항쟁기념사업회, 『민주공원』, 10월호.

이성철. 1997, 「빈곤과 사회발전」, 부산여자대학교 사회과학연구소 편, 『빈곤문제와 사회발전』,세종출판사.

______. 2002, 「노동자계급문화의 성격과 문화적 실천을 위한 과제」, 지역사회학회, 『지역사회학』, 제4권 제1호.

이영석. 2003, 『역사가가 그린 근대의 풍경』, 푸른역사.

임영일. 1992, 「빈곤문제에 대한 이론적 접근 : 궁핍화론을 중심으로」, 경남대학교 사회학과, 『사회연구』, 제6집.

______. 2002, 「노동자계급의 형성과 발전」, 영남노동운동연구소, 『연대와 실천』, 통권100호.

유영국. 1998, 「부마민중항쟁」, 부산민주운동사편찬위원회, 『부산민주운동사』.

임현진. 2003, 「다시 보는 부마항쟁 : 잊혀진 민주화의 유산과 역사적 의의」, 한국산업사회학회 엮음, 김진균 교수 정년기념논총 1, 『사회이론과 사회변혁』, 한울아카데미.

정건화. 1987, 「한국 도시 빈민의 형성과 존재형태」, 『한국사회연구』 5집, 한길사.

지역사회문제 자료연구실. 1988, 『동향』, 제2집, 도서출판 친구.

______. 1989, 『80년대 부산지역 노동운동』, 도서출판 친구.

한완상. 1979, 『민중사회학』, 종로서적.

황한식. 1988, 「시급한 '부마민중항쟁기념사업회' 발족」, 지역사회문제 자료연구실, 『동향』, 제2집, 도서출판 친구.

Bennett, Tony. 1996, 「대중성과 대중문화의 정치학」, 박명진 외 편역, 『문화, 일상, 대중 : 문화에 관한 8개의 탐구』, 한나래.

Williams, Raymond. 1988, 나영균 옮김, 『문학과 사회 : 1780-1950』, 이화여대출판부.

지은이 이성철

창원대학교 사회학과 교수
(사)미래를 준비하는 노동사회교육원 이사(현재)
한국노동운동연구소 이사(현재)
영남노동운동연구소 편집위원장 역임

「안토니오 그람시와 문화정치의 지형학」 등 다수의 문화 관련 논문들이 있으며, 노동영화 관련 논문들을 노동사회교육원의 격월간 잡지인 『연대와 소통』에 연재하고 있다.
이메일: sclee@changwon.ac.kr

노동자계급과 문화실천

초판1쇄 / 2009년 11월 10일

지은이 **이성철**
펴낸이 **여국동**
펴낸곳 **도서출판 인간사랑**
인 쇄 **백왕인쇄**
제 본 **은정제책사**

출판등록 1983. 1. 26. / 제일 3호

(411- 815) 경기도 고양시 일산구 백석동 1178-1
TEL (031)901-8144, 907-2003
FAX (031)905-5815
e-mail/igsr@yahoo.co.kr / igsr@naver.com

정가 15,000원
ISBN 978-89-7418-294-6 93330